Michael Spurlock & Jeanette Windle

Wenn sich Wunder begegnen

Über die Autoren

Reverend Michael Spurlock war drei Jahre lang Pastor in der „All Saints Episcopal Church" in Smyrna im Bundesstaat Tennessee in den USA. Zurzeit ist er einer der Pastoren der „Saint Thomas Church Fifth Avenue" in New York City. Zusammen mit seiner Frau Aimee und seinen zwei Kindern lebt er in New York, NY.

Jeanette Windle ist freie Autorin und investigative Journalistin und hat bereits in sechs verschiedenen Ländern gelebt. Sie hat selbst 19 Bücher geschrieben und begleitet Schriftsteller bei ihren eigenen Projekten. Wenn Sie mehr über Jeanette Windle erfahren möchten, können Sie sich auf ihrer Homepage www.jeanettewindle.com über sie informieren.

Michael Spurlock
und Jeanette Windle

Wenn sich *Wunder* begegnen

Die wahre Geschichte einer Gemeinde, der neues Leben eingehaucht wurde

Aus dem Englischen von Beate Zobel

GerthMedien

Für meine Frau und unsere Kinder

Jesus aber sagte zu ihnen:
„Mein Vater ist ständig am Werk und deshalb bin ich es auch."
Johannes 5,17

Vorwort

Meine Familie und ich kommen gerade von einer Israel-Reise zurück. Wir haben die sogenannten „heiligen Stätten" in Jerusalem, Bethlehem, Nazareth und an weiteren Orten in Israel besucht. Erstaunlich, wie nahe wir uns Jesus dort gefühlt haben. Hier hat er als Mensch gelebt. Statt sich von seiner Schöpfung abzuwenden, hat Gott sich klein gemacht und ist als Mensch auf diese Welt gekommen. Wie schön ist doch unser Glaube, wie wunderbar unser Gott!

An einem Tag unserer Reise stand ich am Jordan und erzählte meinen Kindern, wie sich hier einst der Himmel geöffnet hat und der Heilige Geist auf Jesus herabkam, während Gott, der Vater, laut hörbar erklärte, dass Jesus sein geliebter Sohn sei. An einem anderen Tag besuchten wir den Ort, wo einst der Tempel gestanden hatte, in dem Jesus als Baby gesegnet wurde. Dann sahen wir neben den Toren der alten Stadtmauer Geldwechsler und mir war, als hätte sich seit damals, als Jesus selbst in Jerusalem gelebt hatte, nicht viel verändert. Aber nicht nur, dass ich überall an die biblischen Geschichten erinnert wurde, ich hatte während unserer Reise durch Israel die ganze Zeit über ein unerklärlich gutes Gefühl. Am liebsten wäre ich noch viel länger geblieben. Genau hier, wo ich in diesem Moment war, hatte Jesus einst gelebt. Hier hatte er das getan, was sein Vater von ihm verlangte.

Die Geschichte, die in diesem Buch erzählt wird, ist mir sehr vertraut. Sie ist ein Stück meines eigenen Lebens. Doch verglichen mit den Geschichten von Ye Win, Pastor Bu Christ und den vielen anderen

Männern und Frauen, die auf den folgenden Seiten lebendig werden, ist mein Leben sehr geordnet, ja beinahe schon eintönig verlaufen. Wie harmlos waren rückblickend doch die Herausforderungen, die ich als existenzielle Krisen empfunden habe, gemessen an den Katastrophen im Leben meiner burmesischen Freunde. Bei ihnen ging es wirklich um Leben und Tod. Aber Gott hat mit ihnen und mit mir eine gemeinsame Geschichte geschrieben. Eine Geschichte zu seiner Ehre und zum Segen für uns und andere.

Seither sind einige Jahre vergangen, aber die Ereignisse von damals erfüllen mich immer noch. Sie leben in mir weiter, auch wenn ich inzwischen in einer anderen Stadt wohne und Pastor einer anderen Gemeinde bin. Während ich noch Teil des Geschehens war, ist es mir schwergefallen, darüber zu reden. Mir fehlte der Überblick, und ich konnte nicht verstehen, warum das alles passierte.

Doch aus heutiger Perspektive verstehe ich immer mehr, was man aus dem Geschehenen lernen kann. Je länger ich darüber nachdenke, desto mehr begreife ich, was ich damals als junger Pastor einer kleinen, aber stetig wachsenden Gemeinde in Smyrna im US-Bundesstaat Tennessee erlebt habe. Immer wieder kommen mir auch heute noch neue Gedanke zu dem Erlebten. Diese Gedanken erfrischen und bereichern mich.

Zwar konnte ich die Ereignisse damals nicht immer nachvollziehen, aber trotzdem kam vieles von dem, was ich erlebte, nicht überraschend für mich. Es erinnerte mich vielmehr an die alten, vertrauten Geschichten, die ich aus der Bibel kannte. Gottes Handschrift war auch bei uns in Smyrna deutlich erkennbar. Wir Menschen haben immer wieder die gleichen Bedürfnisse und erleben ähnliche Nöte. Deswegen reagiert Gott auch immer wieder gleich – väterlich, übernatürlich, gnädig und in vielerlei Hinsicht überraschend.

Manchmal fehlte uns Wasser. Wir oft habe ich in der Bibel von Menschen gelesen, die Gott mit Wasser versorgte, als sie es brauchten. Also was tat Gott – damals wie heute? Er fand immer wieder neue, erstaunliche Möglichkeiten, uns mit Wasser zu versorgen. Wir erlebten das, was wir aus den biblischen Geschichten kannten. Gott griff bei uns ein, genauso wie damals.

Dann brauchten wir dringend Leute, die bestimmte Gaben besaßen, und was tat Gott? Er schickte sie uns und zwar immer genau im richtigen Moment. Kennen wir das nicht auch aus der Bibel? Immer wieder sandte Gott den Menschen einen Boten, der ihnen genau die Versorgung brachte oder der genau die Fähigkeit besaß, die gerade benötigt wurde.

Einmal ging es uns wie der Witwe, die zu Elija sagte: „Ich habe keinen Bissen mehr, nur noch eine Handvoll Mehl im Topf und ein paar Tropfen Öl im Krug. Ich lese gerade ein paar Holzstücke auf und will mir und meinem Sohn die letzte Mahlzeit bereiten. Dann müssen wir sterben" (1. Könige 17,12). Auch wir hatten den Punkt erreicht, an dem es nicht mehr weiterging. Doch dann erlebten wir das Gleiche wie die Witwe: „Der Mehltopf wurde nicht leer und das Öl im Krug versiegte nicht" (1. Könige 17,16). Unsere letzten Reste reichten viel länger, als es rein rechnerisch möglich gewesen wäre. Tatsächlich wurden die knappen Vorräte von damals immer noch nicht aufgebraucht und bis heute haben die Menschen in der All-Saints-Gemeinde immer alles, was sie zum Leben brauchen.

Wir freuen uns, wenn andere, die ihre Hoffnung auch ganz auf Gott setzen, durch unsere Geschichte ermutigt und getröstet werden. Doch auch wenn wir selbst beeindruckt und überwältigt von dem sind, was Gott bei uns getan hat, ist es nichts Neues oder Einmaliges. Unsere Erfahrungen erinnern an das, was Männer und Frauen in der Bibel auch schon erlebt haben: Gott hat schon immer so gehandelt. Er kam damals auf diese Welt, um in das Geschehen einzugreifen, und er tut es auch heute noch, bei uns und bei anderen.

Die Welt ist voller Leid und viele Menschen fragen immer: „Wo ist Gott? Gib es ihn wirklich? Interessiert es ihn eigentlich, was hier los ist?" Ich kann aus tiefster Überzeugung sagen: Er ist lebendig. Er nimmt Anteil an dem Schicksal der Menschen und greift ein. Er handelt und wirkt auch heute noch, so, wie er es schon immer getan hat.

Stolz und Eigensinn hätten die All-Saints-Gemeinde fast zerstört.

Niemand rechnete mehr damit, dass diese Handvoll Leute, die nach dem ganzen Streit noch übrig waren, in so kurzer Zeit wieder Teil einer blühenden Gemeinde sein würden. Gäbe es keinen Gott, dann wäre das Schicksal dieser kleinen Gemeinde vollkommen egal gewesen. Aber es gibt ihn, den einen lebendigen Gott. Er ist zu uns gekommen, hat unsere Wunden versorgt und uns wieder lebendig gemacht. Wir erleben Jesus so, wie ihn die Menschen schon damals in Israel kennengelernt haben. Jesus sagt zu uns, genauso wie zu dem Gelähmten: „Ich befehle dir: Steh auf, nimm deine Matte und geh nach Hause!“ (Markus 2,10-11). Mit uns ist er durchs tiefe Tal gegangen und hat uns an einen Ort des Friedens geführt, an dem wir sinnvolle Aufgaben bekommen haben und Jesus in und durch uns lebendig werden konnte. Er will das für jeden tun, der sich nach ihm sehnt, der seinen Weisungen bereitwillig folgt und sich von ihm verändern lassen möchte.

Die Geschichte, die wir in diesem Buch erzählen, ist die Geschichte von einem lebendigen Gott, der versucht, mit uns Menschen in Kontakt zu treten, der zu uns spricht und eine Beziehung mit uns eingehen will. Es ist aber auch die Geschichte von einfachen Menschen, die in ihrer Not zu Gott gerufen haben. Als er antwortete, haben sie versucht, das umzusetzen, was sie gehört haben. Wir haben es in dieser Geschichte mit Leuten zu tun, die aufeinander zugegangen sind und Gott gesucht haben. Statt passiv zu bleiben, haben sie sich dafür eingesetzt, dass Gottes Wille geschieht. So wurden wunderbare und übernatürliche Dinge möglich, die aber in gewisser Weise auch ganz normal waren, weil der lebendige Gott nun mal ständig solche Dinge tut. Mich trösten diese Gedanken sehr. Gott lebt und er setzt sich für seine Geschöpfe und für sein Volk ein, heute genauso wie vor Tausenden von Jahren.

Jesus aber sagte zu ihnen: „Mein Vater ist ständig am Werk und deshalb bin ich es auch“ (Johannes 5,17).

Pastor Michael Spurlock
Frühjahr 2017

Prolog

Der Gestank gehörte zu den besonders unerträglichen Seiten dieses endlosen Krieges. Obwohl Ye Win mit seinen neunzehn Jahren schon lange Soldat war, hatte er sich daran immer noch nicht gewöhnt. Die Schönheit der Landschaft ließ den Krieg umso hässlicher erscheinen.

Der Garten Eden konnte nicht viel schöner gewesen sein als diese Hügellandschaft im Südosten Myanmars. Aus dem saftigen Grün der Büsche und Sträucher leuchteten blühende Bäume und wilde Orchideen in Gelb, Orange und Rosa. Kristallklare Bäche durchzogen das Land und stürzten sich in glitzernden Wasserfällen in die Täler. Strohgedeckte Bambushütten drängten sich zwischen Felder, Obstplantagen und Bananenpalmen. Das alles wurde von riesigen Teakholzbäumen und anderen Laubbäumen überragt, die ihre tiefgrünen Kronen in den Himmel reckten.

Doch die Nebelschwaden, die heute zwischen dem Dschungel und dem wolkenverhangenen Himmel waberten, machten es den burmesischen Truppen leicht, unbemerkt den Hügel hinaufzukommen. Die Schüsse, die immer wieder fielen, hatten das Geschnatter der Affen verstummen lassen. Auch Pfauen und Papageien, die sonst mit ihren schrillen Schreien die Luft erfüllten, hörte man heute nicht. Umso durchdringender war der Gestank. Wo der kühle Nebel sonst den schweren Duft des zerfallenden Laubes trug, roch es jetzt nach verwesenden Leichen, Schießpulver und brennenden Häusern.

Diese scheußliche Mischung füllte Ye Wins Lungen, bis er sich an keinen anderen Geruch mehr erinnern konnte. Auch an ein Leben vor dem Krieg, vor dem Kämpfen und Töten, konnte er sich nicht erinnern. Wie war es gewesen, als er nicht ständig hungrig und durstig war, als er nicht den Schutz der Nacht herbeisehnte, die ihn vor den burmesischen Soldaten verbergen würde?

Vor drei Tagen hatte Ye Win diesen Posten bezogen. So lange dauerte das Gefecht nun schon an. Genau wie die anderen aus seiner Einheit hatte auch Ye Win den Befehl erhalten, am Berghang einen Schützengraben auszuheben und von dort aus die feindlichen Soldaten abzuwehren. Deshalb hatte er in dem von Granateinschlägen zerfurchten Boden Stellung bezogen. Die kleine Guerilla-Truppe um Ye Win sollte das Dorf abschirmen, das oben auf dem Hügel lag, denn dort befand sich die regionale Kommandozentrale der Nationalen Befreiungsarmee der Karen (*Karen National Liberation Army*, KNLA).

Endlich zwang die einsetzende Dämmerung beide Seiten zur Ruhe. Unter dem von Regenwolken beherrschten Himmel erschien der Dschungel pechschwarz. Jede Bewegung hätte tödlich enden können. Daher mussten beide Lager in ihren Stellungen verharren, bis es wieder hell wurde.

Doch Ye Win hatte genug von seinem Schützengraben. Der lockere Boden hatte ihm zwar das Graben leicht gemacht, aber während er in dem Loch saß und angestrengt über den Rand spähte, rieselte ihm unablässig Erde auf den Kopf und in den Nacken. Hier unten, in seinem Loch, hätte Ye Win unmöglich schlafen können. Doch nur wenige Schritte von seinem Graben entfernt stand eine Gruppe hoher Bambusbäume. Mit hastigen Bewegungen kroch Ye Win auf dem Bauch aus seinem Versteck und in den Bambushain. Die Dunkelheit machte ihn unsichtbar. Dankbar streckte er sich aus, froh darüber, ein paar Stunden schlafen zu können, ehe er im Morgengrauen in das Schützenloch zurückkehren musste, weil das Kämpfen weitergehen würde.

Aber Ye Win schlief länger als geplant. Als er die Schüsse hörte, waren sie kaum mehr als fünfzig Meter entfernt. Da spürte er auch schon den

Schmerz. Nun war er hellwach, aber es war zu spät. Maschinengewehrsalven peitschten von allen Seiten in das Bambuswäldchen. Ye Win sah Blut. Er war getroffen worden, vermutlich ins Bein. Nein, das Blut kam aus seinem Bauch. O nein, er war sogar zweimal getroffen worden!

„Ich bin verwundet!“, schrie Ye Win.

Um ihn herum erschienen jetzt KNLA-Widerstandskämpfer. Es gelang ihnen, die burmesischen Regierungstruppen zurückzudrängen. Als sich die Feinde weit genug zurückgezogen hatten, kamen sofort die Sanitäter. Auf einer Trage wurde Ye Win zum KNLA-Lager gebracht. Schnell war klar, dass er sogar dreifach getroffen wurde. Ein Feldarzt gab ihm Morphium und entfernte die Kugeln. Damit war für Ye Win der Krieg vorerst zu Ende.

Die folgenden Tage und Wochen lag Ye Win unter einem einfachen Strohdach in dem sehr dürftigen Lazarett der Nationalen Befreiungsarmee der Karen. Es gab keine Antibiotika, deswegen entzündeten sich die Wunden. Zusätzlich erkrankte er an Malaria. War dies sein Ende? Ye Win wusste, dass er dem Tode nahe war. Was würde ihn danach wohl erwarten?

Ye Win war davon überzeugt, dass es einen Gott im Himmel gab, der ihn sah und sein Schicksal lenkte. Er gehörte zum Volk der Karen, der größten ethnischen Minderheit Myanmars, und seine Familie hatte sich schon vor vier Generationen zum Christentum bekannt. Ye Wins Vater hatte ein theologisches Seminar besucht und war Pastor geworden, zwei seiner älteren Geschwister waren Evangelisten. Schon zweihundert Jahren zuvor hatten die ersten amerikanischen und europäischen Missionare die gute Nachricht von Jesus zu den südostasiatischen Bergvölkern, den Karen, Kachin, Lisu und anderen Volksgruppen gebracht. Sie lebten im Gebiet des heutigen Myanmar, das damals noch Burma hieß, und auch in den angrenzenden Ländern. Damals bekehrte sich ein kleiner Teil der Karen zum christlichen Glauben.

Ye Win hatte sich jedoch vom Glauben seiner Kindheit abgewandt, als er sich mit dreizehn Jahren dem bewaffneten Widerstand anschloss.

Heute konnte er sich gar nicht mehr erinnern, wann er zuletzt eine Kirche betreten hatte. Nein, die Welt, in der er lebte, war voller Hass. Obwohl Ye Win noch so jung war, klebte an seinen Händen schon viel Blut. So konnte er Gott garantiert nicht gegenübertreten.

Drei Wochen lag er nun schon in dem provisorischen Lazarett, aber seine Wunden wollten nicht heilen. Eines Tages stand dann plötzlich der befehlshabende Offizier neben Ye Wins Matte. Er sprach von einem Flüchtlingslager in Thailand, auf der anderen Seite der Grenze, wo die medizinische Versorgung deutlich besser sei. Außerdem war das Lazarett mittlerweile überfüllt von Karen, deren Häuser von den Regierungstruppen niedergebrannt worden waren. Die Kommandozentrale der Nationalen Befreiungsarmee war somit voller Menschen, die nicht wussten, wohin sie gehen sollten. Also erhielt Ye Win den Befehl, diese heimatlos gewordenen Karen in ein thailändisches Lager zu bringen. Er selbst sollte dann auch dortbleiben und seine Wunden behandeln lassen.

Das Flüchtlingslager war kaum fünfzig Kilometer von dem Lazarett entfernt. Aber um dorthin zu kommen, musste man sich zunächst unbemerkt durch die Gebiete der burmesischen Armee schlagen, dann dichten Dschungel durchqueren und schließlich einen Fluss überwinden. Ye Win war von den Entzündungen in seinem Körper geschwächt, doch die Gruppe, für deren Wohl ihm die Verantwortung übertragen wurde, war sogar noch schwächer. Es waren Frauen, kleine Kinder und alte Leute dabei. Alle waren halb verhungert und viele waren sehr krank. So brauchten Ye Win und die Gruppe der heimatlosen Karen drei volle Tage für die Reise. Um das Gebiet der burmesischen Armeen zu durchqueren, nutzte Ye Win Späher, die vorauseilten und ihn über Funk warnten, wenn Truppen ihnen entgegenkamen. Dann versteckten sie sich schnell ins Dickicht des Dschungels und verharrten dort reglos, bis die Gefahr vorüber war. Selbst die Jüngsten bis hin zu den Babys lernten schnell, in diesen Momenten absolut leise zu sein.

Nachts drängten sie sich in der Tiefe des Dschungels dicht aneinander. Es durfte noch nicht einmal ein Feuer angezündet werden, weder zum Kochen noch zum Schutz vor Tieren, denn die menschlichen Feinde waren weitaus schlimmer als alle Leoparden, Giftschlangen und anderen Raubtiere, die im Wald lebten. Am dritten Tag hatten sie ihre Lebensmittel- und Wasservorräte aufgebraucht.

Landminen waren eine weitere dauernde Gefahr auf ihrer Reise, vor der sie sich kaum schützen konnten.

Aber dann erreichte die erschöpfte Gruppe endlich den Fluss Salween (auf Deutsch auch: Saluen oder Salwin), der die Grenze zwischen Burma und Thailand markierte. Kleine Kanus warteten schon auf die Flüchtlinge und brachten sie über die Grenze. Nun war es nicht mehr weit bis zu dem thailändischen Lager, in dem vor allem weitere Angehörige des Volkes der Karen lebten. Kaum waren alle in Sicherheit, schwand Ye Wins Kraft und er brach zusammen. In der Krankenstation des Flüchtlingslagers bekam er dann endlich die lang ersehnten Antibiotika und Malaria-Medikamente, blieb aber die nächsten vierundzwanzig Stunden bewusstlos.

Am dritten Tag ließ das Malaria-Fieber langsam nach, aber Ye Win war immer noch so schwach, dass er sich nicht auf den Beinen halten konnte. Zum Essen gab es nichts außer Reis, dabei hätte er dringend etwa Eiweiß gebraucht. Das einzige Wasser, das es im Lager gab, war mit Krankheitserregern, die den Dünndarm angreifen und schwere Durchfälle verursachen, verseucht. Ye Win fühlte sich in diesen Tagen entsetzlich allein und verlassen. Alle, die er im Lager bislang gekannt hatte, waren entweder gestorben oder hatten sich so weit erholt, dass sie nach Burma zurückkehren und weiterkämpfen konnten. Die meisten der Flüchtlinge starben. Niemand machte sich im Lager die Mühe, sie zu begraben. Man warf die Leichen einfach in den Fluss, der sie dann ins Meer schwemmte. Es waren einfach zu viele.

Die Chancen für eine Genesung waren auch für Ye Win sehr gering. Doch das kümmerte ihn kaum. Wozu sollte er weiterleben? Das einzige Leben, das er kannte und das er sich ausgesucht hatte, bestand aus

Kämpfen, Fliehen und sich Verstecken. Nun lag er in diesem Lager auf einer dünnen Matte, zur Untätigkeit verdammt, schlaflos und seinen Gedanken ausgeliefert.

Immer wieder musste er, während er dort lag, an Gott denken. Den Gott, den schon seine Eltern, Großeltern und Urgroßeltern verehrt hatten. Als Kind hatte er auch auf eine kindliche und vertrauensvolle Art und Weise zu diesem Gott geredet. Während seine Gedanken sich immer wieder um diesen einen Gott drehten, wurden sie langsam zu Gebeten.

In seinen Gesprächen mit Gott ging es Ye Win nicht um Heilung oder den Wunsch, weiterleben zu dürfen. Er betete: *Gott, ich habe das Kämpfen so satt. Ich will nicht mehr töten. Es sind schon so viele Menschen durch meine Hand gestorben, direkt vor meinen Augen. Am liebsten würde ich das alles hinter mir lassen und anfangen, mit dir zu leben. Hast du einen Plan für mich, in dem ich nicht kämpfen und nicht töten muss? Wenn du einen solchen Plan für mich hast, dann soll dir mein restliches Leben für immer gehören.*

Ye Win konnte damals auf seinem Krankenbett nicht ahnen, wie schnell Gott auf dieses Gebet reagieren würde. Und auch nicht, wohin Gott ihn schon bald bringen würde. Dieses eine Gebet hat so viel Gutes ins Rollen gebracht. Und das nicht nur für Ye Win, sondern auch für viele andere Menschen.

1

Würde er diesen Weg zur Kanzel heute das letzte Mal gehen? Hielt er gleich seine letzte Predigt? Würde er hier nie wieder das Abendmahl austeilen? Wie immer wurde Pastor Michael Spurlock Teil der kirchlichen Tradition, während er mit den Ministranten und Helfern durch den Mittelgang nach vorne zum Altar schritt. Sein grün-goldenes Gewand hob sich dabei deutlich von den weißen Überwürfen der Ministranten und der anderen Helfer ab.

Die kleine Kirche, durch dessen Gang der Pastor schritt, nannte sich All-Saints-Gemeinde und war eine Episkopalkirche der Vereinigten Staaten von Amerika, einer Mitgliedskirche der anglikanischen Gemeinschaft. Die Episkopalkirche ist eine der ältesten Denominationen der USA, theologisch zwischen katholischer und evangelischer Kirche angesiedelt.[1] Das Gebäude der All-Saints-Gemeinde stand in der Stadt Smyrna im US-Bundesstaat Tennessee. Trotz der geringen Größe hatte Pastor Michael Spurlock sie schon beim ersten Anblick ins Herz geschlossen. Die roten Ziegelwände mit dem steil abfallenden, hellgrauen Dach, von dem aus ein großes, keltisches Kreuz in den Himmel ragte, erinnerten an die kleinen Kirchen in England und Schottland. Zusätzlich lag die Kirche auf der Kuppe eines grünen Hügels, was den Eindruck weiter verstärkte. Von hier aus hatte man einen herrlichen Blick über die sanft gewellte Landschaft mit ihren saftigen Wiesen und

---

1 https://de.wikipedia.org/wiki/Episkopalkirche_der_Vereinigten_Staaten_von_Amerika (Zugriff am 16.5.2018)

dichten Wäldern, durch die sich malerisch ein kleines Flüsschen schlängelte.

Im Inneren hoben sich die kirschbaumfarbenen Holzbalken der hohen Decke deutlich von den weißen Wänden, den Glasfenstern und den schlichten Holzbänken ab. Der Altarraum im vorderen Bereich wurde von einem belgischen Gemälde aus dem 18. Jahrhundert geschmückt. Es zeigte Jesus am Kreuz. Zu seinen Füßen lag Adams Schädel. Ein Symbol für das, was auch Paulus in der Bibel beschreibt: „Weil ein Einziger ungehorsam war, sind alle zu Sündern geworden. Ebenso werden alle vor Gott zu Gerechten, weil der eine gehorsam war" (Römer 5,19). Dem Altar gegenüber, am hinteren Ende der Kirche, fiel das Licht durch ein bemaltes, rundes Glasfenster in die Gemeinde. Dieses Fenster zeigte das Lamm Gottes, wie es triumphiert, so wie es im fünften Kapitel der Offenbarung in der Bibel beschrieben ist.

Aber ein anderes, bemaltes Fenster mochte Pastor Michael noch mehr. Es befand sich im Nebenraum der Kirche und zeigte den Heiligen Polykarp, der in der ersten Hälfte des 2. Jahrhunderts Bischof von Smyrna gewesen war. Dieses Smyrna war Namensgeber für die Kleinstadt in Tennessee und lag im damaligen Kleinasien. Es ist das heutige Izmir, die drittgrößte Stadt der Türkei. Neben dem Bild stand die Antwort, die Polykarp gab, als er sich zwischen dem Glauben an Jesus und dem Tod auf dem Scheiterhaufen entscheiden musste: „Ich diene Jesus schon seit 86 Jahren und er hat mir nie etwas Schlechtes wiederfahren lassen. Wie kann ich meinen König und Retter dann verleugnen?"

An diese Dinge dachte Pastor Michael, während er den Gang in der kleinen Kirche entlangschritt. Er liebte diesen Ort und würde seine kleinen Besonderheiten vermissen. Aber noch viel mehr würde er die Menschen dieser Gemeinde vermissen. Denn sie waren es, die diese Gemeinde ausmachten. Nein, er war sich sicher: Er wollte nicht weg von hier, nicht weg von ihnen. Aber an diesem Sonntag schritt er durch eine fast leere Kirche. Nur ein paar Besucher saßen zwischen den viel zu leeren Bänken. Ja, sie waren mehr geworden in den neun Monaten, seit er nun hier predigte. Statt der anfänglichen fünfundzwanzig Besucher im Gottesdienst waren heute etwa vierzig anwesend. Aber auch das reichte einfach nicht. Es waren nicht genug Leute, um ein funktionierendes Gemeindeleben aufrechtzuerhalten, geschweige denn sein Gehalt zu bezahlen. An die Schulden der Gemeinde über mehr als 850.000 US-Dollar, für die die Gemeinde monatlich allein 5.500 US-Dollar für die Zinsen zahlen musste, durfte er gar nicht denken. Die Pastorenstelle in der All-Saints-Gemeinde war Michaels erste Stelle, nachdem er seine theologische Ausbildung abgeschlossen hatte. Und schon steckte er mitten in einer unlösbaren und vor allem hoffnungslosen Situation.

Es ist nicht so, als habe man ihn nicht vorgewarnt. Die All-Saints-Gemeinde hatte Jahre vor Michael zu den am schnellsten wachsenden Gemeinden in Tennessee gehört. Ihren Ursprung hatte sie in einer Bibelgruppe gehabt, die sich zunächst im Eingangsbereich eines Ladens getroffen hatte. 1997 war aus dieser kleinen Gruppe an Gläubigen eine eigene, neue Gemeinde geworden, und 2001 wurde dann das schöne, neue Kirchengebäude eingeweiht.

Aber dann, nur wenige Monate bevor Michael seine erste Stelle als Pastor an der All-Saints-Gemeinde antrat, hatte es einen großen Konflikt zwischen den Gemeindemitgliedern gegeben. Ein Großteil der Mitglieder war daraufhin ausgetreten und hatte dabei nicht nur Teile der Einrichtung, Gewänder, Kelche und andere Gegenstände aus dem Kircheninneren mitgenommen, sondern auch die Bankkonten aufgelöst. Aber die großen Meinungsverschiedenheiten zwischen den Mitgliedern waren leider auch nach der Trennung noch nicht überwunden. So klein die übrig gebliebene Gruppe auch war, die Meinungen blieben gespalten. Nur in einem Punkt waren sich die Zurückgebliebenen einig: Das hier war ihre Gemeinde. Durch die Spaltung hatten sich die Probleme nicht lösen lassen. Trotzdem würden sie die Gemeinde auf keinen Fall verlassen.

Michael erinnerte sich noch lebhaft an den Tag, als Bischof Bauerschmidt ihm diese Pastorenstelle anbot. Der Bischof hatte den Kirchenbezirk, zu dem die All-Saints-Gemeinde zählte, gerade erst übernommen. Er machte Michael klar, dass die Zukunftsaussichten für die All-Saints-Gemeinde mehr als schlecht waren: viel zu wenig Mitglieder für ein Gebäude mit viel zu hohen Schulden. Es war nur eine Frage der Zeit, bis man die Kirche samt Grundstück verkaufen müsste, um die Schulden zu tilgen. Erst dann wäre ein Neubeginn möglich. Doch weder Bischof Bauerschmidt noch Michael konnten sich mit dem Gedanken, eine Kirche zu verkaufen, anfreunden.

„Übernehmen Sie doch einfach mal diese Gemeinde und geben Ihr Bestes. Dann werden wir ja sehen, was geschieht", riet der Bischof.

Michael zögerte zunächst. So hatte er sich seine erste Stelle nicht vorgestellt. Diese Gemeinde war finanziell in einer Sackgasse. Und er war der einzige bezahlte Mitarbeiter ohne jegliche praktische Erfahrung als Pastor, schon gar nicht im Umgang mit zerstrittenen Christen. Dazu kamen die ganzen Schulden. Nein, während seines Studiums hatte er sich sein Leben als Geistlicher ganz anders vorgestellt. Das hier war ein vermintes Feld, nur ein erfahrener Pastor würde sich hier langfristig behaupten können. Außerdem musste er auch an seine Familie denken. Seine Frau hat vor Kurzem ein kleines Mädchen zur Welt gebracht. Es war ihr zweites Kind. Einen siebenjährigen Sohn hatten sie auch schon. Als Familienvater musste er verantwortungsvoll handeln. Drei Jahre lang hatte seine Frau Aimee das Geld verdient und sich gleichzeitig um ihren gemeinsamen Sohn gekümmert, damit Michael weiter studieren konnte. Das hatte bereits alle Kraft von ihr gefordert. Und nun hatte sie auch noch ein weiteres Baby, um das sie sich kümmern musste. War es da fair, überhaupt über eine so fordernde Pastorenstelle nachzudenken?

Als Michaels bester Freund Karl Burns von den Überlegungen hörte, reagierte er mit gespielter Begeisterung: „Genial! Wenn du diesen Karren aus dem Dreck gezogen bekommst, werden dich alle als Held feiern. Klappt es nicht, wird dir aber keiner einen Vorwurf machen – schließlich weiß ja jeder, dass das unmöglich ist."

Also fragte Michael den Bischof: „Was ist, wenn ich nicht nach Smyrna gehe? Welche anderen Optionen habe ich noch?"

„Ich weiß es nicht", war seine ernüchternde Antwort. „Du solltest es dir zumindest mal anschauen."

Nur anschauen ist ja kein Problem, dachte Michael. Also machte er sich auf den Weg nach Smyrna, doch als er zum ersten Mal vor der Kirche stand, war sie abgeschlossen. Was sollte er jetzt tun? Nirgendwo sah er eine Menschenseele. Er sah sich weiter um und ließ seinen Blick über die Felder, den kleinen Fluss und die Wälder schweifen. Ein großer Teil von dem, was er dort sah, gehörte der All-Saints-Gemeinde. Eine Fläche von fast neun Hektar, was zwölfeinhalb Fußballfeldern entspricht. Als Michael dann durch eines der Rundbogenfenster ins Innere der Kirche spähte, geschah es: Ein tiefer Friede und eine unbeschreibliche Freude durchfuhren ihn. Ja, Gott wollte ihn genau hier haben. Das war seine Berufung. Das war sein neues Zuhause. Wenn es irgendwie möglich war, würde er den Menschen hier helfen, ihre Probleme aus dem Weg zu räumen. Und irgendwie würde es ihm gelingen, diese Gemeinde nicht schließen zu müssen.

Seit diesem ersten Besuch in der All-Saints-Gemeinde waren neun Monate vergangen. Und Michaels damals noch so hoffnungsvolle Erwartungen hatten sich nicht erfüllt. Auch wenn ein paar Mitglieder dazugekommen waren, steckte die Gemeinde immer noch in einer finanziellen Notlage. Die monatlichen Einnahmen deckten nur ein Drittel der Ausgaben, die durch das ganz normale Gemeindeleben entstanden. Und das war ohne sein Gehalt, denn das musste immer noch vom Kirchenbezirk gezahlt werden.

Im Spätherbst hatte der Gemeinderat dann zögernd eingewilligt, das Kirchengebäude zum Verkauf anzubieten. Es gab keinen anderen Ausweg. Seither fragten sich Michael und die Gottesdienstbesucher Sonntag für Sonntag, wie lange sie noch in diesen Räumen Gottesdienste feiern würden. Der Verkauf des Gebäudes verzögerte sich zunächst immer wieder. Und schon bald war es Weihnachten und Michael war immer noch Pastor der All-Saints-Gemeinde. Auch in den folgenden Monaten verbesserte sich die Lage nicht und es gab weitere Schwierigkeiten beim Verkauf des Anwesens. Deswegen erlebte Michael auch noch Ostern in dieser Gemeinde.

Aber dann ging plötzlich alles sehr schnell. Ein ernsthaftes Kaufangebot wurde gemacht, die Einwilligung des Bischofsrats wurde erteilt und schon schienen die Tage der Gemeinde gezählt. Aber Michael weigerte sich innerlich, darin das Ende der All-Saints-Gemeinde zu sehen. Eine Gemeinde bestand nicht nur aus einem Kirchengebäude. Vor allem keine Gemeinde, die als Bibelkreis in einem Laden angefangen hatte. Vielleicht konnten sie genau dort einen zweiten Anfang starten.

Es sollte uns bei alldem nicht darum gehen, neue Leute zu gewinnen, damit wir mehr monatliche Spenden erhalten. Dieser Gedanke beschäftige Michael schon seit längerer Zeit. *Wir können doch nicht Menschen in die Gemeinde einladen, nur damit mein Gehalt finanziert wird und wir die Schulden bezahlen können. Viel wichtiger ist es, dass wir eine gesunde Beziehung untereinander aufbauen und die Menschen dieser Gemeinde innerlich geheilt werden. Und dann können wir überlegen, was Gott durch uns in Smyrna erreichen will.*

Michael war mittlerweile den Gang komplett entlanggeschritten und im Altarraum angekommen. Der letzte Ton des Orgelvorspiels verklang langsam. Michael wandte sich der Gemeinde zu, um die Eröffnungssätze für den heutigen Sonntag vorzulesen. Er blickte in die ihm so vertrauten Gesichter. Aber irgendetwas war heute anders. Da sah er sie: Drei neue Gesichter, zwei Männer und eine Frau, saßen in der letzten Bankreihe. Er hatte sie noch nie gesehen und sie kamen auch ganz bestimmt nicht aus dieser Gegend. Mit ihrer goldbraun glänzenden Haut und den pechschwarzen Haaren grenzten sie sich optisch von den Einwohnern von Smyrna ab. Außerdem trugen die Männer handgewebte Westen mit Fransen. Rock und Bluse der Frau waren auffällig bunt bestickt. Waren das etwa Azteken? Oder Maya? Indianer? Oder kamen sie sogar aus Südostasien?

Während Michael den Gottesdienst an diesem Sonntag weiter leitete, dachte er nicht mehr über die Besucher nach. Als die Orgel das letzte Stück des Gottesdienstes gespielt hatte, ging er in sein Büro, um sich umzuziehen. Vorher hatte er gesehen, wie seine Frau Aimee mit den drei Neuen sprach, also musste er sich keine Sorgen machen. Aimee hatte die Gabe, jedem das Gefühl zu geben, willkommen zu sein. Sie war eine ausgesprochen warmherzige Person. Ein Klopfen an der Tür unterbrach Michaels Gedanken. Aimee spähte herein. „Unsere Gäste würden gerne mit dir reden."

Und schon standen die Besucher in seinem Büro. Natürlich kannte Aimee schon alle Namen.

„Das sind John und Daisy Kunoo", stellte sie das ältere Ehepaar vor. Dann zeigte sie auf den jüngeren Mann, der vielleicht Ende zwanzig oder Anfang dreißig und auffallend muskulös war. „Und das ist ihr Sohn, Ye Win", erklärt Aimee weiter. „Die drei sind Karen. Sie sind erst vor Kurzem nach Smyrna gekommen und würden dich gerne etwas über unsere Gemeinde fragen."

„Koreaner?", fragte Michael. Also hatte er mit der Vermutung, sie könnten aus Südostasien kommen, richtig gelegen.

„Nein, keine Koreaner", verbesserte Aimee ihn schnell. „Karen, aus Myanmar. Das frühere Burma. Sie sind Christen. Da, wo sie herkommen, gibt es auch eine episkopale Kirche. Stell dir das mal vor! Ich glaube, sie nennen sie dort anglikanisch. Aber egal. Ye Win spricht jedenfalls gut Englisch, er kann dir das am besten selbst erklären."

2

Forschend sah Ye Win in das Gesicht des Amerikaners, der ihm nun gegenübersaß und seine drei Gäste ebenfalls intensiv musterte. Der Pastor wirkte offen und freundlich, aber er hatte auch etwas Unsicheres an sich. Wie sollte Ye Win diesem Mann in ein paar Worten die Geschichte seiner Familie erklären, wenn es ihm selbst nicht leichtfiel, sich an die vielen Wendungen im Schicksal seiner Familie zu erinnern, geschweige denn, alles in die richtige Reihenfolge zu bringen? Ye Win sprach sehr langsam. Satz für Satz übersetzte er in seinen Gedanken ins Englische, während er die für ihn so schwierigen amerikanischen Laute formte.

Die Familie Kunoo war unter dem Volk der Karen für seinen christlichen Glauben bekannt. In den 1920er-Jahren hatte Ye Wins Großvater, Saw Kunoo, als Erster in seinem Dorf den christlichen Glauben angenommen. Seine Familienangehörigen waren darüber natürlich nicht begeistert gewesen, aber Saw Kunoo blieb bei seiner Entscheidung und änderte seinen Vornamen kurzerhand in Joseph.

Zu diesem Zeitpunkt war Joseph bereits verheiratet und hatte gemeinsam mit seiner Frau zwei kleine Söhne. Auch seine Frau bekehrte sich nach kurzer Zeit zum christlichen Glauben. Als sich bald darauf eine Grippeepidemie im ganzen Dorf ausbreitete, wurden die beiden Kinder sehr krank. Josephs Eltern waren davon überzeugt, dass sich nun erzürnte Ahnengeister an den beiden Jungs, ihren Enkeln, rächen würden, weil ihr Sohn und ihre Schwiegertochter einen anderen Glauben angenommen hatten. Josephs Mutter wagte daraufhin nicht einmal mehr, in die Nähe seiner Hütte zu kommen. Sie schrie ihm stattdessen aus der Ferne zu, was der Schamane ihr gesagt hatte:

„Eure Kinder sind krank, weil ihr Christen geworden seid. Ihr müsst zu unserer Religion zurückkehren, sonst sterben die Kinder! Wenn ihr zulasst, dass meine Enkelsöhne sterben, bringe ich euch eigenhändig um!"

Zu dieser Zeit gab es im Dorf weder Medizin noch einen Arzt. Joseph und seine Frau hatten nur noch eine Hoffnung: Jesus. Also beteten sie. Die Grippewelle forderte im Dorf immer mehr Todesopfer. Aber es dauerte nur wenige Tage, bis die Großmutter ihre beiden Enkel wieder gesund und fröhlich auf der Straße spielen sehen konnte.

„Schaut euch das an!", rief sie daraufhin. „Unsere Geister sind anscheinend schwächer als dieser Gott!"

Es dauerte nicht lange, bis die meisten von Josephs Verwandten nach diesem Ereignis zum christlichen Glauben übertraten. Auch andere Familien im Ort schlossen sich ihnen an. Selbst einige Bewohner der umliegenden Dörfer hörten von der Genesung der zwei Kinder und wurden Christen. Für die Karen war die Hinwendung zum Christentum nach diesem Ereignis ein naheliegender Schritt. Denn nach den Überlieferungen der Karen gab es ebenfalls einen allmächtigen Gott *Y'Wa*, der in vielem an den biblischen Gott *Jahwe* erinnerte.

Y'Wa hat laut der Überlieferung der Karen ebenfalls die Welt erschaffen und für das erste Menschenpaar einen schönen Garten angelegt. Dort aßen die beiden aber ebenfalls von einer verbotenen Frucht, wodurch Sünde und Tod in die Welt kamen. Die Karen kannten auch einen Gegenspieler *Y'Was*. Er trugt den Namen *Naw K'Paw* und hatte einst *Y'Wa* gedient. Ähnlich wie Satan wurde *Naw K'Paw* seinem Gott ungehorsam, musste dessen Nähe verlassen und wurde so zum großen Versucher und Zerstörer der Menschheit. In den Überlieferungen der Karen wird sogar von einem heiligen Buch erzählt, das dem Volk abhandengekommen war, aber eines Tages zurückkommen würde. Und wenn das heilige Buch wieder da wäre, würden für die Karen eine bessere Zukunft und ein Leben in Freiheit anbrechen.

Als zu Beginn des 19. Jahrhunderts die ersten Missionare aus Amerika und Europa nach Burma zogen, erkannten die Karen schnell die Ähnlichkeit zwischen der christlichen Botschaft und ihren Überlieferungen. Sie nahmen das Evangelium als Botschaft ihres Gottes *Y'Wa* an und erklärten die Bibel als das heilige Buch, das wieder zu ihnen zurückgebracht worden war. Bald entstanden in den Städten und auch auf dem Land neben den buddhistischen Tempeln und den vereinzelten Moscheen baptistische, anglikanische und katholische Kirchen.

Aber aus Europa kamen nicht nur die Missionare nach Burma. Im 19. Jahrhundert beherrschte die britische Kolonialmacht das benachbarte Indien und mischte sich im südostasiatischen Raum zunehmend in wirtschaftliche und politische Konflikte ein. Burma versuchte, sich dagegen zu wehren. Was folgte, waren drei britisch-burmesische Kriege, die Burma immer weiter zurückdrängten. Nach dem ersten Krieg musste der burmesische König zahlreiche Provinzen an die Briten abtreten. Im zweiten Krieg verlor Burma dann seine Küstengebiete und damit seine wichtigen Handelsrouten an die europäischen Invasoren.

Durch den dritten britisch-burmesischen Krieg wurde Burma dann vollständig Großbritannien unterworfen und am 1. Januar 1886 Teil der britischen Kronkolonie Indien. Der damals herrschende und damit letzte König von Burma wurde mit seiner Familie durch die britische Besatzung ins Exil nach Indien vertrieben und starb dort. Die burmesische Monarchie wurde vollständig ausgelöscht und durch die britische Kolonialverwaltung ersetzt.

Zur Zeit der drei britisch-burmesischen Kriege war bereits ein großer Anteil der Karen zum Christentum übergetreten. Auch andere Volksgruppen der Region, wie die Kachin und die Chin, hatten sich dem Christentum genähert. Die Christen dieser Volksgruppen wurden einerseits von ihrer buddhistischen Umgebung unterdrückt, während sie andererseits von den Briten bevorzugt behandelt wurden. Die Karen wurden zunächst von den Burmesen aus dem flachen, fruchtbaren Land verdrängt und in die Berge vertrieben. Unter der britischen Herrschaft gelang es ihnen aber wieder, sich in den Ebenen Burmas anzusiedeln und im Teakholzhandel der Engländer mitzuarbeiten. Besonders positiv für die Karen war, dass sie nun endlich ihren christlichen Glauben öffentlich ausüben durften, während sie davor wegen ihres Glaubens gefangen genommen, gefoltert, sogar gekreuzigt worden waren und man ihre Häuser und Kirchen niedergebrannt hatte. Es war natürlich klar, dass sie sich deswegen auf die Seite der Engländer stellten. Die Karen waren außerdem gute Kämpfer, kannten sich im Dschungel aus und kämpften auf britischer Seite in den drei britisch-burmesischen Kriegen und im Ersten Weltkrieg.

Der Konflikt zwischen den Christen und den buddhistischen Burmesen spitzte sich besonders im Zweiten Weltkrieg weiter zu, als die Burmesen bemerkten, dass die Christen von den Engländern bevorzugt behandelt wurden und höhere Posten im Militär und in der Verwaltung erhielten. Im Zweiten Weltkrieg wurde Burma 1942 von der japanischen Armee besetzt. Dadurch wurden die in Burma stationierten Truppen des britischen Commonwealth und die Truppen der nationalchinesischen Armee zurückgedrängt. Und nur ein Jahr später erklärte eine von den Japanern eingesetzte burmesische Marionettenregierung den Alliierten den Krieg. Nun kämpften Engländer, Inder, National-Chinesen und Karen im burmesischen Dschungel gemeinsam gegen Burmesen und Japaner. Dabei befanden sich rund 50.000 Karen-Soldaten in den Reihen der Alliierten, was für diese ein großer Vorteil war: Die Karen kannten das Land und wussten, welche Kriegstaktiken sich im Dschungel eigneten. So konnten die Alliierten überhaupt erst einen Guerilla-Krieg gegen die Japaner führen. Als die britischen Streitkräfte den Rückzug antraten, halfen ihnen die Karen, den Japanern nicht in die Hände zu fallen.

Zur gleichen Zeit ließen sich hochrangige burmesische Militärs in Japan sowohl für den Krieg als auch für die Zeit danach und eine mögliche Herrschaft in Burma ausbilden. Mit japanischer Unterstützung entstand dabei die *Burma Independence Army* (BIA). Diese Truppen wüteten in den Dörfern der Karen, zerstörten deren Häuser und ermordeten nicht nur die Karen-Soldaten, sondern auch deren Frauen und Kinder. Das war ihre Art der Rache für die Zusammenarbeit der Karen mit den Engländern. Die Japaner und die burmesischen Buddhisten verfolgten dabei ein gleiches Ziel: die Ausrottung der Christen. Wenn die Japaner kamen, mussten die christlichen Familien mit dem Schlimmsten rechnen.

So war es auch eines Tages im Dorf von Ye Wins Großvater Joseph. Japanische Soldaten waren im Anmarsch mit dem Ziel, die Familie Kunoo auszulöschen, weil diese für ihren christlichen Glauben überall bekannt war. Die Nachbarn baten Joseph eindringlich, doch irgendein buddhistisches Symbol in seinem Haus aufzustellen. Aber er antwortete unerschütterlich: „Nein, ich werde Jesus nicht verleugnen."

Etwas weiter entfernt wohnte einer von Josephs Brüdern, der sich samt seiner Familie auch zum Christentum bekehrt hatte. Die Japaner wussten, dass er der Leiter der kleinen Kirche in seinem Dorf war. Also machten Joseph und seine Familie sich schnell auf den Weg zur Familie seines Bruders. Denn einige christliche Familien aus den umliegenden Dörfern waren den Japanern bereits zum Opfer gefallen. Wenn sie also sterben mussten, dann wollten sie es wenigstens gemeinsam tun. Zusammen mit anderen Christen des Dorfes trafen sich die beiden Kunoo-Familien an der kleinen Kirche von Josephs Bruder und beteten. Dann kamen auch schon die japanischen Soldaten ins Dorf.

Der Dorfvorsteher empfing die Soldaten. Mit gezücktem Schwert fragte der Anführer der Japaner: „Wo sind die Christen? Diese Klinge hat Durst, sie will Christenblut trinken." Obwohl der Dorfvorsteher noch sehr jung und selbst kein Christ war, verriet er seine christlichen Nachbarn nicht, denn er mochte sie. Mutig lud er die Soldaten ein, sich erst einmal bei ihm auszuruhen.

„Macht euch wegen der Christen keine Sorgen", meinte er augenzwinkernd zu den Soldaten. „Die laufen euch nicht weg. Sie sind so leicht zu töten. Wenn sie beten, senken sie den Kopf, da könnt ihr sie direkt enthaupten." Er ließ ein Schwein für die Soldaten schlachten. Und während es sich am Spieß drehte, servierte der junge Dorfvorsteher den durstigen Soldaten reichlich Alkohol. So verging einige Zeit und der Abend näherte sich. Der japanische Kommandeur hatte jedoch den Befehl, nach Einbruch der Dunkelheit mit seiner Truppe nicht mehr unterwegs zu sein. Deswegen erklärte er plötzlich: „Wir müssen zurück. Also werden wir jetzt schnell die Christen umbringen."

„Ach, mach dir deshalb keine Mühe", beschwichtigte ihn der Dorfvorsteher. „Ich werde mich persönlich um die Ermordung der Christen kümmern. Geht ihr jetzt lieber, bevor die Dunkelheit einbricht."

„Na gut, aber lass ja keinen einzigen von ihnen entwischen", mahnte der Kommandeur. Daraufhin stießen alle noch einmal an, bevor die Truppe weiter den Berg hinuntermarschierte. Nun eilte der Dorfvorsteher so schnell es ging zu den Christen, um ihnen zu sagen, dass die Gefahr vorüber war. Die Japaner kamen nicht in das kleine Dorf zurück und der junge Mann wurde schon bald darauf selbst Christ. Ein Onkel von Ye Win, der diesen Tag als Kind miterlebt hatte, hörte viele Jahre später als Student, wie dieser Dorfvorsteher in einem Gottesdienst über seinen Glauben sprach.

Seit damals kämpfen die Karen und andere Minderheiten in dieser Gegend für ihre Menschenrechte und Unabhängigkeit. Doch bis heute hindert die burmesische Armee sie daran. Dieser Konflikt wurde dadurch zum längsten Bürgerkrieg der Gegenwart. Ye Wins Vater John Kunoo, der 1943 geboren ist, und dessen jüngerer Bruder Ga Nel Me, der 1945 zur Welt kam, erinnern sich noch an jedes einzelne Jahr dieses langen Krieges.

Pastor Michael Spurlock hörte den Worten des jungen Mannes konzentriert zu. Er hatte keine Probleme, ihn zu verstehen, obwohl Ye Win einen starken Akzent hatte. Doch erst Monate später würde er die ganze

Geschichte der Familie Kunoo kennen. Und bis Michael die komplette Geschichte des Volkes der Karen wirklich kannte, würde es sogar noch länger dauern. Immerhin hatte er bis zu ihrem Zusammentreffen noch nie etwas von diesem Volk gehört. Er fragte sich immer noch, warum diese drei Personen ausgerechnet nach Smyrna und zu seiner Gemeinde gekommen waren. Aber in zwei Punkten war er sich sicher: Diese drei Menschen waren in einer für sie vollkommen fremden Welt angekommen. Und sie waren seine Geschwister im Glauben.

„Und wie kann ich Ihnen jetzt helfen?", fragte Michael schließlich höflich. „Meine Frau meinte, Sie hätten eine Frage, die Sie mir gerne stellen wollen?"

Da nur der junge Mann Englisch sprach, antwortete er wieder im Namen der Gruppe. *Sein Name war Ye Win*, erinnerte Michael sich, bemüht, den Namen nicht zu vergessen. Und dann kam eine Frage, mit der Michael nie im Leben gerechnet hätte.

„Wir möchten fragen, ob man in Ihrer Gemeinde an Jesus glaubt."

„Natürlich glauben wir an Jesus!" Michael war irritiert. Wie konnte man eine christliche Gemeinde fragen, ob sie an Jesus glaubte?

Der junge Mann war sichtlich erleichtert, als er Michaels Antwort hörte. „Man hat uns gesagt, Sie würden nicht wirklich glauben. Aber gut, dass das nicht stimmt. Dann würde ich Sie gerne um einen Gesprächstermin bitten. Ich habe es Ihrer Frau vorhin schon gesagt. Wir suchen hier in dieser Gegend nach einer Gemeinde, der wir uns anschließen können. Zu Hause gehörten wir der anglikanischen Kirche an. Es wurde uns erklärt, dass die anglikanische Kirche hier in den Vereinigten Staaten die episkopale Kirche heißt. Deshalb sind wir heute zu Ihnen gekommen. Aber wir wurden im Voraus gewarnt, dass Sie hier nicht so an Jesus und an Gottes Wort glauben, wie wir das tun. Deshalb wollten wir das zuerst klären."

Da musste noch mehr dahinterstecken! Wer hatte diese Leute vor der All-Saints-Gemeinde gewarnt? Vielleicht jemand, der die Gemeinde zuvor verlassen hatte? War das Verleumdung oder gab es etwa wirklich

Leute, die so über seine Gemeinde dachten? Nun, eigentlich konnte es ihm jetzt auch egal sein.

„Wir glauben von ganzem Herzen an Jesus Christus. Er ist der Herr unseres Lebens und er macht uns frei von allem Falschen und Bösen", antwortete Michael aus voller Überzeugung. „Seine Kraft ist das Fundament unseres Lebens in dieser Welt und auch nach dem Tod. Wir glauben, dass Jesus zur Strafe für die Sünden der Menschheit am Kreuz gestorben ist. Und wir glauben, dass er vom Tod auferstanden ist. Die Bibel ist für uns das Wort Gottes. Und was unsere Gemeinde betrifft", er sah von Ye Win zu dessen Eltern, „sind sie hier natürlich herzlich willkommen."

Dann fügte Michael noch eine kleine Frage hinzu: „Ist das Ihre ganze Familie?"

„O nein", antwortete Ye Win und schüttelte den Kopf. „Es gehören noch mehr Personen dazu. Und es ist auch nicht nur unsere Familie, unsere ganze Gemeinschaft sucht eine Gemeinde. Wir sind etwas mehr als 70 Leute."

3

Über 70! Das waren ja allein doppelt so viele Menschen, wie sie momentan waren. Pastor Michael und seine Gemeinde hatten in der Vergangenheit immer wieder für neue Mitglieder gebetet, viel gebetet. Die Kirchenbänke sollten wieder voll werden! Aber an so etwas hatte keiner von ihnen geglaubt.

Als am nächsten Sonntag der junge Karen mit einem großen, klapprigen Kleintransporter vor der Gemeinde hielt, wurde deutlich, wie ernst es ihm gewesen ist. Aus dem reparaturbedürftigen Fahrzeug kletterten weitaus mehr Leute heraus, als es den gesetzlichen Vorschriften entsprach. Sie warteten auf der Wiese vor der All-Saints-Kirche, während Ye Win zwei weitere Touren fuhr. Noch mehr Karen kamen zu Fuß und auf Fahrrädern die Straße entlang. Von wo kamen sie nur alle? Der amerikanische Teil seiner Gemeinde hätte vermutlich eher auf den Gottesdienst verzichtet, als sich zu Fuß oder mit dem Fahrrad auf den Weg zu machen.

Bereits letzten Sonntag hatten die drei Fremden die Neugier der ganzen Gemeinde geweckt. Und nun strömten gleich über 70 asiatisch aussehende Personen in farbenfroher, auffallender Kleidung in die Kirche. Die Frauen trugen bunt bestickte Blusen und lange Wickelröcke, die Männer Westen mit Fransen, die an den Seiten und am Rücken mit groben Kordeln zusammengenäht waren. Darunter hatten sie günstige amerikanische T-Shirts und Jeans an. Beim Eintreten in die Kirche zogen alle ihre Schuhe aus und gingen barfuß weiter. Viele Männer hatten Hüte auf, die sie anders als die Schuhe auch im Kircheninneren nicht abnahmen.

Die meisten trugen immerhin eine Bibel und ein anglikanisches Gebets- und Liederbuch bei sich. Die Schriftzeichen darauf waren allerdings seltsam verschnörkelt. Trotzdem konnte man eines sofort sehen, beide Bücher waren stark abgegriffen, ein Zeichen dafür, dass sie häufig gebraucht wurden.

Die Kinder, die ihre Eltern begleiteten, verstärkten noch den Eindruck eines Wanderzirkus. Sie rannten im ganzen Gottesdienstsaal herum, waren laut, kletterten über die Bänke, erforschten den Altarraum, hinterließen Fingerabdrücke auf dem polierten Messing und fassten einfach alles an. Und das nicht nur vor und nach dem Gottesdienst, auch währenddessen setzten sie sich immer nur für kurze Zeit hin.

Erst später fand Pastor Michael heraus, dass seine neuen Gäste gewohnt waren, sich in einfachen Bambushütten, unter schattenspendenden Strohdächern oder manchmal auch einfach unter einem Wellblechdach zu versammeln. Die Erwachsenen saßen dort dann dicht gedrängt auf dünnen Matten, während rund um die Hütte für die Kinder viel Platz war, um herumzurennen und zu spielen. Im Inneren der Hütte oder eben dort, wo der Gottesdienst abgehalten wurde, gab es nichts, was das Interesse der Kinder geweckt hätte, keinen Altarraum und keine glänzenden Möbelstücke.

Aber es dauerte nicht lange, bis der neue Teil der All-Saints-Gemeinde gelernt hatte, dass im Gottesdienst alle die Schuhe an den Füßen lassen konnten, während die Männer jedoch gebeten wurden, ihre Hüte abzunehmen. Auch die Kinder gewöhnten sich nach einiger Zeit daran, einigermaßen still und leise auf den langen, harten Holzbänken zu sitzen. Sie wunderten sich aber trotzdem, warum die Menschen in diesem fremden Land nicht lieber auf dem schönen, kühlen Boden sitzen wollten.

Doch als Pastor Michael an diesem Sonntagmorgen zum ersten Mal so viele Gäste in seiner Kirche hatte, fühlte er sich auf einmal ziemlich unsicher. Wie immer hatte er den Gottesdienst sorgfältig vorbereitet, aber nun war er sich nicht mehr sicher, ob sein Programm noch passte.

Ratlos schauten ihn die fremden Gesichter an, während Michael versuchte, sie durch die Liturgie zu leiten. Das Blättern der Gäste, die in ihren Büchern nach den richtigen Stellen suchten, hörte gar nicht mehr auf. Vermutlich verstanden zwei Drittel seiner Gemeinde an diesem Morgen kein einziges Wort von dem, was er sagte. Sie übersetzten sich das Gesagte gegenseitig so eifrig, dass Michael kaum noch sein eigenes Wort verstand. Oder war ihnen etwa langweilig und sie unterhielten sich? Auch der amerikanische Teil seiner Gemeinde reagierte sehr unterschiedlich auf diese neue Situation. Manche schienen sich wirklich über die Neuen zu freuen, aber andere schauten doch recht missbilligend in die unruhige Menge. Viele fühlten sich vermutlich überrannt von den vielen Gästen. Und Michael musste zugeben, irgendwie war dadurch in ihrer Gemeinde wirklich das Chaos ausgebrochen.

Trotz allem war Michaels Herz voller Liebe für dieses Völkchen, das zu ihm gekommen war. Dabei stand seine Freude, endlich vor einer vollen Kirche predigen zu können, gar nicht im Vordergrund. Viel mehr bewegte ihn alles, was er zwischenzeitlich über die Geschichte der Karen herausgefunden hatte. Er hatte sich gefragt, was diese Menschen in die Flucht getrieben hatte. Dabei lernte er im Internet einiges über die jüngere Geschichte Südostasiens, was ihn tief erschütterte. Dieses Wissen machte es ihm leichter, einfühlsam und geduldig mit diesen Menschen zu sein.

Aber noch ahnte Michael nicht, welche Rolle der junge Karen Ye Win in der Geschichte der Karen gespielt hatte. Denn seine Familie, die Kunoos, waren in Myanmar und Thailand nicht nur für ihren christlichen Glauben bekannt. Es gab da noch eine zweite Sache.

~

Als absehbar wurde, dass die Japaner zu den Verlierern des Zweiten Weltkriegs gehören würden, wechselte Burma kurz vor Kriegsende die Seiten. Also erklärten sie Japan den Krieg und schlossen sich den

Alliierten an. Die einst von den Japanern aufgebaute *Burma Independence Army* (BIA) war schon davor zur *Burma National Army* (BNA) geworden. Diese Umorientierung geschah gerade noch rechtzeitig für Burma, um an den Friedensverhandlungen nach Kriegsende teilnehmen zu können.

Nach dem Zweiten Weltkrieg löste sich das britische Kolonialreich zusehends auf, eine Kolonie nach der anderen strebte nach Unabhängigkeit. So wurde auch Britisch-Indien im August 1947 unabhängig. Das Volk der Karen beobachtete diese Entwicklung mit Zuversicht, hatte ihnen das Vereinigte Königreich doch zugesichert, im Gegenzug für ihre treue und aufopferungsvolle Unterstützung im Krieg einen eigenen Staat gründen zu dürfen. Ihr Plan war es, im Südosten Burmas, in dem Gebiet, das sie als ihre historische Heimat betrachteten, selbstverwaltet zu leben.

Doch dann lief es ganz anders. Die Verhandlungen zwischen dem Vereinigten Königreich und der burmesischen Regierung ergaben, dass die Briten sich zwar aus dem Gebiet zurückzogen, aber dafür die burmesischen Militärs die Macht übernahmen. Die Karen waren fassungslos und tief enttäuscht, ähnlich ging es auch den anderen ethnischen Minderheiten in Burma. Ihre Unterstützung der Alliierten während des Kriegs blieb unbeachtet und, schlimmer noch, unbelohnt. Niemand hatte sich bei den Verhandlungen für ihre Autonomie oder Unabhängigkeit eingesetzt.

Im Januar 1948, nur sechs Monate nachdem die Briten sich aus Indien und Pakistan zurückgezogen hatten, erklärte Burma schließlich seine Unabhängigkeit und aus der ehemaligen Kronkolonie wurde eine Militärdiktatur. Die Truppen der Karen und Kachin, die im Krieg gegen die Japaner gekämpft hatten, wurde von der BNA, die einst von den Japanern aufgebaut und ausgebildet worden war, vollkommen vereinnahmt. Der Oberbefehlshaber dieser neuen Armee war ein Karen, General Smith Dun. Aber die Verbindung dieser unterschiedlichen Streitkräfte war äußerst instabil. Denn die Karen strebten immer noch nach einem eigenen, von Burma unabhängigen Staat, während die Burmesen die Karen dafür hassten, dass sie für das Vereinigte Königreich gekämpft hatten.

An Weihnachten 1948 begann das Leiden der Karen, das viele Jahrzehnte andauern sollte. Burmesische Truppen griffen Heiligabend mindestens acht Kirchen der Karen an und die Gottesdienstbesucher wurden hingerichtet. In den folgenden Wochen zündeten die burmesischen Soldaten Ortschaften der Karen an und zahllose Dörfer wurden dem Erdboden gleich gemacht. Christliche Schulen und Kirchen waren dabei die bevorzugten Ziele der Angriffe. Vor niemandem wurde Halt gemacht. Junge Karen-Mädchen wurden vergewaltigt, schwangeren Frauen wurde der Bauch aufgeschlitzt.

Nach diesen Ereignissen schlugen die Karen zurück und Ende Januar 1949 hatten die Kämpfe bereits Rangun, die damalige Hauptstadt von Myanmar, erreicht. General Smith Dun, der der Oberbefehlshaber der burmesischen Armee, aber auch Angehöriger der Karen war, wurde verhaftet. General Ne Win wurde zunächst sein Stellvertreter und später dann auch Staatsoberhaupt. Ne Win war im Krieg ebenfalls von den Japanern ausgebildet worden und führte in den folgenden Jahrzehnten seiner Macht einen Bürgerkrieg gegen die Minderheiten seines Landes, der zu den längsten und grausamsten Kriegen der Gegenwart zählt.

Im Gegenzug bildeten die Karen ihre eigene Armee, die Nationale Befreiungsarmee der Karen (*Karen National Liberation Army*, KNLA), die das Volk schützen und ihr Gebiet verteidigen sollte. Zu dieser Armee gehörten viele gut ausgebildete und kampferprobte Soldaten, die im Krieg gegen Japan und gegen die burmesische Armee bereits Erfahrungen gesammelt hatten. Sie besetzten eine Reihe strategisch wichtiger Gebiete und setzten ihre eigene Regierung ein, die *Karen National Union* (KNU).

Seit damals tobt dieser Bürgerkrieg. Gekämpft wird entlang der sich immer wieder ändernden Fronten, die irgendwo im Südosten Burmas von Norden nach Süden verlaufen. Gegenstand der Auseinandersetzung ist ein lang gezogenes Stück Land, das die Karen als ihr angestammtes Gebiet sehen, in dem sie unabhängig und selbstbestimmt leben wollen. Dieses Gebiet wird im Osten von dem Fluss Salween und von der thailändischen Grenze begrenzt.

An diesem Punkt kommt nun der Kunoo-Clan wieder ins Spiel und auch der zweite Grund, neben ihrem christlichen Glauben, wofür sie unter den Karen bekannt waren. Während der Kolonialzeit hatten die Christen in Burma viel Wert auf Bildung und das Erlernen der englischen Sprache gelegt. Entsprechend qualifiziert waren sie also für die gehobenen Positionen in der Verwaltung der Kolonialherren. So besaßen die Angehörigen der ethnischen Minderheiten in Burma zum Ende des Zweiten Weltkriegs eine deutlich höhere Bildung als die restliche burmesische Bevölkerung. Da viele verschiedene westliche Missionsgesellschaften in Burma aktiv gewesen waren, gab es unter den Christen natürlich ziemlich viele verschiedene Denominationen. Aber durch die Kolonialherrschaft des Vereinten Königreichs war die anglikanische Kirche bereits seit Beginn des 19. Jahrhunderts besonders stark vertreten. So wurden in Burma viele anglikanische Schulen, Universitäten und Krankenhäuser gegründet.

Zwei besonders angesehene Ausbildungsstätten waren das *Anglican Holy Cross Theological Seminary* in Rangun und die 200 Kilometer von der Hauptstad entfernte *St. Peter's Bible School* in der Diözese Taungoo. Und genau diese Bibelschule lag mitten im Gebiet der Karen. Das Ziel dieser Schule war vor allem, zukünftige geistliche Leiter auszubilden. Auch als sich der ehemalige General Ne Win schon durch einen Staatsstreich die Macht gesichert hatte und Staatsoberhaupt geworden war, konnten zunächst ausländische Christen immer noch an diesen Instituten unterrichten und damit im Land weiterhin evangelisieren. Erst 1966 wurden alle ausländischen Missionare des Landes verwiesen. Im gleichen Jahr wurde auch der Landesname von Burma zu Myanmar geändert.

Ye Wins Onkel Ga Nel Me hatte diese beiden angesehenen Seminare besucht. Er träumte davon, missionarisch aktiv zu werden und Gemeinden zu gründen, so wie es auch schon sein Vater, seine Onkel und andere männliche Verwandte getan hatten. Aber während Ga Nel Me noch in Rangun studierte, startete die burmesische Militärregierung die *Four-Cut*-Strategie (Strategie der vier Schnitte). Die Rebellen sollten dadurch endlich in die Knie gezwungen werden. Man wollte sie von Informationen, Verstärkung, Verpflegung und allen Kommunikationswegen abschneiden.

Die Idee war nicht neu. Wie viele andere grausame Militärdiktaturen überall auf der Welt hatte sich auch Staatsoberhaupt Ne Win bei Mao Zedong Anregungen geholt. Und dieser schrieb über sein berüchtigtes Vorgehen gegen jede Form von Widerstand: „Legt das Meer trocken, dann sterben die Fische." Die burmesischen Militärs übertrugen diesen Satz auf ihre Situation. Für sie waren die Karen und die anderen Bergvölker das Meer, das sie entschlossen trockenlegen wollten. So führte die „Strategie der vier Schnitte" zu einer Politik der verbrannten Erde und zum Völkermord an den ethnischen Minderheiten des Landes. Ganze Dörfer wurden ausradiert, die Bewohner abgeschlachtet oder zu Sklaven gemacht, Felder und Obstbäume vernichtet, Brunnen zugeschüttet, das Wasser vergiftet – und wie so oft im Krieg wurden die Frauen und Mädchen grausam vergewaltigt.

Während Ye Wins Onkel Ga Nel Me neben seinem Studium an der Bibelschule in Rangun angefangen hatte, die theologische Zeitung der anglikanischen Kirche herauszubringen, erfuhr er, dass die burmesische Armee zwanzig Karen-Dörfer zerstört hatte, darunter auch sein eigenes Heimatdorf. Damit gehörte jetzt auch seine ganze Großfamilie zu der riesigen Schar an Flüchtlingen, die im Dschungel um ihr Überleben kämpften. Das brachte für Ga Nel Me das Fass zum Überlaufen. Wie viele andere Männer des Kunoo-Clans schloss er sich der *Karen National Liberation Army* (KNLA) an. Nun kämpfte auch er gegen die burmesische Zentralregierung und für einen unabhängigen Karen-Staat, anstatt sein Studium an der Bibelschule weiterzuführen. Außer ihm waren bereits so viele seiner Verwandten in die Armee eingetreten, dass der Name Kunoo in beiden Lagern schon längst nicht mehr nur für ihren christlichen Glauben bekannt war.

Ga Nel Me war zweiundzwanzig Jahre alt, als er sich dem Kampf anschloss. Das war im Jahr 1977. Die nächsten zwanzig Jahre verbrachte er im Dschungel und in den Bergen zwischen Myanmar und Thailand. Er war Kommandant der KNLA und außerdem Berater und Sekretär des Premierministers der *Karen National Union* (KNU). Sein Studium und seine hervorragenden Englischkenntnisse, die er in der Schule der anglikanischen Kirche erworben hatte, machten ihn zu einem wichtigen Mann im Widerstand gegen die burmesischen Militärs. Außerdem diente er unter den christlichen Karen-Soldaten als Militärseelsorger.

Für Außenstehende mag das kaum nachvollziehbar sein: Wie kann ein hingegebener Christ gleichzeitig als Guerilla-Kämpfer aktiv sein? Widerspricht sich das nicht? Aber weder Ga Nel Me noch die anderen christlichen Karen sahen darin einen Widerspruch. Für sie war die Situation eindeutig: Sie mussten sich gegen ein gottloses, brutales Regime verteidigen. Es ging dabei um ihr blankes Überleben, denn das Ziel ihrer Feinde war, ihr Volk und ihre Religionsgemeinschaft auszurotten.

Der Kampf der befeindeten Gruppierungen tobte aber nicht ununterbrochen. Es gab auch immer wieder längere Phasen, in denen die Waffen schwiegen. Diese Zeit nutzten die Befehlshaber der Karen, um in der Stadt Papun ihr Hauptquartier auszubauen. Papun wurde daraufhin zu der blühenden Hauptstadt der Karen, nur 30 Kilometer von Thailand entfernt.

Da die Karen viel Wert auf Bildung legten, wurden in diesen ruhigeren Zeiten Schulen gegründet, Berufsschulen eingerichtet und Krankenhäuser gebaut. Außerdem wurden die Kriegswaisen von der KNLA versorgt. Die Armee bezahlte ihre Schulgebühren und die Kinder lernten in den Schulen nicht nur lesen, schreiben und rechnen, sondern auch, wie man eine AK-47 (Kalaschnikow, russisches Maschinengewehr aus dem Jahr 1947) zerlegt, wie man selbstgebaute Sprengkörper herstellt und wie man bei einer Schussverletzung Erste Hilfe leistet.

Immer wieder wurde der Waffenstillstand jedoch gebrochen. Das burmesische Militär drang dann tief in die Siedlungsgebiete der Karen und der anderen Minderheiten ein. So wurden die Menschen also erneut gezwungen, ihre Heimat zu verlassen und in die Flüchtlingslager auf der anderen Seite der Grenzen zu fliehen, nach Thailand und in andere Länder rund um Myanmar. Eine ganze Generation von Karen wuchs also auf, ohne ihre Heimat jemals gesehen zu haben. In den Ländern, in die sie sich retten konnten, waren sie nicht willkommen. Sie besaßen keine Nationalität, keine Bürgerrechte und keinen Ort auf diesem Planeten, den sie als ihr eigenes Land bezeichnen konnten.

Unter diesen Bedingungen waren die neuen Gemeindemitglieder der All-Saints-Gemeinde aufgewachsen. Als sie versuchten, dem allen zu entfliehen, landeten sie schließlich in Smyrna im US-Bundesstaat Tennessee.

4

Zu dem Gesprächstermin, den Pastor Michael Ye Win versprochen hatte, brachte dieser einige Männer mit, die auch morgens im Gottesdienst gewesen waren. Ihre ratlosen Gesichter und ihr leises Flüstern untereinander ließen darauf schließen, dass sie kaum etwas von der Unterhaltung zwischen Pastor Michael und Ye Win auf Englisch verstanden. Ye Win stellte jeden einzeln vor. Ye Wins Vater, John Kunoo, kannte Michael ja bereits. Dann war dieses Mal auch noch ein stämmiger Mann namens Christ Paw dabei. Michael hatte ihn vormittags bereits mit seiner Frau und einer ganzen Schar von kleinen Kindern im Gottesdienst wahrgenommen.

Bevor Christ Paw aus Myanmar fliehen musste, hatte er als Lehrer gearbeitet. Auch ein weiterer älterer Mann war mit zu dem Termin gekommen. Ye Win stellte ihn als Pastor Thomas Bu Christ vor. *Ein anglikanischer Priester*, dachte Michael erfreut.

Aber das freundliche Interesse machte Augenblicke später einem erheblichen Unbehagen Platz, als Ye Win auf den eigentlichen Grund des Treffens zu sprechen kam. Die Kunoo-Sippe und auch die anderen Familien in ihrer Gruppe kamen direkt aus einem thailändischen Flüchtlingslager nach Smyrna. Fast alle waren Christen: Anglikaner, Baptisten und auch Angehörige anderer Denominationen, aber sie suchten nicht nur eine Gemeinde hier in Smyrna, sie brauchten auch Nahrung und Kleidung, Transportmittel und medizinische Versorgung. Nur die wenigsten unter ihnen sprachen Englisch. Kaum einer hatte einen in den USA gültigen Führerschein. Ihnen fehlten alle Voraussetzungen, um in Tennessee Arbeit zu finden. Ihnen waren lediglich von der Regierung eine vorübergehende Unterkunft zur Verfügung gestellt worden. Doch sie wussten nicht, wie und von was sie jetzt leben sollten.

Michael hatte trotz aller Recherchen noch keine klare Vorstellung davon, was es hieß, Flüchtling in einem thailändischen Lager gewesen zu sein. Auch die Geschichte und die aktuelle Situation der Karen waren ihm noch nicht vollständig klar. Aber er konnte ohne große Mühe überschlagen, was es bedeuten würde, über 70 Menschen mit Nahrung, Kleidung, Taschengeld, Sprachkursen und Arbeitsplätzen zu versorgen und sie mit der westlichen Kultur vertraut zu machen. Und damit hätte er ihnen immer noch nicht gänzlich geholfen. Denn sie hatten sicher nicht nur materielle, sondern auch emotionale und geistliche Themen, die aufgearbeitet werden mussten. Michael wurde schwindlig bei diesem Gedanken. Aber er hörte weiterhin aufmerksam zu und nickte immer wieder, nur alles, was er hörte, machte ihm Angst.

In der kurzen Zeit, in der Michael in Smyrna war, hatte er immer zwei Ziele verfolgt: innere Heilung für seine Gemeindeglieder und den Aufbau einer evangelistischen Gemeinde, die gemeinsam mit ihm Jesus in der Welt bekannt machen würde. Doch bevor sie das zweite Ziel in Angriff nehmen konnten, mussten sie das überwinden, was die Gemeindespaltung bei den Mitgliedern angerichtet hatte. Denn die Christen, die Michael in der All-Saints-Gemeinde vorgefunden hatte, waren frustriert, wütend, verzweifelt, fühlten sich verraten, hatten Angst und machten sich Sorgen um die Zukunft ihrer Gemeinde. Diese Leute brauchten vor allem eines: innere Heilung. Und um heil zu werden, brauchten sie einen Arzt.

Michael aber kam frisch vom theologischen Seminar und hatte keinerlei Erfahrung darin, wie man mit so einer Situation umgehen musste. Zum Glück jedoch kannte er Jesus. Ihm war bewusst, dass Jesus der einzige Arzt ist, der seine Gemeinde heilen konnte, weshalb er in der ersten Zeit in allen Gesprächen, Sitzungen und Besprechungen darauf hingewiesen hatte, dass die Gemeinde sich ganz Jesus und seiner Leitung anvertrauen müsse.

Und tatsächlich konnte er schon bald erste Anzeichen von Heilung beobachten. Die Zeit war also gekommen, in der Michael das zweite Ziel anvisieren konnte. Dabei war es ihm gar nicht mehr so wichtig, ob die Gemeinde ihr Gebäude bald verkaufen müsste oder nicht. Viel wichtiger war es ihm, mit seiner Gemeinde außerhalb der Kirchenmauern aktiv zu werden. Also fingen Michael und die Gemeinde gemeinsam an, Gott zu fragen, wie sie ihm dienen könnten.

Während es für Michael erstaunlich leicht war, seine Gemeinde geistlich zu führen, blieb die materielle Situation jedoch katastrophal. Sie waren unverändert hoch verschuldet und standen kurz vor der Insolvenz. Sosehr sich die All-Saints-Gemeinde auch wünschte, ein Segen für andere zu werden, waren sie wirklich nicht in der Lage, einer so großen Gruppe von Flüchtlingen zu helfen, jedenfalls nicht materiell. Michael merkte, wie Angst ihn niederdrückte. Er sorgte sich um seine eigene Gemeinde und gleichzeitig auch um die Karen, deren Bedürfnisse seine kleine, verletzliche Gemeinde leicht in einen Abgrund von Frust und Überforderung reißen konnten.

Die All-Saints-Gemeinde verfügte über keinerlei Geld, keinen einzigen Cent. Sie rechneten jeden Tag damit, dass das Gebäude verkauft werden würde und sie sich wieder in dem Ladenlokal treffen müssten. Und selbst nach dem Verkauf wäre die Gemeinde weiterhin ohne finanziellen Rückhalt. Wie sollten sie also so diesen vielen Menschen helfen? Dazu kamen noch die kulturellen und sprachlichen Schwierigkeiten. Konnten sich die Angehörigen dieser zwei völlig verschiedenen Kulturen miteinander wohlfühlen oder einander überhaupt tolerieren?

Außerdem hatte die All-Saints-Gemeinde es hier nicht einfach nur mit armen Menschen zu tun. Viele der Männer waren vermutlich Guerilla-Kämpfer gewesen. Diese Menschen hatten Waffen getragen, gekämpft und wahrscheinlich auch Leute umgebracht. Vielleicht waren sogar einige der Männer, die Michael gerade gegenüberstanden,

Mörder? War es nicht auch gefährlich, solche Leute überhaupt in die Gemeinde aufzunehmen, ohne sie näher zu kennen? Ganz zu schweigen von der Verantwortung, die er für diese Fremden übernehmen würde, was würden seine Vorgesetzten in der Diözese davon halten?

Tut mir leid, aber wir haben schon genug eigene Probleme! Michael ertappte sich bei diesem Gedanken, während er dem jungen Mann zuhörte, der die Not seiner Leute mit flehendem Unterton schilderte. Wieder erinnerte Michael sich an den Kommentar seines Freundes, als er ihm damals von der All-Saints-Gemeinde erzählt hatte. Es sei unmöglich, diesen Karren aus dem Dreck zu ziehen, hatte sein Freund ihm versichert. Unter diesen Umständen würde doch sicher jeder verstehen, dass er nicht auch noch die Verantwortung für über 70 Flüchtlinge übernehmen konnte, oder? Außerdem gab es in Smyrna doch viel größere Gemeinden, denen es finanziell gut ging und die diesen Leuten viel besser helfen konnten.

Das waren alles nachvollziehbare Überlegungen. Dazu mischte sich eine gehörige Portion Angst vor dem, was das alles mit sich bringen würde. Aber Michael erinnerte sich trotz allem immer wieder daran, was er und die Gemeinde Gott versprochen hatten. Jesus sollte im Zentrum ihres Lebens sein! Im Zentrum des Gemeindelebens und im Zentrum des Alltags von jedem Einzelnen. Diese Flüchtlinge waren nicht nur Fremde, die Hilfe brauchten. Sie waren Christen, also Kinder Gottes, und damit Michaels Brüder und Schwestern im Glauben. Außerdem konnte er sich teilweise sogar in ihre Lage hineinversetzen. Auch er kannte das verzweifelte Gefühl, auf der Suche zu sein – nicht nur nach einer Gemeinde, einem Zuhause, einer Heimat. Michael kannte auch die Suche nach einem tieferen Sinn im Leben und nach Antworten auf die vielen Fragen seiner Seele.

Was hätte wohl Jesus diesen Menschen geantwortet, wenn er an Michaels Stelle gewesen wäre? Was würde Jesus tun? Ihm war klar, dass es unnötig war, auch nur darüber nachzudenken, denn er wusste, was Jesus dazu gesagt hatte: „Liebe deinen Mitmenschen wie dich selbst!"

(Markus 12,31), „Sorge für meine Schafe!" (Johannes 21,17), „Ihr sollt einander lieben! Genauso wie ich euch geliebt habe […]" (Johannes 13,34) und „Was ihr für einen meiner geringsten Brüder oder für eine meiner geringsten Schwestern getan habt, das habt ihr für mich getan" (Matthäus 25,40).

Meine Brüder und Schwestern. Wie sollte Michael behaupten, dass Jesus im Zentrum seines Lebens und seines Dienstes als Pastor steht, wenn seine Taten das nicht bezeugten? Es war gerade mal eine Woche her, da hatte Michael intensiv gebetet und Gott gefragt, was sein Plan mit dieser kleinen, angefochtenen Gemeinde ist.

Damit war die Antwort klar. Michael sah Ye Win und seine Begleiter offen an und sagte ihnen schlicht und ergreifend die Wahrheit: „Ganz ehrlich, ich habe keine Ahnung, wie das alles funktionieren soll. Ich weiß wirklich nicht, wie wir euch helfen können. Ihr habt ja heute selbst gesehen, wie klein unsere Gemeinde ist. Unser Gebäude wird verkauft, und wir wissen im Moment noch nicht einmal, ob wir uns nächsten Sonntag noch hier treffen können. Wir haben nur wenig, mit dem wir euch helfen können. Aber ihr seid uns herzlich willkommen. Jeder von euch! Bitte kommt zu uns, werdet Teil von unserer Gemeinde und dann werden wir gemeinsam sehen, was wir machen können."

5

Nachdem Ye Win alle seine Landsleute nach Hause gefahren hatte, stellte er den alten Kleintransporter vor dem Mietshaus ab, das den schönen Namen *Chalet Apartments* trug, was wirklich eine unpassende Bezeichnung für diesen Wohnort war. Der Wohnkomplex war ein heruntergekommenes Gebäude für einkommensschwache Mieter. Die meisten Karen in Smyrna waren hier untergebracht. Ye Win bedauerte, dass er keine bessere Unterkunft für seine Leute und sich gefunden hatte, keinen angenehmeren Ort. Natürlich war es von Vorteil, dass es hier keinen störte, wenn sie mit sehr vielen Leuten in nur wenigen Zimmern wohnten, aber dafür mussten sie in Kauf nehmen, zwischen Drogenhändlern und Bandenmitgliedern zu leben.

Ye Win dachte zurück an seine allererste Begegnung mit Pastor Michael. Wie gut, dass er heute endlich richtig mit ihm reden konnte. Das Gespräch war sehr wichtig für ihn gewesen und der Pastor hatte sich wirklich bemüht gezeigt. Die All-Saints-Gemeinde gefiel Ye Win gut. Sie erinnerte ihn auf positive Art und Weise an seine frühere anglikanische Gemeinde in Myanmar. Aber wenn Ye Win ehrlich war, dann brauchten die Karen viel mehr als nur eine Kirche, in der sie sonntags zum Gottesdienst gehen konnten. Nur der gute Wille des Pastors reichte da nicht. Sie brauchten mehr – viel mehr.

Ye Win war müde, denn er war schon um fünf Uhr aufgestanden. Etwas, was er in letzter Zeit viel zu häufig tun musste. Aber wie hätte er sonst alle Karen in Smyrna rechtzeitig zur All-Saints-Gemeinde bringen sollen, noch bevor der Gottesdienst begann? Doch eigentlich hatte sich

Ye Win bereits an die kurzen Nächte gewöhnt. Oft reichte es nur für vier Stunden Schlaf. Er arbeitete nachts und tagsüber half er seinen Freunden. Niemand außer ihm besaß ein eigenes Auto. Also fuhr Ye Win die anderen Karen, soweit sie Jobs hatten, morgens zur Arbeit und holte sie abends wieder ab.

Die Verantwortung für die anderen Karen nagte allmählich an ihm und ließ Ye Win mittlerweile einfach nur erschöpft sein. Rund um die Uhr hatte er Grund, sich um seine Leute Sorgen zu machen. Wie gerne hätte er diese Last abgegeben oder zumindest mit jemandem geteilt. Er sehnte sich sehr nach einer Gemeinde, in der er sonntagmorgens einfach nur auftanken konnte, wo er keine Verantwortung tragen musste. Und während der Woche hätte Ye Win lieber nur für seine eigene Familie und deren Lebensunterhalt gesorgt. Doch die Verantwortung dieser ganzen Karen-Gemeinschaft von Smyrna lag schwer auf seinen Schultern. Natürlich hatte niemand ihn in diese Rolle gezwungen, denn er kümmerte sich freiwillig um alle, auch weil es zu seinem Teil seines Erbes gehörte. Gerne hätte er dieses Erbe abgeschüttelt, doch irgendwie gelang ihm das nicht.

Ye Wins Vater John Kunoo war nur zwei Jahre vor seinem jüngeren Bruder Ga Nel Me geboren. Aber John schlug einen ganz anderen Weg ein als sein Bruder, der ein hochrangiger Mann in der Nationalen Befreiungsarmee der Karen wurde.

Nur ein kleiner Teil der Karen lebte in den von der KNLA kontrollierten Gebieten. Viele andere waren nach Thailand geflüchtet, wieder andere hatten sich in den burmesischen Städten angesiedelt und unter die übrige Bevölkerung gemischt, weshalb vor allem im Süden Burmas viele Karen unter den Burmesen lebten. John Kunoo hatte die gleiche anglikanische Schule besucht wie sein Bruder Ga Nel Me. Nach seinem Studium war er dann Lehrer geworden und unterrichtete an einer christlichen Highschool in Papun. Als dann die Regierung alle Schulen unter staatliche Aufsicht stellte, hätte John gerne aufgehört, dort zu arbeiten, denn er wollte unter dem burmesischen Militärregime kein Lehrer sein.

Als dies ein höherer Beamter der Region, der auch zu den Karen gehörte, mitbekam, redete er mit ihm. „Ich verstehe, dass du nicht für die Burmesen arbeiten willst", erklärte er. „Aber könntest du dir vorstellen, für mich zu unterrichten?"

Darauf konnte John sich einlassen und schließlich kam es sogar dazu, dass er einige Zeit später auch noch einen Richterposten am Zivilgericht übernahm. Zu dieser Zeit war er bereits mit Daisy verheiratet, die ebenfalls Lehrerin war. Und weil zwei Berufe und Familie nicht genug waren, fing er trotz fehlender theologischer Ausbildung an zu predigen und reiste als Evangelist durch das Land. So war es kein Wunder, dass sich in den nächsten zwanzig Jahren die beiden Brüder John und Ga Nel Me kaum begegneten, da ihre Lebenswege mehr als unterschiedlich waren. Die ganze Familie Kunoo war damals in zwei Hälften geteilt: Die eine kämpfte mit der Nationalen Befreiungsarmee im Dschungel und die andere weigerte sich strikt, sich dem bewaffneten Widerstand anzuschließen. In diese Familie, die seit Generationen im Spannungsfeld zwischen Politik und Glaube lebte, wurde Ye Win 1979 hineingeboren.

Ob es Ye Win jemals gelingen würde, dem amerikanischen Pastor zu erklären, was es bedeutete, ein Karen und darüber hinaus ein Angehöriger des Kunoo-Clans zu sein? Nur wenn er das verstehen würde, könnten sie vielleicht eine gemeinsame Basis finden. Es war ein guter Anfang, dass die Menschen in der All-Saints-Gemeinde Nachfolger Jesu waren. Und es war auch hilfreich, dass sie der gleichen Denomination angehörten, denn die All-Saints-Gemeinde benutzte das gleiche Gebetbuch, das Ye Win und seine Freunde aus Myanmar mitgebracht hatten. Sie hielten sich in Pastor Michaels Gemeinde an die ihnen bekannte Liturgie und sangen die gleichen Lieder, wenn auch alles in einer anderen Sprache.

Aber es würde nicht allein ausreichen, diesen Amerikanern etwas über die Karen und ihre Geschichte zu erklären. Denn auch die Karen und Ye Win würden ebenfalls vieles über die Amerikaner lernen müssen. Wenn Ye Win wirklich die Verantwortung für seine Familie und für die ganze Karen-Gemeinschaft mit diesen Menschen teilen wollte, dann musste er zunächst herausfinden, wer Pastor Michael Spurlock wirklich war und was ihn nach Smyrna in die All-Saints-Gemeinde gebracht hatte.

Michael Spurlock war schon immer ein Suchender gewesen, ohne dass es ihm im Geringsten bewusst gewesen wäre. Erst nachdem er das gefunden hatte, wonach er all die Jahre gesucht hatte, wurde es ihm deutlich – oder besser gesagt, nachdem er gefunden worden war.

Er kam 1968 in der Stadt Knoxville in Tennessee zur Welt. Michaels Eltern waren damals beide noch Teenager. Seine ersten Lebensjahre wanderte er deswegen zwischen seiner Mutter, seinem Vater und den Großeltern hin und her, während seine Eltern eine komplizierte Scheidung durchkämpften. Seine Großeltern mütterlicher- und väterlicherseits waren sich im Grunde ziemlich ähnlich, was Michael in den Zeiten, die er bei ihnen lebte, ein gewisses Maß an Stabilität gab. So fühlte er sich in seiner komplizierten Situation nicht ganz verloren.

Als Michael sechs Jahre alt war, heiratete sein Vater erneut. Damit war die Zeit bei seinen Großeltern vorbei, worüber der kleine Junge sehr traurig war. Von nun an hatte er nur noch ein Zuhause, das bei seinem Vater und dessen neuer Frau. Die beiden begegneten Michael mit viel Liebe, wodurch manche seiner frühen Kindheitsverletzungen wieder geheilt wurden. Nachdem sein Leben bis dahin sehr unsicher und vor allem auch unberechenbar gewesen war, trat jetzt endlich Stabilität ein.

Als dann sein Vater beruflich immer erfolgreicher wurde, begann eine neue unruhige Zeit für Michael. Der Wohlstand der Familie wuchs ständig, aber dafür mussten sie nun in immer kürzeren Abständen umziehen. Als Michael in die Highschool kam, hatte er schon überall im Südosten der USA gewohnt, einschließlich zweier kurzer Abstecher nach Chicago und Buffalo. Memphis war die einzige Stadt, in der sie drei Jahre hintereinander blieben. Das war dann auch die längste Zeitspanne, die Michael an ein und derselben Schule verbrachte, verglichen mit den jährlich wechselnden Highschools.

Geistlich gesehen war Michael ein Kind ohne Wurzeln. Niemand hatte in seiner Kindheit mit ihm über den Glauben gesprochen und er fühlte sich keiner Religion zugehörig. Trotzdem ging er immer davon aus, dass es irgendein höheres Wesen geben musste. Seine Eltern kamen aus christlichen Familien, sein Vater aus der *Church of Christ* und seine Mutter sowie seine Stiefmutter stammten beide aus methodistischen Familien. Doch als Michael zur Welt kam, gingen seine Eltern in keine Gemeinde, und nur während er bei seinen Großeltern väterlicherseits lebte, wurde Michael von ihnen in Gottesdienste mitgenommen.

Als sein Vater das zweite Mal heiratete, änderte sich die Einstellung der Familie zum Glauben schlagartig, weshalb sie sich nach jedem Umzug am neuen Ort eine Gemeinde suchte. Oft entschieden sie sich für presbyterianische Kirchen, wo Michael viel über den christlichen Glauben lernte und das erste Mal an einem Abendmahl teilnahm. Doch mit jedem Umzug dauerte es länger, bis die Familie sich wieder einer neuen Gemeinde angeschlossen hatte, und an manchen Orten kam es auch gar nicht mehr dazu – was Michael aber eigentlich nichts ausmachte.

Solange er noch jünger war, störten ihn die häufigen Ortwechsel nicht. Er mochte die Umzüge zwar nicht, konnte aber nichts dagegen tun. Also fügte er sich einfach in seine neue Situation. Doch mit zunehmendem Alter fiel es ihm immer schwerer, an den neuen Orten und in den neuen Schulen Fuß zu fassen, weshalb er eigentlich ganz froh war, wenn er nicht auch noch in die immer wieder neuen kirchlichen Jugendgruppen hineinfinden musste. Besuchte er kirchliche Veranstaltungen, wurde er natürlich immer freundlich aufgenommen, aber wenn er denselben Jugendlichen am nächsten Tag in der Schule begegnete, verhielten sie sich oft so, als würden sie ihn nicht kennen. Es tat weh, immer der Außenseiter zu sein. Deswegen fiel es Michael verständlicherweise mit jedem Umzug schwerer, Freundschaften zu schließen, egal ob in der Kirche, Schule oder Nachbarschaft.

In Michaels Familie wurden religiöse Themen nie diskutiert, und weil er die vielen verschiedenen Gemeinden immer nur kurz besucht hatte, waren seine Kenntnisse über Gott und den Glauben sehr gering. Gleichzeitig hatte sich in ihm aber durch diese vielen verschiedenen Eindrücke ein religiöses Konzept entwickelt, das ihm sein Leben ziemlich schwer machte. Michael stellte sich Gott als allmächtigen Herrscher vor, der alles, was auf der Welt vor sich ging, überwachte. Deshalb hatten die Menschen auch nicht wirklich die Wahl, gut oder böse zu sein, denn Gott war derjenige, der die Entscheidungen traf. Entsprechend hilflos war jeder diesem mächtigen Gott ausgeliefert, der einen wegen der kleinsten Sünde schon in die Hölle werfen konnte. Auch wenn Michael sich noch so sehr bemühte, gut zu sein, er hatte keine Chance, diesem Gott zu gefallen. Dieses Denken führte ihn in eine quälende Sackgasse. Wenn er auch nur ein böses Wort dachte, überfielen ihn sofort Scham und Angst, und er bat Gott, vor lauter Angst in die Hölle zu kommen, verzweifelt um Vergebung.

Zwei Erfahrungen während seiner Kindheit prägten Michaels religiöse Entwicklung ganz besonders. Die eine war ein Buch, das sein Vater einmal auf dem Rücksitz seines Autos auf einer Reise nach Nashville liegen gelassen hatte: *Alter Planet Erde wohin?* von Hal Lindsey. Michael las die Inhaltsangabe auf der Rückseite des Buches und diese erschütterte ihn damals zutiefst, denn dort las er, dass die Menschen keine Pläne machen sollten, die über die Achtzigerjahre hinausgingen, weil Gott in dieser Zeit die Erde bereits vernichten würde. Erschrocken rechnete Michael sich aus, dass sein Leben vorbei sein würde, bevor es richtig angefangen hatte. Eine schreckliche Vorstellung!

Dazu kam eine zweite, nicht weniger angsteinflößende Erfahrung, die ihn stark prägte. Die Mutter eines Freundes lud Michael ein, mit ihr und ihrem Sohn ins Kino zu gehen. Dort lief der christliche Endzeitfilm *A Thief in the Night* (Deutsch: Ein Dieb in der Nacht), der mit seiner Botschaft die Zuschauer aufrütteln wollte, ihr Leben mit Gott in Ordnung zu bringen, solange es noch möglich war. Doch auf Michael wirkte der Film einfach nur verstörend und seine Ängste wurden weiter bestärkt.

Zu alledem gesellte sich noch eine negative Erfahrung mit der christlichen Jugendgruppe, die er zu jener Zeit besuchte, weshalb Michael schließlich ein sehr negatives Bild von Gott und der Kirche entwickelte. Der letzte Rest Vertrauen war zerstört. Falls es dieses höhere Wesen, das die ganze Welt und jede Kleinigkeit seines Lebens kontrollierte, wirklich gab, dann wollte er damit möglichst nichts zu tun haben. Der Gott, den er sich vorstellte, war ein erbarmungsloser Richter, und in ständiger Angst vor diesem Gott zu leben, war ihm auf Dauer zu anstrengend. Von einem liebevollen Vater im Himmel wusste er zu diesem Zeitpunkt noch nichts.

Eines Tages, während er durch den Flur seiner Highschool ging, hatte er den Punkt erreicht, an dem er mit diesem Thema endgültig abschließen wollte. Und so beschloss er: *Ich mache das nicht mehr mit. Ja, Gott, es mag sein, dass ich zwar an dich glaube, aber ich mag dich einfach nicht. Du sollst keinen Einfluss mehr auf mich und mein Leben haben. Von jetzt an lebe ich allein! Unabhängig von dir.*

Kurze Zeit nach dieser Entscheidung gegen Gott zog Michael mit seiner Familie wieder um und dieses Mal fanden sie in ihrem neuen Heimatort keine Gemeinde. So kam es, dass sie während Michaels restlicher Schulzeit keine Gottesdienste mehr besuchten. Als er 1986 schließlich sein Studium an der Universität von Knoxville in Tennessee begann, hatte er jegliches Interesse verloren, jemals wieder eine Kirche zu betreten oder irgendeine religiöse Erfahrung zu machen.

6

Auf der anderen Seite der Erde wuchs nur elf Jahre später ein kleiner Junge auf, der die Dinge erstaunlich ähnlich sah wie Michael. Als Ye Win 1979 in die Familie von John und Daisy Kunoo hineingeboren wurde, hatten sie bereits vier Kinder im Alter von fünfzehn, dreizehn, zehn und sechs Jahren. Acht Jahre später wurde ein weiteres Geschwisterkind in die Familie hineingeboren, Ye Wins kleine Schwester Khin Kye. Bis in die Mitte der Achtzigerjahre lebte Familie Kunoo in Papun. Die Stadt lag mitten im Gebiet der Karen und war nach dem Zweiten Weltkrieg viele Jahre lang das Hauptquartier der Karen-Regierung (KNU) und deren Armee (KNLA). Aber noch während Ye Wins Kindheit übernahm die burmesische Armee die Kontrolle über die Stadt und die Rebellentruppen der Karen mussten über den Fluss und in den Dschungel fliehen. Dort mussten sie ständig in Bewegung, den burmesischen Kräften stets einen Schritt voraus und immer außerhalb der Reichweite von burmesischen Granaten sein. Und weil viele Verwandte von Ye Win zu diesen Rebellentruppen gehörten, überquerte er oft nach der Schule heimlich den Fluss, schlich sich in den Dschungel und besuchte die Kämpfer.

1985 zog John Kunoo mit seiner Familie nach Kamamaung, wo sie hofften, etwas sicherer leben zu können, weil diese Stadt zwar im angestammten Land der Karen liegt, aber nicht in dem umkämpften Gebiet. Dies war die Zeit, in der endlich der Bürgerkrieg in Burma und die Sehnsucht der Menschen nach einem demokratischen System auch in den Nachrichten in aller Welt thematisiert wurde.

Die Zahl acht ist für Burmesen eine Glückszahl. Also lag es für sie auf der Hand, genau am 8. August 1988 (8.8.88) zu einem landesweiten Generalstreik aufzurufen. Im Zentrum des Streiks stand die Forderung nach mehr Demokratie. Große Teile der Bevölkerung kamen dem Aufruf nach und so gingen Studierende, Ärzte, Anwälte, Lehrer, Pflegepersonal, Moslems, Christen, buddhistische Mönche, Burmesen, Karen und Kachin, junge und alte Menschen im ganzen Land auf die Straße. Doch die Demonstrationen endeten in einem Blutbad, nachdem das Militär einen Schießbefehl zur Eindämmung der Demonstrationen erhalten hatten. Überall im Land starben unzählig viele Menschen.

Genau zu der Zeit kam auch Aung San Suu Kyi, die in England lebte, zurück nach Burma, um dort ihre kranke Mutter zu besuchen. Sie stellte sich an die Spitze der Bewegung und wurde schnell zur wichtigsten prodemokratischen Aktivistin des Landes. Aung San Suu Kyi versuchte zwar, den Kampf um Demokratie gewaltlos zu führen, doch das Militärregime stellte sie ziemlich bald für die folgenden rund 20 Jahre unter Hausarrest. Gleichzeitig startete die Militärregierung in den Gebieten der ethnischen Minderheiten eine neue Welle der Zerstörung. Wieder wurden Dörfer beschossen und ausgebrannt. Menschen wurden ermordet, gefoltert und vergewaltigt. Das alles hatte natürlich Einfluss auf den neu entfachten Kampf der Karen und auch direkt auf Ye Wins Leben.

Inzwischen hatte Ye Wins Vater John Kunoo seinen Posten am Gericht wieder aufgegeben und war nun Pastor einer baptistischen Gemeinde in Kamamaung und als Evangelist im Land unterwegs. Ye Wins Mutter arbeitete weiterhin als Lehrerin und versuchte mit ihrem geringen Einkommen die Familie finanziell über Wasser zu halten. Einer von Ye Wins älteren Brüdern und eine seiner älteren Schwestern leiteten in dieser Zeit eine christliche Jugendarbeit in der Stadt. Als das burmesische Militär von dieser Arbeit Wind bekam, mussten Ye Wins Bruder und Schwester in den Dschungel fliehen. Sie schlossen sich, wie auch ihre zahlreichen Verwandten zuvor, der KNLA an. So kam es, dass eine seiner Schwestern an einer Schule für Kriegswaisen und Flüchtlingskinder unterrichtete und eine andere als Krankenschwester in einem Karen-Lazarett arbeitete.

Als Ye Win also ein Teenager war, lebten seine vier älteren Geschwister bereits im Dschungel. Und weil bekannt war, dass sie sich der KNLA angeschlossen hatten, wurden ihre Eltern immer wieder von burmesischen Soldaten aufgesucht. Ihnen sollten John und Daisy Informationen über ihre Kinder und Verwandten im Dschungel preisgeben. Antworten auf ihre Fragen bekamen die Soldaten nie von ihnen, aber Ye Wins Mutter gab ihnen das wenige Geld, das sie als Lehrerin verdiente, um endlich in Ruhe gelassen zu werden. Sie nahmen es gerne an, jedoch nicht ohne jedes Mal damit zu drohen, bei ihrem nächsten Besuch die ganze Familie umzubringen.

Ye Win und seine kleine Schwester Khin Kyi waren nun die einzigen Kinder, die noch bei ihren Eltern lebten. John und Daisy war es wichtig, dass Ye Win zumindest so lange zu Hause lebte, bis er eine gute Ausbildung abgeschlossen hatte. Am meisten hätten sie sich allerdings gefreut, wenn er in die Fußstapfen seines Vaters getreten und auch einen geistlichen Dienst angefangen hätte.

Aber für Ye Win waren damals schon die Geschichten, die er von den Verwandten aus dem Dschungel hörte, viel interessanter als alles, was man in der Schule lernen konnte. Seine älteren Geschwister befanden sich in dem mutigen Kampf gegen einen grausamen Feind, sie setzten ihr Leben für die Freiheit aufs Spiel und erlebten dazu noch jede Menge Abenteuer. Er dagegen hatte nichts außer Schule, Kirche und seinem Zuhause. Andere Jungs in seinem Altern waren bereits als Kämpfer bei der KNLA. Ye Win wusste zwar, dass es sich bei diesen jungen Kämpfern immer um Kriegswaisen handelte, die von den Karen rekrutiert wurden, weil man nicht wusste, was man sonst mit ihnen machen sollte, aber trotzdem reizte ihn der Kampf gegen das Militärregime schon damals. Kindersoldaten, die noch ein Elternhaus hatten, gab es unter den Karenkämpfern eigentlich nicht. Aber Ye Win hatte genug von der Armut und dem Hunger, die bei ihm zu Hause herrschten. Er wollte auch Teil der KNLA sein.

Die Überwachung durch die burmesische Armee machte es Ye Wins Vater immer schwerer, als Evangelist in der Umgebung herumzureisen. Trotzdem gebrauchte Gott ihn, um immer mehr Karen zum Glauben an Jesus zu bringen. Oft waren es sogar fünfzehn bis zwanzig Menschen pro Woche, und neue Gemeinden entstanden. Aber davon wurde die Familie noch nicht satt und das Geld, das die Soldaten seiner Mutter bei ihren Besuchen übrig ließen, reichte für einen Vier-Personen-Haushalt lange nicht aus.

Ye Win war für einen Teenager ein ausgesprochen starker und kräftiger Junge, deshalb fing er mit dem Boxen an und nutzte jede freie Minute, um andere Kampfsportarten zu trainieren. Von den Plänen, die seine Eltern für seine Zukunft geschmiedet hatten, wollte er nichts mehr wissen und widersetzte sich ihnen sogar offen. War es nicht unendlich viel interessanter, für die Demokratie zu kämpfen, als das Gymnasium abzuschließen und dann an der Universität Theologie zu studieren? *Ich werde tun, was ich will. Es ist schließlich mein Leben,* nahm er sich fest vor.

So wollte es auch Michael Spurlock handhaben, nachdem er von zu Hause ausgezogen war. Später beschrieb er sich selbst während seiner ersten Studienjahre als sehr eigenwillig. Als Hauptfach wählte er zunächst kreatives Schreiben und wechselte dann zur Philosophie. Gleichzeitig versuchte er, einen Roman zu schreiben, aber seine knapp zwanzig Jahre Lebenserfahrung gaben noch keine gute Geschichte her. Also versuchte er es mit der bildenden Kunst, doch seine Versuche als Maler waren ebenso erfolglos wie die als Schriftsteller.

Erst später verstand Michael, dass er schon damals auf der Suche nach diesem einen bestimmten Thema war, über das es sich lohnen würde zu schreiben. Er fand einfach nichts, über das es sich auch nur zu reden gelohnt hätte, geschweige denn etwas, was dem Leben einem

Sinn verliehen hätte. Jetzt, mit Anfang 20, hatte er schon jahrelang keine Kirche mehr besucht und auch vom Glauben hatte er sich weit entfernt. Doch irgendwie war sein freies, selbstbestimmtes Leben viel weniger erfüllend, als er erwartet hatte.

Eines Tages hörte er im Radio den Bericht über eine Marienerscheinung im Mittleren Westen der Vereinigten Staaten. Dort war jemandem die Jungfrau Maria erschienen und nun reisten Pilger aus allen Staaten der USA und sogar aus dem Ausland an diesen Ort. Die Pilger in dem Bericht sprachen über ihre Hingabe und ihren Glauben, und Michael stellte überrascht fest, dass er sie doch tatsächlich um ihre Leidenschaft beneidete: *So einen begeisterten Glauben hätte ich auch gerne.* Also entschied er sich, mal wieder in die Kirche zu gehen, obgleich er nicht so richtig wusste, was ihn eigentlich dorthin zog. Kein einziger seiner Freunde interessierte sich für den Glauben, doch das machte nichts, denn aus seiner anfänglichen vagen Sehnsucht wurde schnell eine tiefe Entschlossenheit.

Dieses Mal nahm sich Michael allerdings fest vor, nicht durch irgendwelche sentimentalen Erinnerungen plötzlich wieder in die religiöse Enge seiner Kindheit zurückzufallen. Als Studierender ging Michael die Sache nun anders an. Er betrachtete die Religion aus der Sicht der Wissenschaft und er recherchierte einiges über die Anfänge des Christentums und der Kirche und landete schnell beim Katholizismus.

Also entschied Michael sich, sonntags in einer katholischen Kirche in seiner Nähe die Messe zu besuchen. Der Priester dort sprach immer wieder über die Liebe Gottes, und zwar auf eine Art, wie Michael es noch nie gehört hatte. Auch wie der Geistliche über Jesus redete, war ungewohnt. Hier wurde Jesus weder als hilfloses Baby noch als willkürlicher Herrscher über wehrlose Menschen dargestellt. Jesus wurde auch nicht als diese rührselige, allen Menschen wohltuende Person präsentiert, wie Michael sie noch aus den Kindergottesdiensten kannte. In dieser Gemeinde wurde Jesus als jemand beschrieben, der genau wusste, was der Menschheit fehlte und wie fehlerhaft die Menschen waren und für die er trotzdem sein Leben gab.

Zum ersten Mal in seinem Leben erkannte Michael, dass Jesus sich aus freien Stücken dazu entschieden hatte, am Kreuz zu sterben. Bis dahin hatte er Gott immer nur als willkürlichen Herrscher gesehen, der sich die Menschheit gefügig machen wollte. Aber Jesus war freiwillig gestorben. Er hatte ein reales Leben unter den Menschen gelebt, hatte hier gelitten und war hier gestorben. Und dann war er leibhaftig wieder ins Leben zurückgekehrt.

Aber damit war es noch nicht genug. Dieser Jesus bot ihm, Michael, Vergebung an. Die Befreiung von allem, was ihn belastete. Danach hatte er sich schon immer gesehnt, aber bisher noch nie eine Möglichkeit gesehen, wie das passieren sollte. An diesen Jesus, wie er ihn jetzt kennenlernte, konnte Michael endlich glauben. Nach so etwas oder besser gesagt *nach so jemandem* hatte er gesucht.

Michael ging von da an jeden Sonntag in die Kirche. Er fing an, zu Gott zu beten. Aber diese Gebete waren ganz anders als seine früheren Gebete. In dieser Zeit beschäftigte er sich immer mehr mit der Kirchengeschichte und studierte die katholische Lehre genauer. Er dachte sogar manchmal darüber nach, katholischer Priester zu werden. Aber sein Wunsch, eines Tages eine Frau zu haben und eine Familie zu gründen, war stärker.

Während seiner geistlichen Entdeckungsreise machte Michael seinen Collegeabschluss. Er hatte lang genug studiert, keine Lust mehr auf knappe Finanzen und wollte nun endlich mit dieser sinnlosen Malerei aufhören. Voller jugendlichem Optimismus beschloss er also, nach New York zu ziehen und dort im Verlagswesen Fuß zu fassen. Mit ein bisschen Glück würde er den nächsten Bestsellerautor entdecken und mit diesem zusammen zu Ruhm und Reichtum kommen. Nebenher würde er dann auch wieder an seinem eigenen Roman arbeiten.

Also kaufte Michael im Jahr 1993, er war damals fünfundzwanzig Jahre alt, ein einfaches Ticket von Nashville nach New York City und seine Reise in ein neues Leben begann. Eine Zeitarbeitsfirma gab ihm zunächst eine Anstellung und nach einem Jahr wurde er tatsächlich als

Redaktionsassistent im Schulbuchbereich in einem christlichen Verlag angestellt. Zwei Verlagsfusionen und eine Beförderung später arbeitete Michael immer noch dort. Auch in dieser Zeit hörte er nicht auf zu beten und besuchte eine Gemeinde in seiner Nachbarschaft, wenn auch nicht mehr so regelmäßig wie in seinen Studienzeiten.

Und obwohl alles ganz gut lief, war Michael nicht glücklich. New York City war ihm viel zu hektisch, und er dachte darüber nach, dass er viel lieber wieder aufs Land ziehen würde. Durch eine zufällige Begegnung – falls man an Zufälle glaubt – sollte sich für ihn jedoch alles noch einmal ändern. Und damit begann sein Weg, der ihn über Berge, durch Täler und Wüsten führte, bis zur All-Saints-Gemeinde. Der kleinen Dorfkirche in seinem Heimatstaat Tennessee.

7

Zwölf Zeitzonen weiter hatte Ye Win die Weichen für sein weiteres Leben gestellt. Da er genau wusste, wie seine Eltern reagieren würden, fragte er sie gar nicht erst, sondern schlich sich einfach heimlich davon. Mit der Unterstützung einiger Freunde verschwand er aus der Stadt und durchstreifte den Dschungel so lange, bis er die Guerillakämpfer fand. Er war erst dreizehn Jahre alt und in den nächsten zwei Jahren würde er seine Eltern nicht mehr wiedersehen.

Sein Onkel Ga Nel Me gehörte nicht zu dem Teil der Armee, dem Ye Win sich zunächst anschloss, aber ein anderer Onkel von ihm war dort Kommandant über 6.000 Kämpfer. In den nächsten Jahren lernte Ye Win alles über den Umgang mit Maschinengewehren, Granatwerfern und Sturmgewehren. Er lernte, wie man Landminen platziert und damit genau die Wege und Gebiete belegt, die von den Burmesen benutzt wurden. Ihm wurde beigebracht, ohne auch nur mit der Wimper zu zucken zu morden. Er musste sich an den Geruch von Blut und Tod gewöhnen und lernen, das Geräusch der Maschinengewehrsalven zu ignorieren. Auch für die Schreie der Verwundeten musste er unempfänglich werden.

Obwohl Ye Win und auch einige seiner Kameraden noch so jung waren, wurden sie direkt an die Front geschickt, wo sie den burmesischen Truppen begegneten. Manchmal waren sie nur in kleinen Teams von zehn Soldaten unterwegs, dann wieder in größeren Verbänden. Jedes Mal, wenn sie beschossen wurden, musste Ye Win im ersten Moment seine Angst unterdrücken. Aber sobald er seine eigene Waffe zog, erfasste ihn eine positive Erregung, und er war auf einmal mit allen Sinnen nur auf den Kampf konzentriert. Als Guerilla-Kämpfer agierten sie zumeist im Schutz des Dschungels. Oft kauerten sie deswegen stundenlang im Gebüsch, ohne auch nur einen einzigen Feind auszumachen. Doch sobald die Sonne irgendwo einen metallischen Gegenstand aufblitzen ließ, einen Gewehrlauf oder eine Schutzbrille, feuerte Ye Win in diese Richtung, bis seine Munition verbraucht war.

Zum Glück wurde nicht ständig gekämpft. Zwar konnten sich die Soldaten beider Armeen während der Trockenzeit gut bewegen, aber in der Regenzeit war das ganz anders. Dann regnete es oft so heftig, dass Überschwemmungen und Erdrutsche ein Vorwärtskommen nur schwer möglich und oft auch gefährlich machten. In dieser Zeit war es für alle besser, sich in den Dörfern aufzuhalten, etwas auf den Feldern anzubauen, zur Schule zu gehen und sich auszuruhen, um für die nächste Kampfphase wieder bereit zu sein.

Die Karen kämpften unerbittlich, aber mit wenig Erfolg, und so wurden sie immer weiter zur Landesgrenze gedrängt. Hunderttausende Zivilisten waren zu diesem Zeitpunkt bereits nach Thailand geflohen, weil ihre Dörfer zerstört worden waren. Auch die Truppen der KNLA rückten immer dichter an die Grenze nach Thailand heran. Deswegen hatte das internationale Flüchtlingshilfswerk *UNHCR* im Nordwesten Thailands Lager eingerichtet, in denen neben den Karen auch Kachin, Chin und Vertriebene aus Kambodscha, Laos und anderen Ländern Zuflucht gefunden hatten. Die Guerillakämpfer konnten so ungehindert die Grenze zwischen Myanmar und Thailand passieren, denn auch die thailändischen Grenzbeamten ließen dies widerstandlos zu.

Nach einiger Zeit musste auch Ye Win das erste Mal über die Grenze nach Thailand ausweichen. Während er sich dort aufhielt, gelang es seinen Eltern endlich mit der Hilfe von Verwandten, ihn aufzuspüren. Sofort schickten sie einen Boten zu Ye Wins Dschungellager und baten ihn, doch wieder nach Hause zu kommen. Ye Win war inzwischen fünfzehn geworden und müde vom Krieg. Die häufigen, anstrengenden

Märsche, das Kämpfen, die Hitze und der Regen hatten ihn mittlerweile ausgelaugt. Essen gab es bei der Armee auch nicht mehr als zu Hause. Und oft genug mussten die Soldaten den ganzen Tag lang kämpfen, obwohl sie nur ein Bananenblatt mit einer Handvoll Reis und etwas Fischpaste bekommen hatten. Auch Ye Wins Vorgesetzte rieten ihm zurückzugehen, die Schule abzuschließen und einen Beruf zu erlernen.

Also kehrte Ye Win 1994 nach Hause zurück und nur zwei Jahre später hatte er die Schule beendet. Nachdem Ye Win zurückgekehrt war, verstand er sich einerseits als burmesischer Aktivist im Kampf für Demokratie und andererseits als Widerstandskämpfer der Karen. Im Dezember 1996 erfuhr er, dass der Hausarrest für die prodemokratische Aktivistin Aung San Suu Kyi aufgehoben worden war, und sofort machte Ye Win sich mit einer Gruppe von Freunden auf den Weg nach Rangun, um den Worten von Aung San Suu Kyi zuzuhören, denn sie wollten sich in die prodemokratische Bewegung einbringen.

Als Ye Win in der Hauptstadt ankam, waren die Straßen bereits von demonstrierenden Studierenden überfüllt. Doch die Reaktion des Militärs erinnerte an die blutigen Ereignisse von 1988, denn Panzer rollten durch die Straßen und Lastwagen voll bewaffneter Soldaten umringten die friedlichen Demonstranten. Zwar wurde dieses Mal nicht geschossen, aber Hunderte von Studierenden wurden eingekesselt und verhaftet und auch Aung San Suu Kyi wurde erneut unter Hausarrest gestellt.

Also war es für Ye Win wieder an der Zeit zu fliehen. Er konnte nicht zurück in sein Elternhaus nach Kamamaung, denn dort wäre er als prodemokratischer Aktivist verhaftet worden. Deshalb ging er direkt ins Gebiet der KNLA, wo er bei Verwandten Zuflucht suchte und wieder mitten im Krieg landete.

Schnell drückte man Ye Win eine Waffe in die Hand und teilte ihn einer Truppe zu. Mit siebzehn Jahren war er also erneut zum Soldaten geworden. Doch bevor er wieder in die Kämpfe eintrat, schickte er seinen Eltern eine Nachricht, dass er sicher aus Rangun entkommen sei. Diese Nachricht sollte seine Familie jedoch nicht erreichen, denn diese hatte Kamamaung bereits verlassen, da ihr Leben dort in Gefahr war. Weder Ye Win wusste ab diesem Moment, wo seine Eltern waren, noch hatten sie eine Ahnung, wo ihr Sohn steckte. Auch alle seine Geschwister hatten den Kontakt untereinander verloren.

Und obwohl die damalige Situation für Ye Win und seine Familie gefährlich und unübersichtlich war, hätte Ye Win nie gedacht, dass es über zehn Jahre dauern würde, ehe er seine Eltern und Geschwister wiedersehen würde. Und noch weniger rechnete er damit, dass dies auf der anderen Seite der Erdkugel geschehen würden.

Als Michael Spurlock sich gerade mit einem Freund im Central Park traf und mit ihm ein angeregtes Gespräch über Whiskey führte, tippte ihm plötzlich jemand auf die Schulter. Dies war der Moment, mit dem sich sein Leben vollkommen ändern sollte.

„Entschuldigen Sie", sagte eine engelsgleiche Frauenstimme. „Mein Freund hier interessiert sich für Whiskey und würde gerne mehr darüber erfahren."

Langsam drehte Michael sich um, und vor ihm stand eine junge Frau, die mindestens so schön aussah, wie ihre Stimme klang. Sie war zierlich gebaut und braune Locken umrahmten ihr herzförmiges Gesicht. Egal, was Michael bis dahin über die Liebe auf den ersten Blick gedacht hatte, jetzt wusste er, dass es sie gab. Wie ein Blitz traf ihn der Anblick dieser jungen Frau. Dann stellte sie Michael und seinem Freund ihren Begleiter vor, der sich tatsächlich für die Whiskeyherstellung interessierte. Aber Michael waren ab diesem Moment alle Spirituosen dieser Welt vollkommen egal. Er wollte nur noch wissen, wie diese junge Frau hieß.

„Aimee", antwortete sie. „Aimee Marcoux."

Von diesem Augenblick an, war Michael eines klar: Er würde nie mehr aus New York wegziehen.

8

Aimee Marcoux wurde 1966 in Miami Beach im US-Bundesstaat Florida geboren. Schon bevor sie lesen konnte, wusste sie ganz genau, wozu sie auf der Welt war: Gott hatte sie geschaffen, damit sie für ihn Musik machen und ihm damit dienen würde. Daran hatte sie nicht den geringsten Zweifel.

Dass sie eine besondere Stimme hatte, war allen aufgefallen: ihrer Familie, ihrer Gemeinde und der Schule. So hatte sie bereits im Alter von fünf Jahren ihre erste Rolle in dem Musical *Hello, Dolly* und nur ein Jahr später sang sie in *The Sound of Music* die Rolle der jüngsten Tochter des Baron von Trapp. Es folgten Anfragen von Werbefirmen und Einladungen ins Fernsehen und zu TV-Shows. Aber Aimees Eltern wimmelten alle ab. Denn dies war definitiv nicht das Leben, das sie ihrem kleinen Mädchen wünschten. Stattdessen ermöglichten sie ihrem Kind eine erstklassige musikalische Ausbildung.

Aimees Eltern waren engagierte Christen in der episkopalen Kirche. Dort und in einer benachbarten presbyterianischen Kirche sang Aimee im Chor, was ihr wiederum ermöglichte, in einem weiteren Chor zu singen, der sehr angesehen war und in ganz Nordamerika und in Europa Konzerte gab. Als Aimee mit dem Studium anfing, hatte sie schon in der Schweiz, Deutschland, Österreich, England und Frankreich gesungen. Bill und Katie Stevenson, die Leiter des Chors, verstanden sich nicht nur als musikalische Leiter, sondern auch als Mentoren für die jungen Chorteilnehmer. Deswegen lernte Aimee hier nicht nur das Singen, sondern vieles mehr, was ihr im späteren Leben von großem Nutzen sein würde.

Dazu zählten Pünktlichkeit, Vorbereitung und Respekt. Auch leise zu sein und zuzuhören wurde immer wieder in diesem Chor geübt. Vor allem aber ging es stets darum, nicht aus den Augen zu verlieren, für wen und zu wem sie eigentlich sangen. Denn in diesem Chor sang man nicht für das Publikum, sondern für Gott.

Nach ihrem Schulabschluss zog Aimee zunächst nach Miami und begann zu studieren. Das war die Phase in ihrem Leben, in der sie nicht mehr so häufig zum Gottesdienst ging und der Glaube in ihrem Leben langsam an Bedeutung verlor. Die Sommersemesterferien verbrachte sie am *Chautauqua Institute* in New York, wo sie die Möglichkeit hatte, in einer Oper zu singen. Als sich schließlich ihr Sommer in New York dem Ende neigte, beschloss sie, nicht mehr nach Miami zurückzugehen. Das Leben als Sängerin in New York bot ihr so viel mehr Möglichkeiten. Deshalb bewarb sie sich am *Boston Conservatory of Music*, wo sie auf Anhieb ein Stipendium erhielt, das ihr gesamtes weiteres Studium finanzierte und sogar für den Masterabschluss als klassische Opernsängerin reichte. Aimee sang anschließend in Opern, auf Festivals, sie trat in Oratorien und gemeinsam mit Orchestern auf, war überall in den USA unterwegs und gab auch in Europa Konzerte.

So gut es ihr im beruflichen Leben auch ging, so traurig sah es im privaten Bereich aus. Ihre Eltern machten sich große Sorgen wegen der Männer, mit denen ihre Tochter zusammen war. Ihr damaliger Freund war kein Christ und Aimee dachte zu dieser Zeit erstmals darüber nach, der Liebe wegen aus der Kirche auszutreten oder sogar eine andere Religion anzunehmen.

Ihre Mutter protestierte heftig: „Was auch immer du tust, du kannst dich doch nicht von Jesus abwenden! Das darfst du auf keinen Fall tun!"

Bin ich wirklich dabei, mich selbst zu verlieren? Aimee wurde unsicher. *Wie kam ich nur auf den Gedanken, mich für andere in einen anderen Menschen zu verwandeln? Das ist nicht richtig!*

Und dann passierte etwas Schreckliches – oder wie Aimee es später beschrieb, dann griff Gott ein. Es war im Jahr 1994. Sie hatte bei einem

Basketballspiel zu Spielbeginn die Nationalhymne gesungen und war auf dem Rückweg vom Stadion mit einem betrunkenen Autofahrer frontal zusammengestoßen, der bei Rot über eine Ampel gefahren war. Aimees Wagen überschlug sich einmal vollständig, wobei ihr Unterkiefer in zwei Teile zerbrochen wurde. Es folgten drei plastische Operationen, nach denen Aimees Unterkiefer nur noch von Drähten zusammengehalten wurde. Aus diesem Grunde fiel ihr das Essen sehr schwer und sie wurde immer dünner. Damit war für sie erst mal alles vorbei, ihre berufliche Laufbahn als Sängerin ebenso wie ihre Beziehung zu ihrem Freund. Letzteres fanden zumindest ihre Eltern nicht besonders schlimm.

Musik hatte bis zu dem Unfall Aimees gesamtes Leben ausgemacht, weshalb sie nun in einer tiefen Depression versank. Was sollte sie jetzt mit ihrer Zukunft anstellen? In diese Situation hinein kam ein Anruf aus New York, der ihr eine neue Perspektive eröffnete. Ein guter Freund von Aimee, der als stellvertretender Dirigent an der *Metropolitan Opera* in New York arbeitete, würde für ein paar Monate an der *Grand Opera* in Houston arbeiten, wollte aber für diese kurze Zeit seine günstige Mietwohnung im Nordwesten Manhattans nicht aufgeben. Ob Aimee vielleicht …?

Für Aimee war dieses Angebot kein Zufall, sondern ein Geschenk des Himmels. Hatte Gott ihr damit etwa eine Tür geöffnet, um ihr eine zweite Chance zu geben? Sie wusste zwar noch nicht, was sie in New York machen würde, und mit ihren Ersparnissen von 1.500 US-Dollar würde sie auch nicht weit kommen, aber sie besorgte sich trotzdem ein Flugticket, bezahlte die erste Miete und gab ihre restlichen Ersparnisse im Supermarkt aus. Nun brauchte sie dringend Arbeit.

Gleich an ihrem ersten Abend zurück in New York hatten Aimees frühere Musikerfreunde eine Willkommensparty für sie organisiert. Einer der anwesenden Gäste war Russell Granger, der früher fürs Fernsehen gearbeitet hatte und nun zusammen mit einem Freund eine Onlinefirma gegründet hatte. *Entertainment Drive* berichtete über die Unterhaltungsbranche und unterstützte Künstler und Fernsehsender bei ihrer Öffentlichkeitsarbeit.

Das alles erfuhr Aimee, noch bevor er sie nach ihren beruflichen Plänen fragte: „Ich suche Arbeit", erklärte Aimee ihm geraderaus.

„Na, das passt ja", strahlte er. „Ich suche eine Assistentin."

Am Ende des Abends hatte Aimee also einen neuen Bekannten, einen neuen Chef und eine neue Arbeitsstelle. Neben ihren Aufgaben als Russells Assistentin wurde sie außerdem die erste Onlinereporterin für *Entertainment Drive.* Sie berichtete fortan über alle Themen der Unterhaltungsindustrie, und obwohl sie praktisch keine Berufserfahrung auf diesem Gebiet mitbrachte, war sie von Anfang an erfolgreich in dem, was sie tat. Ihre Stimme und ihre Ausbildung, die ihr als Sängerin alle Türen geöffnet hatten, ließen sie auch vor laufenden Kameras gekonnt auftreten.

In den folgenden Jahren berichtete sie von den Emmy- und Oscarverleihungen und führte Interviews mit Stars und Prominenten. Auch Politiker wie UN-Generalsekretär Kofi Annan und der damalige US-Präsident Bill Clinton zählten zu ihren Interviewpartnern. Ab 1997 arbeitete sie außerdem als freiberufliche Berichterstatterin für verschiedene Nachrichtenagenturen und Rundfunkanstalten wie *BBC*, *NBC* und *CBS*. Ihr Kiefer war mittlerweile zwar wieder verheilt, aber ihr neuer Beruf machte ihr so viel Spaß, dass sie nicht zur Oper zurückkehren wollte. Sie hatte keine Lust mehr auf das Reisen und die vielen Auftritte, bei denen sie Abend für Abend das Gleiche singen und dieselbe Rolle spielen musste.

Und dann kam der 29. Juni 1997. Mit Russell, der nun nicht mehr ihr Chef war, aber immer noch ein sehr guter Freund, schlenderte Aimee durch den Central Park in New York City. Vor Kurzem war wieder eine ihrer Beziehungen in die Brüche gegangen, und sie erklärte Russell gerade, wie enttäuscht sie von der Datingszene in New York war.

„Ich wünschte, ich würde einen Mann finden, der viel Humor hat. Er sollte aus den Südstaaten kommen und sich benehmen können. Intelligent sollte er sein, aber es darf ihm auch nichts ausmachen, dass ich was auf dem Kasten habe."

Sie überlegte, ob sie Russel gegenüber auch noch erwähnen sollte, dass das Aussehen eine Rolle spielte. Aber sie war zu lange in der Glamourwelt Hollywoods unterwegs gewesen, als dass sie sich von den äußeren Dingen noch viel versprach. Doch ein Punkt war ihr trotzdem wichtig: „Christ soll er sein. Dieses Mal möchte ich auch meinen Glauben mit ihm teilen können."

Denn der Glaube hatte zuletzt in ihrem Leben wieder an Bedeutung gewonnen. Begonnen hatte das alles mit einer Begegnung im Zug mit einem jungen episkopalen Pastor, der gerade seine erste Stelle in einer Kirche namens *Grace Church* in Manhattan angetreten hatte. Aimee hatte sich von ihm einladen lassen und ging seither nach vielen Jahren wieder regelmäßig zum Gottesdienst.

Doch Russell hatte ihr gar nicht richtig zugehört, während sie über ihren Frust bei der Partnersuche sprach. „Sei mal leise", unterbrach er ihre Gedanken. „Ich will hören, worüber die beiden da drüben sich unterhalten."

„Was? Wer?" Russell zeigte auf einen großen, schlanken jungen Mann mit Baseball-Kappe und blau-grünem T-Shirt, der ein paar Meter vor ihnen ging und mit einem zweiten Mann angeregt redete.

Schüchtern war Aimee noch nie gewesen, deswegen machte sie kurzerhand ein paar schnelle Schritte und tippte auf die blau-grüne Schulter. „Entschuldigen Sie, mein Freund interessiert sich für das Thema, über das Sie gerade reden."

Der Angesprochene drehte sich um, ohne seinen Satz zu unterbrechen: „Der Unterschied zwischen diesen beiden Whiskeys ist …"

Das wiederum interessierte Aimee nicht im Geringsten. Aber die Augen dieses Mannes waren die schönsten Augen, die sie jemals gesehen hatte. Er sprach mit einem leichten Südstaatenakzent, wirkte gebildet und freundlich. *Er entspricht dem Mann meiner Träume!*

„Michael Spurlock", stellte sich der Fremde dann vor und begann, sich weiter mit Aimee zu unterhalten.

Auch Russell und Michaels Freund sprachen noch eine Weile über

Whiskey, verabschiedeten sich dann aber nach einiger Zeit von Michael und Aimee.

Für die beiden war die Zeit stehen geblieben. Sie redeten zwei Stunden lang. Michael erzählte ihr von seinem Verlag und seinen Versuchen, zu schreiben und zu malen. Aimee öffnete sich dem Fremden und erzählte von dem tragischen Unfall, der ihr Leben als Sängerin zerstört hatte. Sie erzählten sich gegenseitig, wo sie herkamen und wo sie das College besucht hatten. Michael erwähnte auch, dass er gerade dabei war, den Glauben an Gott ganz neu für sich zu entdecken. Das freute Aimee natürlich besonders.

Dann plötzlich erinnerten sich die beiden wieder daran, dass sie an diesem Tag auch noch andere Termine wahrnehmen mussten. Michael fragte sofort nach Aimees Telefonnummer und gab ihr seine Visitenkarte, dann begleitete er sie zur Bahn und löste ihr ein Ticket. In den drei Jahren, die Aimee in New York gelebt hatte, war sie mit teuren Autos abgeholt und zu eleganten Restaurants gefahren worden, aber noch nie hatte sie etwas erlebt, das ihr so romantisch und fürsorglich erschien wie dieses kleine Zeichen der Höflichkeit.

Bald darauf trafen sie sich zum Essen. Wieder redeten sie stundenlang und genauso entspannt und ungezwungen wie bei ihrer ersten Begegnung im Park. Aimee freute sich sehr. Noch nie zuvor hatte sich ein Mann so für sie, für ihre Gedanken und für ihre Gefühle interessiert. Sie trug ein orangefarbenes Kleid zu dieser ersten Verabredung und hatte sich sorgfältig zurechtgemacht, aber Michael schien die Person hinter der Fassade viel wichtiger zu finden als ihr Aussehen. Dass er bei all diesen positiven Eigenschaften auch noch den Charme des Südstaatlers besaß, war für Aimee wie ein zusätzliches Geschenk.

Dieser Mann könnte mich, Aimee Marcoux, wirklich lieben. Ihm geht es nicht nur um die Show, nicht um mein perfektes Gesicht vor und hinter der Kamera. Er achtet mich, weil er meinen Verstand und meinen Charakter mag. Für ihn wäre ich mehr als eine schöne Frau, mit der er sich vor anderen brüsten kann.

Bevor ihre erste Verabredung zu Ende war, wussten beide, dass sie diese Beziehung unbedingt vertiefen wollten. Und weniger als ein halbes Jahr später planten Michael Spurlock und Aimee Marcoux bereits ihre Hochzeit.

9

Für Michael und Aimee war es damals schon wichtig, ihren Glauben miteinander zu teilen. Aber sie kamen aus unterschiedlichen christlichen Denominationen, was es ein bisschen komplizierter machte. Aimee durfte in der katholischen Kirche beispielweise nicht am Abendmahl teilnehmen, für Michael hingegen gab es in der episkopalen Kirche keine Einschränkungen. Also entschieden sich die beiden für die episkopale Kirche *Grace Church*, die Aimee bisher besucht hatte.

Schon bald sprachen sie über Heirat und wandten sich an den Pastor der Gemeinde, der gleiche Pastor, der bei seiner Begegnung mit Aimee im Zug den Anstoß für ihre erneute Hinwendung zum Glauben gegeben hatte. Deshalb lag es auch nahe, dass sie sich wünschten, dass er sie trauen würde. Pastor William (Bill) J. Danaher war ungefähr so alt wie Michael und seine Frau Claire war ähnlich wie Aimee eine begabte Musikerin. Doch als sie sich trafen, um über den Hochzeitsgottesdienst zu sprechen, gestaltete es sich schwieriger als erwartet, denn um in der *Grace Church* getraut zu werden, musste man einige Bedingungen erfüllen. Zum einen sollte man zunächst einen Ehevorbereitungskurs besuchen und zum anderen an einer Gebetsgruppe für junge Erwachsene teilnehmen.

Michael reagierte heftig auf diese Vorgaben. „Ich bin hier, weil wir heiraten wollen. Die Gebetsgruppe interessiert mich nicht. Das ist meine Hochzeit und ich bestimme, wie sie läuft.“

Pastor Bill hielt dem zornigen Blick stand. Ruhig erklärte er: „Du bist gewohnt, alles selbst zu bestimmen und dir von niemandem etwas sagen zu lassen. Wie hat das bisher so für dich funktioniert? Hast du jemals darüber nachgedacht, Gnade walten zu lassen? Das ist nämlich Gottes Art. Vielleicht solltest du da einmal drüber nachdenken."

Michael war außer sich, als er wenig später mit Aimee die Kirche verließ. Auch als sie bereits in der Bahn saßen, konnte er sich immer noch nicht beruhigen. Was bildete sich dieser Pastor ein? Wie konnte er ihm vorschreiben, wie er zu heiraten habe? Aimee und er waren schließlich Erwachsene, die im Berufsleben standen, keine kleinen Schulkinder mehr! Michael schimpfte und schimpfte – Aimee war sehr still.

Nach einer gewissen Zeit bemerkte Michael, wie seine Worte klingen mussten. *Ich ... ich ... ich! Mein ... mein ... mein!* Er hielt inne.

Dann drehte er sich nach einiger Zeit zu Aimee um. „Ich habe mein Leben lang immer nur das gemacht, was ich wollte. Vielleicht habe ich Gott so auf diese Weise die ganze Zeit zurückgewiesen. Eigentlich würde ich gerne wissen, wie es wäre, mich voll und ganz auf Gott einzulassen. Vielleicht ist es an der Zeit, dass ich mal etwas Neues probiere."

Kaum waren sie in Aimees Wohnung angekommen, rief Michael Pastor Bill an. „Ich habe jetzt die ganze Heimfahrt über das nachgedacht, was du gesagt hast. Und vielleicht hast du doch recht. Mir ist bisher gar nicht aufgefallen, dass ich so egoistisch und selbstbestimmt lebe. Aber ich kenne es auch gar nichts anders. Ich mache immer nur das, was ich will. Du hast recht, so richtig erfolgreich war ich damit bisher nicht. Vielleicht ist es tatsächlich an der Zeit, einen anderen Lebensstil auszuprobieren. Denn eigentlich will ich ja genau das tun, was Gott will. Wie geht es jetzt also weiter?"

Als Erstes sollten sie in die Gebetsgruppe gehen, die Bill erwähnt hatte. Als sie auf den Weg dorthin waren, widerstrebte es Michael immer noch, während Aimee voller Vorfreude war. Dort angekommen, sahen sie junge Frauen und Männer in den Zwanzigern, die in einem großen Stuhlkreis saßen. Zunächst wurden verschiedene Gleichnisse, die Jesus erzählt hatte, gelesen und darüber gesprochen. Dann kam die Gebetszeit, die damit begann, dass sich die Teilnehmer gegenseitig von ihren

Problemen erzählten, aber auch von Dingen, für die sie dankbar waren. Für beides beteten sie dann laut. So etwas hatte Michael noch nie erlebt, weshalb er drohte, in einem Meer von Gefühlen unterzugehen. Nein, er war nicht wirklich freiwillig hierhergekommen, aber nun wollte er am liebsten gar nicht mehr gehen.

Die Teilnahme an dieser Gebetsgruppe wurde zu einem wichtigen Wendepunkt in Michaels Leben. Obwohl er sich intensiv mit der katholischen Kirchengeschichte auseinandergesetzt hatte und auch gefirmt worden war, hatte er noch nie so richtig in der Bibel gelesen. Nun aber kaufte er sich eine und las sie, beginnend mit dem Johannesevangelium, durch.

„Ich kann es gar nicht fassen, dass ich das alles jetzt zum ersten Mal lese!", sagte er immer wieder zu Aimee, während er die Bibel Stück für Stück las. „Als ich katholisch wurde, habe ich mich zwar der Kirche zugewandt", beschreibt er sein Leben heute im Rückblick. „Aber erst als wir anfingen, in die *Grace Church* zu gehen, habe ich die Bibel so richtig entdeckt. Und erst dann war es mir möglich, mich für Jesus zu öffnen."

Am 18. Dezember 1997 heirateten die beiden wie geplant in der *Grace Church*. Pastor Bill und seine Frau Claire wurden ihre besten Freunde. Bill wurde für Michael dabei zu einem wichtigen Vorbild. Er war vor seiner Zeit als Pastor ein erfolgreicher Politiker im Bundesstaat Connecticut gewesen, hatte aber damals seine Karriere aufgegeben und stattdessen Theologie studiert. Bills Geschichte erinnerte Michael daran, dass er auch schon einmal darüber nachgedacht hatte, Priester zu werden. Wenn er Bill jetzt beobachtete, wie dieser am Altar stand und das Abendmahl austeilte, dann wünschte er sich manchmal, an seiner Stelle zu stehen. Vielleicht war die Idee, Geistlicher zu werden, also doch gar nicht so schlecht?

Währenddessen hatte sich Ye Wins Leben ganz anders und sehr viel weniger erfreulich entwickelt als das von Michael. Gegen Ende der 1990er-Jahre hatte die KNLA praktisch ihr komplettes Territorium an die burmesische Armee verloren. Die Zivilbevölkerung der Karen musste fliehen, strömte nun in großer Zahl über die Grenze und rettete sich in die thailändischen Lager. Die verbleibenden Truppen der Karen führten verzweifelte Kämpfe gegen die Burmesen, während diese immer weiter in das Gebiet der Karen vordrangen und immer mehr Dörfer dem Erdboden gleichmachten.

In den neun Flüchtlingslagern entlang der Grenze hielten sich rund 200.000 Karen auf. Dazu kamen mehrere Hunderttausend Flüchtlinge anderer ethnischer Minderheiten. Auch manche Burmesen, die sich für die Demokratie eingesetzt hatten, mussten nach Thailand fliehen. Zusätzlich kamen noch mehrere Millionen Menschen, die innerhalb Burmas auf der Flucht waren, weil ihre Häuser und Dörfer zerstört worden waren, über die Grenze nach Thailand.

Da die kommunistischen Länder Kambodscha, Laos und China problematische Nachbarstaaten für Thailand waren, reagierte die thailändische Regierung zunächst sehr entgegenkommend auf die Flüchtlinge. Diese Millionen von Menschen waren wie ein Puffer zwischen dem politisch rechtskonservativen thailändischen System und der Militärdiktatur Burmas, die dem chinesischen Sozialismus nahestand. Aber als die Flüchtlingsströme dann nicht mehr abreißen wollten, wurden die negativen Aspekte für Thailand immer deutlicher. Das UN-Flüchtlingshilfswerk half zwar nach besten Kräften bei der Versorgung der Flüchtlinge, trotzdem ging die thailändische Regierung immer mehr auf Distanz zu den Geschehnissen. Die Flüchtlinge wurden als „Menschen ohne Staat" bezeichnet und erhielten von Thailand keine Ausweispapiere. Damit wurde ihnen ein Leben außerhalb des Lagers unmöglich gemacht und die Flüchtlinge blieben auf unbestimmte Zeit zu einem Leben im Lager verdammt. Auf die Soldaten der Karen-Armee hatte die Veränderung der thailändischen Politik jedoch keine Auswirkungen. Sie ignorierten weiterhin die Grenze und die Gesetze beider Länder, zwischen denen sie sich ungehindert hin- und herbewegten.

Der neunzehnjährige Ye Win lag währenddessen mit hohem Fieber und Schüttelfrost, mit eiternden Wunden und einer Malaria-Infektion in der Krankenstation eines thailändischen Lagers. Lange blieb sein Zustand unverändert. Doch schon einen Tag nachdem er sich in seiner Not an den Gott seiner Kindheit und seiner Familie gewandt hatte, war das Fieber auf einmal weg. Er war zwar immer noch schwach, aber endlich auf dem Weg der Besserung und innerhalb weniger Wochen kehrte bereits seine alte Kraft zurück. Dies blieb natürlich auch der KNLA nicht verborgen und schon kurze Zeit später erreichte eine geheime Nachricht eines der Kommandanten Ye Win, die besagte, dass man ihn wieder in der Truppe erwartete. Ye Win war sich bewusst, dass er nun an einem entscheidenden Wendepunkt in seinem Leben angekommen war. Entweder würde er weiterkämpfen und morden oder Gott würde irgendwie auf den verzweifelten Schrei seines Herzens reagieren und ihm einen anderen Weg zeigen.

Obwohl Ye Win schon einige Jahre fern von seiner Familie und seiner Gemeinde lebte, hatte er den Glauben an Gott doch nicht ganz verloren. Es war aber nur noch ein grundsätzlicher Glaube, den Ye Win hatte. Er rechnete nicht mehr wirklich damit, dass Gott sich für ihn persönlich einsetzen würde, so wie er es aus den Geschichten von Abraham, Mose, David und anderen Personen der Bibel kannte. Umso erstaunter war er, als Gott doch etwas für ihn tat und Ye Wins Kommandant ihm auf einmal mitteilte, er solle nach Bangkok reisen und müsse nicht zurück an die Front.

„Solange wir kämpfen, werden wir nie in Frieden leben“, erklärte der Kommandant ihm. „Wir brauchen eine politische Lösung für unsere Situation. Du warst auf einer guten Schule und hast Thailändisch und Burmesisch gelernt, nicht nur die Sprache der Karen. Englisch wirst du auch schnell lernen. Wir denken, dass du in der Lage bist, mit den Verantwortlichen von der UN-Flüchtlingshilfe zu sprechen. Außerdem musst du in Bangkok die Botschaften der westlichen Länder über unsere Lage hier informieren."

Danke, Gott, betete Yin in seinem Herzen, als er von seinem neuen Auftrag hörte. Sein Gebet war auf sehr überraschende Weise erhört worden und sein Leben würden nun endlich andere Bahnen einschlagen. Ye Win war jetzt kein bewaffneter Soldat mehr, sondern ein gewaltloser Kämpfer auf der politischen Bühne. Dankbar wiederholte Ye Win sein Versprechen an Gott. Er würde sein restliches Leben nur noch ihm zur Verfügung stehen.

Insgesamt wurden sechs junge Karensoldaten gemeinsam auf die Reise nach Bangkok geschickt. Einer von ihnen sprach bereits sehr gutes Englisch und half Ye Win und den anderen, die Sprache zu erlernen. In Bangkok lebten sie unter burmesischen Studierenden, von denen viele prodemokratische Aktivisten waren. Fünf Jahre verbrachte Ye Win daraufhin als Sprecher und Vertreter der Karen in Thailand.

10

Nach seiner Hochzeit begann Michael Spurlock wieder intensiver, von einem geistlichen Dienst zu träumen. Er wollte so leben wie Pastor Bill. Allerdings war ihm bewusst, dass er jetzt eine Ehefrau hatte, um die er sich nicht nur finanziell kümmern musste. Gleichzeitig wurde seine berufliche Situation immer ungewisser. Schon bald nach der Heirat wurde Michaels Verlag erneut verkauft. Seine Stelle blieb zwar erhalten, aber wie lange würde es da für ihn noch weitergehen? Diese berufliche Unsicherheit belastete ihn.

Und dann wurde Aimee schwanger. Im Sommer 1999 bekamen sie einen Sohn, den sie Atticus nannten. Da sie als Familie mit kleinen Kindern nicht in der Großstadt leben wollten, zogen sie zurück nach Tennessee in Michaels Heimatstaat. In Nashville gab es viele christliche Verlage und Michael war zuversichtlich, dort schnell wieder Arbeit zu finden, was ihm auch gelang. Er wurde Vertriebsleiter in einem Verlag, der Lehrmaterial für eine große afroamerikanische baptistische Denomination herstellte. Und auch Aimee begann dort wieder als freiberufliche Journalistin zu arbeiten. Dafür musste sie gelegentlich nach New York fliegen, um über besondere Ereignisse zu berichten.

Am Morgen des 11. September 2001 war Aimee mit einem Kameramann zusammen in New York. Sie waren im Auftrag eines Fernsehsenders unterwegs, der einen Beitrag über die aktuelle Mode bringen wollte. Plötzlich rief ihr Produzent an und bat sie, sofort zum *World Trade Center* zu fahren. Zwei Flugzeuge waren in die Hochhäuser gekracht und Aimee sollte live von dort berichten. Also eilte sie mit dem Kameramann zusammen in die Innenstadt von New York City. Von unterwegs rief sie jedoch zuerst Michael in Tennessee an und informierte ihn, wo sie hinging.

Was dann geschah, würde Aimee nie vergessen. Polizisten schrien den Menschen zu, sie sollten um ihr Leben rennen, das *World Trade Center* drohe einzustürzen. Aimee geriet sofort in Panik. Während sie so schnell wie möglich weglief, fürchtete sie, ihren Mann und ihren Sohn nie wiederzusehen. Auch Michael würde diese Stunden nie vergessen. Er saß vor dem Fernseher und musste mit ansehen, wie die beiden Türme einstürzten, wissend, dass seine Frau genau dort war. Erst viele Stunden später gelang es Aimee, zu Hause anzurufen. Bis dahin wusste Michael nicht, ob sie noch am Leben war. Aimee blieb auch in den folgenden Tagen in New York und berichtete über den Terrorangriff und seine unmittelbaren Auswirkungen. Dafür erhielt sie den *Royal Television Society Award* als Auszeichnung.

Michael hatte also nun einen sicheren Arbeitsplatz, eine wunderbare Frau und einen kleinen Sohn. Eigentlich hätte er rundum glücklich sein können. Aber der Wunsch, Pastor zu werden, wurde trotzdem immer drängender. Immer wieder versuchte er diesen Wunsch mit vernünftigen Argumenten zu unterdrücken. Er hatte schließlich gerade erst eine sehr gute, neue Arbeit gefunden. Außerdem war er jetzt ein Familienvater mit Verantwortung für Frau und Kind. Er konnte Aimee nicht zumuten, schon wieder umzuziehen. Und er war aus dem Alter heraus, in dem man zur Schule ging.

Dazu kam ein weiterer Punkt, der schwerer wog als alle anderen: Aimee war nicht gesund. Schon in New York hatte etwas begonnen, das Michael und Aimee damals noch nicht einordnen konnten. Beim Lauftraining für einen Marathon wurde Aimees linker Fuß immer wieder taub, etwas später auch die linke Hand. Aimee nahm an, sie hätte ihren Schuh zu eng geschnürt oder der Handschuh würde sie einschnüren. Nach der Geburt von Atticus dauerte es dann sehr lange, bis sie wieder zu Kräften kam. Aber war das nicht normal, nach einer Entbindung? Eines Tages, als Aimee im Supermarkt einkaufen war, rammte ein Angestellter sie unabsichtlich mit einer voll beladenen Palette. Der Zusammenprall war so heftig, dass Aimee sofort ins Krankenhaus musste. Dort fiel einem Neurologen dann endlich auf, dass sie eine ganze Reihe von Symptomen aufwies, die auf eine beginnende Multiple Sklerose hindeuteten.

Nie würde Aimee diesen Freitagnachmittag vergessen, an dem der Neurologe ihr die Hiobsbotschaft überbrachte. Leider war der Arzt kein feinfühliger Mensch.

„Sie sind Journalistin", begann er ohne Umschweife. „Von daher sind Sie schlechte Nachrichten ja gewöhnt. Also muss ich jetzt auch nicht lange darum herumreden. In fünf Jahren brauchen Sie wahrscheinlich einen Rollator, in zehn Jahren einen Rollstuhl. Ich habe von jetzt bis Montag frei, aber Sie sind ja nicht dumm und können auch selbst im Internet nachlesen, was das alles mit sich bringt. Sollten Sie noch Fragen haben, können Sie mich ab Montag wieder anrufen."

Was für eine niederschmetternde Nachricht. Atticus war zu dieser Zeit noch ein Säugling. Hatte der Arzt gerade gesagt, dass ihr Sohn mit fünf Jahren eine Mutter haben würde, die einen Rollator zum Gehen bräuchte? *Das lass ich nicht zu,* schwor Aimee sich. Und so tat sie alles, um das zu verhindern. Sie nahm Medikamente, hielt eine strenge Diät ein, trieb Sport und vor allem – sie betete. So wurde es tatsächlich von Tag zu Tag besser. Aber wie lange würde es so weitergehen? Für Michael war diese Erfahrung trotzdem ein weiterer Faktor, der ihn in Bezug auf seine Zukunft verunsicherte. Was, wenn sie auf Aimees Einkommen angewiesen wären und dann würde es Aimee wieder schlechter gehen? Konnte er unter diesen Umständen überhaupt mit gutem Gewissen eine theologische Ausbildung beginnen?

Bill Danaher hatte damals die Leitung der *Grace Church* in andere Hände gegeben und unterrichtete seitdem an einem Bibelseminar, gar nicht weit vom neuen Wohnort der Spurlocks entfernt. Ein Besuch bei ihm und die Besichtigung der Schule, an der er lehrte, verstärkten

Michaels Sehnsucht nur noch mehr. Endlich beschloss er, es mit Aimee zu besprechen. Wie würde sie auf die Möglichkeit reagieren, dass er seine Stelle kündigen und Theologie studieren würde? Er nahm sich vor, die Idee sofort und für immer zu begraben, wenn Aimee auch nur kurz zögern würde.

Aber Aimee zögerte nicht. Sie erinnerte sich noch zu gut an ihr allererstes Gespräch mit Michael im Central Park. Bereits damals hatte er ihr anvertraut, dass er am liebsten katholischer Priester geworden wäre. Ihr war seitdem nicht entgangen, wie sehr er sich danach sehnte, Gott mit seinem ganzen Leben und auch mit seinem Beruf zu dienen. Und sie sah auch, dass er wirklich das Herz eines geistlichen Leiters und Hirten hatte. Michaels Einkommen würde zunächst wegfallen und sie müssten erneut umziehen. Eigentlich hätte ihr das alles Angst machen müssen, zumal sie gesundheitlich angeschlagen war und man nie wusste, wie es ihr im nächsten Moment gehen würde, aber Aimee spürte einen tiefen, übernatürlichen Frieden über diese Entscheidung.

„Ich glaube, dass der Heilige Geist dir diesen Wunsch ins Herz gelegt hat“, sagte Aimee deshalb. „Und ich werde mich hüten, ihm zu widersprechen. Von mir aus können wir das machen.“

~

Auf der anderen Seite der Welt lebte Ye Win immer noch in Bangkok. Die Teenagerjahre lagen jetzt hinter ihm, und er war zu einem jungen Mann herangewachsen, der sich mit großem diplomatischem Geschick auf den politischen Minenfeldern bewegte – nicht weniger intuitiv und talentiert, wie er früher die Waffen im Krieg bedient hatte. Ye Win hatte bereits vor dem Flüchtlingskommissariat der Vereinten Nationen in Bangkok gesprochen und stand in Kontakt mit verschiedenen humanitären Organisationen. Sein Anliegen war es, der Weltöffentlichkeit die Notlage der Flüchtlinge vor Augen zu führen. Immer wieder war Ye Win aber auch im Grenzgebiet unterwegs, um die Menschen, die alles verloren hatten und um ihr Leben fürchteten, sicher von Myanmar nach Thailand zu bringen. Gleichzeitig studierte er Englisch und Politikwissenschaften.

Ye Win gehörte zwar nicht mehr der Armee an, aber sein Leben war nicht weniger konfliktreich als früher. Damals lebten viele Burmesen, die sich für Demokratie in ihrem Land einsetzten, im Exil in Bangkok. Sie engagierten sich dort gemeinsam mit anderen Karen, Kachin und Chin, wobei vor allem die Studentengruppen nicht immer gewaltfrei agierten. Ye Win wurde zum Anführer einer solchen Studentengruppe, der es im Besonderen darum ging, die Not der Menschen in Myanmar sichtbar zu machen. Deswegen hielten sie Mahnwachen vor der Botschaft Myanmars, demonstrierten und veranstalteten Sitzstreiks. Dabei wurden sie von den internationalen Nachrichtenagenturen emsig gefilmt. *CNN*, *Associated Press*, *Reuters* und andere Agenturen dachten dabei natürlich nicht darüber nach, was das für die Gefilmten bedeuten würde. Auch Ye Win wurde gefilmt, was ihm und vielen anderen Aktivisten einen Platz auf der schwarzen Liste der thailändischen Regierung bescherte.

Die meisten Angehörigen von Ye Win hatten Myanmar inzwischen verlassen und lebten in den thailändischen Flüchtlingslagern. Nur seine Eltern und die jüngste Schwester waren nach Myanmar zurückgekehrt. Ye Win fand sie mit einiger Mühe und mithilfe weiterer Verwandter in Hpa-an City.

Ein Großteil der Karen hatte nun schon fast 20 Jahre in den hoffnungslos überfüllten Flüchtlingslagern verbracht und es war immer noch keine Lösung in Sicht. Immerhin war mittlerweile die Weltöffentlichkeit auf die Situation aufmerksam geworden, sodass die Vereinten Nationen Gelder für ein Umsiedlungsprogramm der Flüchtlinge bereitgestellt hatten. Also hatte auch die Familie Kunoo beschlossen, dass das Warten sinnlos geworden war, und so hatten sie sich entschieden, in einem anderen Land eine neue Existenz aufzubauen.

Weil Ye Wins Onkel Ga Nel Me und einige von Ye Wins Geschwistern bereits nach Australien ausgewandert waren, stellte auch er im Jahr 2002 einen entsprechenden Antrag auf Auswanderung, aber die thailändische Verwaltung reagierte ablehnend. Er stand als politischer Aktivist auf der schwarzen Liste notiert und würde keine Ausreisedokumente erhalten. Im Verlauf der nächsten zwei Jahre konnten viele seiner Freunde und Verwandten Thailand verlassen, aber Ye Wins Antrag wurde immer wieder abgelehnt. Um offiziell als Flüchtling anerkannt zu werden und einen Reisepass zu erhalten, hätte Ye Win sich verpflichten müssen, nie wieder politisch aktiv zu werden, doch dazu war er unter keinen Umständen bereit. Keine Regierung würde ihn so weit einschüchtern, dass er sich den Mund verbieten ließ.

Dann eben nicht, sagte sich Ye Win. *Ich habe keine Familie, um deren Zukunft ich mich kümmern muss, und es ist eigentlich egal, ob ich auswandere oder nicht. Dann bleibe ich eben hier und kämpfe weiter für die Freiheit meines Volkes!*

11

Nach seiner Entscheidung für ein Theologiestudium musste Michael feststellen, dass es gar nicht so einfach ist, in der episkopalen Kirche Pastor zu werden. Eine Hürde hatte er bereits genommen, er war als Kandidat angenommen worden. Aber daraufhin folgte eine Serie von Bewerbungsgesprächen und Beurteilungen seiner Person und schließlich hatte er 2003 die schriftliche Zulassung zur theologischen Ausbildung in der episkopalen Kirche im Briefkasten. Nun mussten Michael und Aimee sich nur entscheiden, an welchem Seminar er studieren wollte. Insgesamt gab es in den Vereinigten Staaten elf zugelassene Ausbildungsstätten der episkopalen Kirche. Die nördlichste davon kam für die beiden auf jeden Fall nicht infrage, denn sie befand sich in Nashotah im US-Bundesstaat Wisconsin, nicht weit von der kanadischen Grenze entfernt. Michael und Aimee kamen beide ursprünglich aus dem Süden der USA und auch in New York waren ihnen die Winter eigentlich schon viel zu kalt gewesen. Nicht auszumalen, wie kalt es in Nashotah werden würde. Aber auch ohne Nashotah hatten sie immer noch zehn weitere Städte zur Auswahl.

Doch dann kam es wie immer ganz anders als erwartet. In einem Gespräch mit dem für die Ausbildung verantwortlichen Bischof verkündete dieser, sehr zum Erschrecken von Michael: „Wir dachten, es wäre gut, wenn du mit deiner Frau und deinem Kind nach Nashotah in Wisconsin gehen würdest.“ Natürlich hatte der Bischof dafür auch seine Gründe. Das Seminar in Nashotah war zum Beispiel dafür bekannt, besonders bibeltreu zu sein und auch die kirchlichen Traditionen hochzuhalten. Das schätzte der Bischof sehr und er wollte für sein Bistum Absolventen rekrutieren, die an dieser Schule studiert hatten. Michael verstand die Argumentation des Bischofs, aber er wusste auch, dass Aimee darüber nicht gerade glücklich sein würde. Also startete er einen weiteren Versuch.

„Müssen wir wirklich unbedingt dorthin?", fragte Michael.

„Anschauen müsst ihr es auf jeden Fall", antwortete der Bischof. „Wenn ihr dann immer noch nicht wollt, reden wir noch einmal darüber. Aber ich bin mir sicher, dass es euch dort gut gehen wird und dass es genau das Richtige für euch ist. Aber seht es euch einfach erst mal selbst an."

Nach diesem Gespräch rief Michael Aimee direkt an und die beiden trafen sich in einem nahegelegenen Restaurant. Als Michael ihr alles erzählte, fing Aimee, wie von Michael erwartet, an zu weinen. Zwei Damen am Nachbartisch beobachteten die beiden und flüsterten hörbar: „Wie schrecklich! Wahrscheinlich hat er ihr gerade gesagt, dass er sich scheiden lassen will."

„Das ist ja alles noch keine beschlossene Sache. Wir sollen es nur einmal anschauen", versuchte Michael sie zu beruhigen. „Wenn es uns nicht gefällt, dann wird der Bischof uns bestimmt woanders hingehen lassen."

Die Besichtigung der Schule wurde für Februar geplant, den kältesten Monat im Jahr. Die Temperaturen waren eisig und alles lag unter einer dicken Schneedecke vergraben, als die Spurlocks von Tennessee nach Wisconsin fuhren. Aber sie hatten nicht nur vor dem kalten Klima Angst. Beide hatten Bedenken, dass sie sich auf etwas eingelassen hatten, das zu schwierig und zu kompliziert für sie werden würde.

Dann betraten sie zum ersten Mal das Gelände der Schule in Nashotah, die landschaftlich unglaublich schön gelegen war, und plötzlich ging es ihnen besser. Sie lernten das gemeinsame Leben der Studierenden kennen und nahmen an den täglichen Gebets- und Lobpreiszeiten teil, die im Tagesablauf der Schule eine wichtige Rolle spielten. Beide ließen sich sehr schnell überzeugen. Wieder zurück in Tennessee, teilte Michael dem Bischof direkt mit: „Wir möchten uns ganz herzlich dafür bedanken, dass Sie uns nach Nashotah geschickt haben. Unsere Zeit dort war einfach wunderbar. Selbst wenn Sie uns jetzt eine andere Schule anbieten würden, wäre Nashotah unsere erste Wahl."

Weniger friedvoll waren die Tage in dieser Zeit für Ye Win. Er war wieder einmal in Thailand in die Schlagzeilen geraten, weil er verschiedene Streiks und Demonstrationen angeführt hatte. Obwohl er nicht vergessen hatte, dass er sein Leben Gott zur Verfügung gestellt hatte, war er, seitdem er in Bangkok war, in keiner Gemeinde gewesen und hatte sich auch nicht mehr mit geistlichen Dingen beschäftigt. Aber genau genommen war sein Kampf für die Demokratie doch auch nur zum Wohl der Menschen seines Landes und damit eine Art von Gottesdienst, oder? Im Jahr 2004 beantragte er trotz allem erneut ein Flüchtlingsvisum für die USA und durchlief wieder einmal den ganzen bürokratischen Prozess, der dafür nötig war. Aber dieses Mal zögerte er, als er endlich die Chance auf ein Visum für die USA erhielt, denn eigentlich wollte er nach Australien, wo einige seiner Verwandten bereits lebten.

„Sei doch einfach nur froh, dass du jetzt ein Visum für die USA haben kannst", versuchten seine Angehörigen, ihn umzustimmen.

Aber noch bevor er überhaupt hätte auswandern können, wurde er mit vielen anderen Pro-Demokratie-Aktivisten verhaftet. Sie landeten in einem der schlimmsten Gefängnisse in Bangkok, in dem sich bis zu hundert Inhaftierte eine Zelle teilen mussten. Essen und Wasser waren sehr knapp. Viele der Gefangenen hatten sich zudem rein gar nichts zuschulden kommen lassen, außer dass sie als Flüchtlinge außerhalb des Lagers ohne Papiere angetroffen worden waren.

Die Aufseher machten Ye Win schnell deutlich, dass er neben seiner Haftstrafe im Gefängnis nur eine einzige weitere Option hatte: die Deportation nach Rangun, wo ihn das burmesische Militär mit Sicherheit hinrichten würde. In seiner Verzweiflung wendete Ye Win sich erneut an Gott: *Ich sehe wieder einmal keinen Ausweg mehr. Es gibt keine Möglichkeit mehr für mich, in irgendein anderes Land zu kommen. Wenn mich die Thailänder nach Burma schicken, dann war's das mit mir. Bitte Gott, hilf mir! Dieses Mal werde ich mein Wort wirklich halten und dir keine Ausreden mehr liefern. Ich werde dir den Rest meines Lebens dienen und nur noch für dich arbeiten.*

Ye Win bat seine damalige Freundin, die auch Karen war, ihm eine Bibel ins Gefängnis zu bringen. Sobald er sie erhielt, fing er an, darin zu lesen. Dadurch veränderte sich von außen betrachtet erst einmal nichts. Seine Zelle war immer noch genauso hoffnungslos überfüllt und die Bedingungen waren genauso schlecht wie vorher, aber seine Verzweiflung ließ allmählich nach.

Und dann fand Ye Win heraus, dass in seiner Zelle noch andere christliche Flüchtlingsfamilien gefangen waren. Gemeinsam fingen sie an, für ihre Situation zu beten. Viele der anderen Flüchtlinge in Ye Wins Zelle waren Analphabeten und von denen, die lesen konnten, hatte kaum einer eine eigene Bibel. Also fing Ye Win an, laut aus der Bibel vorzulesen. Immer, wenn er das tat, erinnerte er sich an die Kindergottesdienste und Predigten seines Vaters. Er erzählte den andere Gefangenen von dem, was er in seiner Kindheit gelernt hatte. Auf diese Weise entstand in der Gefängniszelle eine Bibelgruppe, zu der auch einige buddhistische Insassen kamen, einfach weil sie in der Zelle nichts Besseres zu tun hatten. In den folgenden zwei Monaten veränderte sich nicht viel. Die Situation war für Ye Win immer noch genauso hoffnungslos wie vorher, aber seine Zuversicht wuchs weiter. Denn jetzt war er sich sicher: Egal, wie es weitergehen würde, Gott war bei ihm.

Doch dann geschah etwas, mit dem niemand mehr gerechnet hatte. Es erinnerte ein wenig an die Situation als Ye Win mit hohem Fieber im Lazarett lag und Gott anflehte, ihn zu retten. Denn auch dieses Mal griff Gott direkt und auf übernatürliche Weise in Ye Wins Leben ein. Einige Abgeordnete der UN besuchten das Gefängnis, in dem Ye Win festgehalten wurde, und bei ihrem Kontrollgang blieben sie direkt vor Ye Wins Zelle stehen. Sie stellten den Gefangenen ein paar Fragen und interessierten sich dabei besonders für diejenigen, die aus politischen Gründen in Haft waren und denen in ihren Heimatländern weitaus Schlimmeres drohte als eine Gefängnisstrafe. Außerdem fragten sie nach dem Anführer der Studentenbewegung und Ye Win meldete sich.

Die Abgeordneten der UN wollten von Ye Win wissen, wie viele zu seiner Gruppe gehörten. Einige seiner Freunde waren zu diesem Zeitpunkt schon entlassen worden, weil sie entweder einen Pass oder eine Arbeitserlaubnis besaßen, aber ein anderer Teil gehörte der Armee an und hatte somit keine Aussicht auf Entlassung aus dem Gefängnis. Übrig blieb noch eine Gruppe von etwa dreißig Männern, Frauen und Kindern, für die Ye Win in den letzten Wochen die Verantwortung übernommen hatte.

„Diese Leute hier gehören zu mir", erklärte er.

„Okay, dann sollten Sie einen Brief schreiben, in dem Sie politisches Asyl für sich und Ihre Gruppe beantragen", wurde Ye Win aufgefordert. „Denn das steht Ihnen zu, weil Ihnen im Fall der Auslieferung an Ihr Heimatland der Tod drohen würde. Deshalb wäre es falsch, nur um die Anerkennung als Flüchtling zu bitten."

Während Ye Win den Brief verfasste, betete er ununterbrochen. Allein schon die Tatsache, dass eine UN-Delegation ihn besucht hatte, war ein Wunder. Hieß das, dass er bald entlassen werden würde? Doch dann kamen die UN-Abgeordneten mit enttäuschenden Nachrichten für Ye Win zurück. Die anderen Gefangenen, für die Ye Win sich in seinem Schreiben eingesetzt hatte, durften Thailand verlassen und in eines der Länder ausreisen, die an dem Umsiedlungsprogramm der Flüchtlinge teilnahmen. Das galt aber nicht für Ye Win. Denn ihn hatten die thailändischen Behörden mehrfach erfolglos aufgefordert, seine politischen Aktivitäten einzustellen. Zur Strafe müsse er in Haft bleiben. Zum Abschied versprachen die UN-Mitarbeiter, dass sie sich weiter für Ye Wins Freilassung einsetzen würden.

Es vergingen weitere zehn Tage, in denen Ye Win wartete und viel betete. Dann kam wieder ein UN-Abgesandter zu ihm ins Gefängnis. Ohne zu zögern, verkündete er: „Ich bin davon überzeugt, dass Sie kein schlechter Mensch sind, egal, was die Regierungen in Bangkok und Rangun Ihnen vorwerfen. Deshalb werden wir versuchen, Sie hier herauszuholen. Aber das wird nur unter einer Bedingung funktionieren: Sie müssen versprechen, nie wieder politisch aktiv zu werden, keine Demonstrationen mehr zu organisieren und sich nicht mehr an die Medien zu wenden. Halten Sie sich einfach zurück, dann können Sie vielleicht schon bald das Land verlassen."

Spätestens ab diesem Zeitpunkt war Ye Win davon überzeugt, dass Gott die Gefängnistore für ihn öffnen würde. Denn Gott hatte einen genauen Plan für sein Leben und stellte jetzt die Weichen dafür. Dabei war es in Gottes Plan scheinbar nicht vorgesehen, dass Ye Win in Thailand blieb.

„Ich werde mich daran halten", sagte Ye Win und tat es auch. Als er dann endlich ebenfalls entlassen wurde, ging er direkt zur amerikanischen Botschaft.

„Ihr Verfahren ist schon lange abgeschlossen", hieß es dort. „Sie haben alle erforderlichen Gespräche geführt und alle Unterlagen eingereicht. Jetzt müssen Sie nur noch an dem dreitägigen Integrationskurs teilnehmen. Und dann können Sie auch schon in den Flieger in die USA steigen."

Ye Win wagte einen letzten Versuch: „Was wäre, wenn ich jetzt, nachdem ich nicht mehr auf der schwarzen Liste stehe, doch ein Visum für Australien beantragen würde?"

Sein Gegenüber antwortete offen: „Denken Sie nicht einmal daran! Sie können den ganzen Prozess jetzt nicht noch einmal von vorne beginnen. Wenn Sie sich jetzt für ein australisches Visum bewerben, verlieren Sie Ihr Visum für die USA und ich kann Ihnen nicht versprechen, dass Sie tatsächlich die Einreiseerlaubnis für Australien bekommen werden. Seien Sie so gut, nehmen Sie bitte einfach die Einladung der USA an und verschwinden Sie schnellstmöglich von hier."

Ye Win glaubte, dass diese Antwort von Gott kam. Und da er Gott versprochen hatte, alles zu tun, was er von ihm wollte, würde er also in die USA gehen. Sein Visum gestattete ihm außerdem, eine Ehefrau mitzunehmen, also heiratete er kurzerhand seine derzeitige Freundin nach einfacher Karentradition und drei Tage später landeten die beiden Frischvermählten im US-Bundesstaat North Carolina.

Ye Win war jetzt also wieder auf freiem Fuß, aber Krieg, Verfolgung und Gefängnis hatten ihm alles genommen, was er kannte: sein Land, sein Volk und seine Familie. Würde dieses riesige Land, in dem er nun weiterleben musste, einen Karenflüchtling wie ihn nicht nur aufnehmen, sondern ihm auch ermöglichen, sich dort ein neues Leben und ein Zuhause aufzubauen?

12

Familie Spurlock war mittlerweile in den Norden der USA nach Nashotah gezogen und wohnte dort zusammen mit knapp 100 weiteren Studierenden direkt auf dem Campus. Für die nächsten drei Jahre würde dieser Ort nun ihr Zuhause sein. Das Leben verlief dort jeden Tag nach einem bestimmten Schema: Er begann mit einer Gebetszeit in der Kapelle, dann gab es ein gemeinsames Frühstück. Es folgten mehrere Unterrichtsstunden, Anbetung zur Mittagszeit, wieder ein gemeinsames Essen und schließlich noch praktische Aufgaben rund um den Campus. Der geregelte Tagesablauf der Studierenden wurde durch das Läuten einer Glocke unterstützt, die witzigerweise Michael genannt wurde.

Als das zweite Studienjahr begann, kam ihr gemeinsamer Sohn Atticus in den Kindergarten. Aimee, die weiterhin fest entschlossen war, gegen die Multiple Sklerose anzukämpfen, ging jeden Tag mit ihm zu Fuß zur Bushaltestelle. Um den Unterhalt für die Familie zu verdienen, während Michael studierte, hatte Aimee zwei Jobs. Und obwohl ihr neben ihrer Arbeit und ihrer Familie eigentlich nicht viel Freizeit blieb, schaffte sie es trotzdem noch, den ersten Kinderchor zu gründen, den es jemals an diesem College gegeben hatte. Sie orientierte sich dabei an ihren eigenen Erfahrungen, die sie selbst als Kind im Chor gemacht hatte.

Obwohl Aimee viel arbeitete, reichte das Geld leider nicht immer aus. Aber Aimee und Michael sahen darin nicht nur etwas Negatives. Wenn es wirklich Gottes Wunsch war, dass Michael dieses theologische

Seminar besuchte, dann würde er sich auch um die materiellen Dinge der Familie kümmern. So hatten die beiden während Michaels Studium die Möglichkeit, Gott als ihren Versorger kennenzulernen und ihm immer mehr zu vertrauen.

Und dass Gott sich wirklich um die kleine Familie kümmerte, zeigte er gleich mehrmals. Im zweiten Studienjahr benötigte ihr sehr altes Auto zum Beispiel eine Reparatur, die 250 Dollar kosten sollte. Die beiden besaßen zu dem Zeitpunkt aber gerade einmal 40 Dollar. Also beteten sie zu Gott. Als Michael die Post aus dem Briefkasten holte, lag da auf einmal ein Brief mit einem Scheck über 250 Dollar. Später im dritten Studienjahr wurden drei unerwartete hohe Zahlungen gleichzeitig für Familie Spurlock fällig. Um alle laufenden Kosten trotzdem zu decken, brauchten sie mindestens 400 Dollar. Und wieder holte Michael die Post und entdeckte einen Scheck über 500 Dollar im Briefkasten. Schließlich trat der schlimmste Fall ein, den sie sich in finanzieller Hinsicht vorstellen konnten. Ihr Auto hatte einen Getriebeschaden und die Reparatur kostete entsetzliche 1.500 Dollar. Doch dieses Mal war Michael von Anfang an zuversichtlich und sorgte sich nicht.

„Ich gehe mal zum Briefkasten", erklärte er unbefangen und tatsächlich hatte Gott bereits für die Spurlocks vorgesorgt. Eine Gemeinde in Nashville unterstützte regelmäßig einen Studenten eines episkopalen Seminars und in diesem Jahr wollten sie jemanden in Nashotah beschenken, weil ihr neuer Pastor von dort kam. Von allen Studierenden wurde Michael ausgesucht, und der Spendenbetrag betrug exakt 1.500 Dollar.

Michael und Aimee hatten ihr Auto, einen alten Ford, schon vor etlichen Jahren von Michaels Eltern geschenkt bekommen. Inzwischen war er bereits sehr viele Kilometer gelaufen, und es war eigentlich nur eine Frage der Zeit, bis ein neues Auto angeschafft werden musste. Aber dafür fehlten den beiden einfach die Finanzen. Also betete Michael erneut zu seinem großen Versorger: „Gott, bitte hilf, dass unser Auto wenigstens so lange durchhält, wie ich hier noch studiere."

Schließlich waren die drei Studienjahre für Michael um und die Familie Spurlock trat die Heimreise nach Tennessee an. Als sie durch Nashville fuhren, machte das Auto auf einmal sehr bedenkliche Geräusche, und während sie gerade in die Straße zu ihrer neuen Wohnung einbogen, löste sich plötzlich ein Teil des Motors und der Wagen stotterte und holperte erheblich. Michael schaffte es gerade noch, das Auto in die Einfahrt ihrer neuen Wohnung rollen zu lassen, dann war es endgültig vorbei. Gott hatte also dieses Gebet ebenfalls erhört! Nun brauchten Michael und Aimee zwar ein neues Auto, aber zum ersten Mal seit Beginn des Studiums würden sie es sich wieder leisten können.

Ihr Vertrauen darauf, dass Gott immer rechtzeitig eingreift, wuchs beständig weiter und war besonders wichtig für alles, was sie schon bald erleben würden. Doch die Spurlocks lernten Gott auch in anderen Lebenssituationen beständig besser kennen. Während Michael noch in seinem ersten Studienjahr war, hatte er eine akademische Veranstaltung besucht, bei der die Baronin Caroline Cox aus England gesprochen hatte.

Caroline Cox war eine gläubige Professorin, die sich in vielen Ländern für humanitäre Angelegenheiten, Menschenrechte, Bildung und das Gesundheitswesen einsetzte. Auch ihr Engagement für die Volksgruppe der Karen und für andere Flüchtlinge aus Myanmar war beträchtlich, aber davon redete sie in diesem Vortrag nicht. Stattdessen berichtete sie über die Situation der verfolgten Christen im Sudan, in Indonesien und in anderen totalitären Staaten.

Eine Geschichte, die sie dabei erzählte, erschütterte Michael zutiefst. In Indonesien war eine Gruppe von gläubigen Studenten mit ihrem Jugendleiter zu einem Campingurlaub aufgebrochen. Dort wurden sie von Dschihadisten überfallen und dem Jugendleiter wurde vor den Augen der Studenten der Leib aufgeschlitzt. Dann packten sie einen der Studenten und befahlen ihm, seinem Glauben an Jesus abzusagen. Da der Junge sich aber weigerte, schlugen sie ihm einen Arm ab. Der Anführer erklärte: „Wir wollen euch nicht wehtun. Es reicht, wenn ihr das Christentum und Jesus verleugnet. Dann lassen wir euch alle in Ruhe."

„Ich gehöre zu Jesus", antwortete der Junge. „Mehr habe ich euch nicht zu sagen."

Daraufhin schlugen sie ihm auch den zweiten Arm ab. Doch der Junge blieb dabei und schwor seinem Glauben nicht ab. Zuletzt schlitzten sie auch ihm den Leib auf. In diesem Moment tauchte eine Gruppe von Rinderhirten auf und die Dschihadisten stiegen sofort in ihren Wagen und brausten davon. Daher war es den überlebenden Jugendlichen überhaupt möglich, von den Gräueltaten zu berichten, die vor ihren Augen begangen worden waren.

Diese Geschichte wurde während ihres Vortrags von der Baronin in schlichten Worten erzählt. Aber die Mischung aus Horror, Mut, Überzeugung und Glaube plus die Radikalität der jungen Christen, die bereit waren, für Jesus zu sterben, bewegte Michael tief. Er weinte hemmungslos. Ein Lehrer seines Seminars griff die Geschichte später im Unterricht wieder auf: „Schaut euch mal hier im Raum um. Ob manche von euch eines Tages auch als Märtyrer für Jesus sterben werden?"

Es war Michael bis dahin tatsächlich noch nie in den Sinn gekommen, dass seine Berufung in den Dienst für Jesus nicht bedeuten könnte, dass er immer in einer angenehmen, freundlichen Gemeinde der anglikanischen Bewegung irgendwo in der westlichen Welt arbeiten würde. *Wir mit unseren bunten Gewändern und den schönen Kirchen sollten das alles nicht als selbstverständlich nehmen,* dachte Michael. *Und jetzt sitze ich hier, spiele das ganze mit und dachte immer, es wird von hier an einfach immer so schön weitergehen.* Das war ein ganz neuer Gedanke für Michael und von diesem Tag an änderte sich für ihn alles.

Während er die darauf folgenden Jahre seines Studiums weiter in Nashotah verbrachte, arbeitete Gott intensiv an Michael. Er erschütterte sein bisheriges Denken in seinen Grundfesten und veränderte ihn Stück für Stück. Gott lehrte ihn Demut und Gehorsam und half ihm, seine Eigenwilligkeit, seinen Ehrgeiz und seine tiefen Sehnsüchte loszulassen.

Hinzu kam die Erkenntnis, dass andere Christen als Märtyrer für Jesus starben. Michaels Denken und sein Glaube wurden in dieser Zeit bis ins Mark erschüttert.

Damals gab Michael Gott das Versprechen, dass er niemals nur einfach „Kirche spielen“ würde. Auch wenn er damals noch ziemlich unklare Vorstellungen von seinem zukünftigen Dienst hatte, eines stand bereits für ihn fest: Er würde seine Aufgaben ernst nehmen. Wenn andere sogar bereit waren, für Jesus zu sterben, dann sollte auch sein eigenes Leben Jesus ehren. Dieser Gedanke wurde später zum Maßstab seines Lebens und seiner Gemeindearbeit. Aber schon bald würde genau diese Entscheidung auf den Prüfstand kommen.

Im dritten Studienjahr wurde Aimee wieder schwanger, nachdem sie davor einige komplizierte Fehlgeburten gehabt hatte. Und im März 2007 kam dann ihre Tochter Hadley Laud zur Welt, nur zwei Monate vor Michaels Abschlussfeier.

In dieser Zeit wurde in den episkopalen Kreisen viel über die tragische Spaltung einer Gemeinde in Tennessee diskutiert. Bischof Bertram Herlong, der Michaels Studium damals bewilligt hatte, war inzwischen im Ruhestand und ein jüngerer Bischof hatte seinen Platz eingenommen. Er hieß John Bauerschmidt und war jetzt für den ganzen Kirchenbezirk in Tennessee zuständig. Dafür war Bischof Herlong übergangsweise in der All-Saints-Gemeinde als Pastor eingesprungen, um für die nach der Spaltung zurückgebliebenen Mitglieder die Zeit zu überbrücken, bis ein neuer Pastor gefunden werden konnte.

Bestimmt werden sie mich dorthin schicken, dachte Michael erschrocken. Schnell verdrängte er den Gedanken aber wieder. Man würde dort sicherlich einen erfahrenen Geistlichen brauchen, um aus den durch die Spaltung und den Streit verletzten Mitgliedern wieder eine lebendige Gemeinde zu bauen. Bestimmt würde die Kirchenleitung einen Pastor, der sich bereits bewährt hat, in dieses geistliche Minenfeld schicken.

Gegen Ende seiner Zeit am Bibelseminar musste Michael nach Nashville fliegen, um dort Bischof John Bauerschmidt zu treffen. Es sollte besprochen werden, wie und wo es nach Abschluss der Ausbildung für Michael und seine Familie weitergehen würde. Michael war nicht wirklich überrascht, als Bauerschmidt dann sagte: „Wir würden euch am liebsten nach Smyrna in die All-Saints-Gemeinde schicken."

„Irgendwie habe ich es doch geahnt", seufzte Michael. „Kann ich ein paar Eckdaten über die Gemeinde haben?"

„Ja, natürlich. Also es gibt noch rund 25 Mitglieder. Die Gemeinde hat 850.000 Dollar Schulden und dafür müssen monatlich 5.500 Dollar Zinsen an die Bank gezahlt werden. Da die Gemeinde sich momentan unmöglich selbst finanzieren kann, haben wir die Gemeinde vorübergehend als Missionsprojekt eingestuft. Das heißt, die Diözese wird vorübergehend das Gehalt des dortigen Pastors zahlen. Außerdem hat die Gemeinde von der Kirchenleitung bereits 10.000 Dollar erhalten, um überhaupt wieder agieren zu können."

10.000 Dollar, das war sicher eine großzügige Geste der Kirchenverwaltung, aber damit waren noch nicht einmal die Zinsforderungen der Bank für zwei Monate abgedeckt. Nein, so hatte sich Michael seine erste Stelle als Pastor ganz sicher nicht vorgestellt.

„Ich weiß nicht", antwortete er entsprechend zögerlich. „Ich werde mit meiner Frau Aimee sprechen, darüber nachdenken und beten. Was wäre, wenn ich ablehnen würde? Welche Optionen hätte ich dann?"

„Das weiß ich im Moment auch nicht", antwortete der Bischof schlicht. „Aber bitte, sprich mit Aimee, fahr mal nach Smyrna und schau dir die Gemeinde an. Und dann meldest du dich wieder, okay?"

Und so geschah es. Michael nahm sich einen Mietwagen und fuhr von Nashville nach Smyrna, das etwa 30 Kilometer weiter südlich lag. Während der Fahrt rief er Aimee an und erzählte ihr von dem Gespräch. Und während er seine eigenen Sätze hörte, fragte er sich plötzlich: *Was mache ich hier eigentlich?*

Er argumentierte wieder genau wie damals, als er mit Pastor Bill zum ersten Mal über seine Hochzeit sprach – und auch wie damals, als Bischof Herlong vorschlug, er solle zur Bibelschule nach Nashotah gehen. Ja, diese Gemeinde war verschuldet, aber hatte Gott ihm nicht in den letzten Jahren immer wieder gezeigt, dass Geld kein Problem ist, solange man in Gottes Auftrag unterwegs ist?

Habe ich es immer noch nicht verstanden? Ich will doch Gott vertrauen und seinen Willen tun, oder? Ich werde also tun, was unser Bischof vorschlägt, und diese Stelle annehmen. Er beendete schnell das Gespräch mit Aimee und rief sofort den Bischof an: „Ich weiß auch nicht, was vorhin mit mir los war. Natürlich nehme ich die Stelle an."

Nur wenig später kam Michael in Smyrna an. Er ging um das Kirchengebäude aus roten Backsteinen, stand auf dem grünen Hügel, sah über die Felder und Bäume, entdeckte den kleinen Fluss und war sich plötzlich ganz sicher: *Hier gehöre ich hin.*

Zurück in Nashotah, erzählte er Aimee begeistert von der kleinen Kirche in Smyrna, die wie eine alte englische Dorfkirche aussah, von dem Frieden, den er dort gespürt hatte, und von der inneren Sicherheit, die ihn seitdem erfüllte.

Aimee war nicht sonderlich begeistert von diesem neuen Auftrag. Michaels Studienkollegen waren in aufblühende, wachsende Gemeinden verteilt worden, in denen sie zunächst unter der Leitung erfahrener Pastoren arbeiten würden. Oder sie hatten akademische Stellen erhalten. Nur Michael würde ganz allein in der All-Saints-Gemeinde anfangen und das unter solch schwierigen Bedingungen. Diese Kirche stand kurz vor dem Bankrott – keine rosigen Aussichten für einen angehenden Pastor und seine Familie! Aber Aimee behielt diese Gedanken und Gefühle für sich und sicherte Michael ihre volle Unterstützung zu.

13

Schon bald fühlten sich die Spurlocks in der All-Saints-Gemeinde genauso wohl wie davor in Nashotah. Trotz aller Herausforderungen stellte Michael schnell fest, dass er von Herzen gerne Pastor war. Er liebte die Gottesdienste in der hellen Kirche mit ihren weißen Wänden, der hohen Holzdecke und dem schön gefertigten Altar. Es machte ihm sehr viel Freude, die Bibel zu studieren und seine Entdeckungen dann in der Predigt mit der Gemeinde zu teilen. Außerdem gefiel es ihm, dass alles viel bescheidener als in den großen Kirchen in Nashville oder in der Kapelle in Nashotah war. Die Gottesdienste waren nüchtern gehalten, die Orgel war klein und der Gesang der kleinen Gruppe dünn. Aber sie waren alle mit ganzem Herzen dabei und, was noch wichtiger war, sie liebten Jesus.

Die kleine Gemeinde hatte ihren neuen Pastor schon voller Spannung erwartet. Freundlich nahmen sie Michael und seine Familie auf und fragten mit einem Augenzwinkern: „Ihr habt wohl keine Ahnung, was euch hier erwartet, oder? Was habt ihr nur verbrochen, dass der Bischof euch gerade zu uns geschickt hat?!“

Aber die Gläubigen der All-Saints-Gemeinde waren zu diesem Zeitpunkt bereits fest entschlossen, die verletzenden Erfahrungen hinter sich zu lassen und wieder eine lebendige, wachsende Gemeinde zu werden. Jeder von ihnen hatte seine eigene, schmerzliche Geschichte im Zusammenhang mit der Spaltung erlebt, und Michael nahm sich in den ersten Wochen und Monaten Zeit, jede Geschichte anzuhören.

Für Michael begann ein neuer Lebensabschnitt. Jeden Tag gab es neue Aufgaben, die er zum ersten Mal erledigen musste, angefangen von Seelsorge bis hin zu Besuchen im Krankenhaus. Aber mit der Zeit gewann er an Sicherheit und lernte, seinen Platz in der Gemeinde immer besser auszufüllen. Auch für Aimee hatte ein ganz neues Leben begonnen. Sie bereitete das Essen für die Familie zu, organisierte gemeinsame Familienaktivitäten und kümmerte sich intensiv um ihre beiden Kinder Atticus und Hadley. Es war ein ganz anderes Leben als das, was Aimee früher geführt hatte. Sie selbst nannte es ihre „Nestzeit". Doch weil sie nicht ganz ohne Musik leben wollte, stellte sie zusätzlich zu ihren Aufgaben zu Hause in einer anderen episkopalen Kirche in der Nähe von Smyrna einen großen Jugendchor auf die Beine.

Wann immer sie sah, wie sehr Michael in seiner neuen Rolle aufblühte, machte sie das zutiefst glücklich. Im Januar 2008 schrieb sie in ihr Tagebuch: *Michael hat heute super gepredigt. Er ist so begabt. Fünf neue Leute waren heute im Gottesdienst. Wie schön wäre es, wenn diese Leute Teil unserer Gemeinde werden – und gleichzeitig Jesus besser kennenlernen.*

Das bunte und hektische Treiben New Yorks vermisste Aimee nicht, aber die berufliche Bestätigung und Herausforderung fehlten ihr schon. Eigentlich war es ja noch gar nicht lange her, dass sie in weltberühmten Opern große Rollen gesungen hatte. In der Oper *Faust* hatte Aimee zum Beispiel als Marguerite auf der Bühne gestanden, in *Carmen* hatte sie Micaela gesungen und gespielt und in der Oper *La Bohème* hatte sie die Rolle der Musetta gehabt. Und auch als Journalistin hatte Aimee erfolgreiche Momente erlebt, zum Beispiel bei den Oscarverleihungen, wenn sie Interviews mit großen Hollywood-Stars führte. Natürlich liebte Aimee ihren Ehemann und freute sich darüber, dass Michael nun mit seinem Leben und seinem Beruf Gott diente, aber manchmal war sie dennoch betrübt und konnte einfach das Gefühl nicht loswerden, ihr eigenes Leben ganz für Michael aufgeopfert zu haben.

Eines Tages saß Aimee mit Atticus bei den Hausaufgaben, als er seine Mutter fragte, welche Arbeit sie eigentlich früher gemacht hätte, bevor er und seine Schwester geboren waren. Halb im Spaß antwortete sie: „Damals war ich noch jemand.“ Seine dunklen Augen weiteten sich, während er seine Mama intensiv ansah. Dann erklärte er ernst: „Mama, du *bist* jemand.“

Leider machte sich die Multiple Sklerose nach Hadleys Geburt bei Aimee wieder bemerkbar. Sie litt unter den gleichen Erschöpfungssymptomen und ähnlichen Schmerzen wie nach der Geburt von Atticus. Das war nicht gerade ermutigend für sie. Zusätzlich zu ihren gesundheitlichen Sorgen beschäftigte sich Aimee viel mit der finanziellen Lage der Gemeinde und sorgte sich um Michael, der einfach keine Chance hatte, die Gemeinde zu retten. Er hatte zwar gute Ziele und hohe Erwartungen, aber die Realität sah ganz anders aus. Auch wenn Michael begabt und fleißig war, die Situation entwickelte sich leider nicht so schnell oder so gut, wie Michael, Aimee und die Diözese gehofft hatten.

Dazu kam ein weiterer Punkt, der Aimees Freundlichkeit und Geduld sehr auf die Probe stellte. Eine ältere Dame in der Gemeinde, deren verstorbener Mann auch Pastor in der All-Saints-Gemeinde gewesen war, sprach ständig von Aimees „Unzulänglichkeiten“ als Pastorenfrau. Diese Dame hatte lange Zeit in der Gemeinde die Zügel in der Hand gehabt, weshalb manche sie scherzhaft auch die „All-Saints-Päpstin“ nannten. Aimee musste sich redlich bemühen, die Sticheleien der alten Dame zu überhören.

Eines Tages kam Aimee mit einem neuen Haarschnitt in die Gemeinde. Die Frau musterte sie sofort demonstrativ von oben bis unten und fragte dann mit einem bösen Lächeln und honigsüßer Stimme: „Hast du mit Absicht diese Frisur gewählt?“

Ein anderes Mal stand die Witwe mit schiefem Lächeln vor Aimee. „Schätzchen, ich muss ja schon sagen, wenn Michael ein paar Jahre älter und ich ein paar Jahre jünger wären, dann hättest du ein echtes Problem. Glaub mir, ich würde dir diesen Mann direkt vor der Nase wegschnappen.“

Auch Michael stieß bei dieser Dame immer wieder an seine Grenzen, aber er kam auch nicht um sie herum, denn sie war diejenige, die für die Finanzen der Gemeinde zuständig war. Sie hatte keinerlei Respekt vor Michael, obwohl er auch ihr Pastor war. Während einer hitzigen Diskussion über von Michael geplante Ausgaben für die Gemeinde zischte sie ihn an: „Freundchen, die Schonzeit ist langsam vorbei."

Für Michael war die Schonzeit schon lange vorbei. Wie befürchtet, war die finanzielle Lage der Gemeinde eine Katastrophe. Aber er hatte inzwischen einen Weg gefunden, wie die Gemeinde vorübergehend überleben konnte.

Die Diözese bezahlte Michaels Gehalt und steuerte monatlich 1.500 Dollar für die Zinsabzahlung bei der Bank bei. Darüber hinaus legte die Gemeinde monatlich etwa 3.000 Dollar an Spenden zusammen. Damit hatten sie aber weder genug Geld für die Bank noch für die sonstigen Kosten, die anfielen. Also nahm Michael jeden Monat das fehlende Geld von den 10.000 US-Dollar, welche sie als Startkapital von der Kirchenleitung erhalten hatten. Ein paar Wochen lang ging das auch gut.

Keiner wollte, dass die hübsche kleine Kirche verkauft werden musste. Weder Michael noch die übergeordnete Kirchenleitung oder die Gemeindemitglieder. Smyrna war ein wirtschaftlich interessanter Standort mit einer rasch wachsenden Bevölkerung. Viele Pendler, die in Nashville arbeiteten, lebten in diesem Vorort. Das bedeutete, dass es durchaus Potenzial gab, die All-Saints-Kirche langfristig in eine wachsende Gemeinde zu verwandeln.

Aber im September 2007, nur drei Monate nachdem Michael die Gemeinde übernommen hatte, waren die Fakten nicht mehr zu leugnen. Bis zum Jahresende würde sie bankrott sein. Außerdem war die Gemeinde bis zu diesem Zeitpunkt noch nicht gewachsen, denn wer in Smyrna lebte, wusste um die hässlichen Szenen im Zusammenhang mit der Gemeindespaltung, die erst zehn Monate zurücklag. Deshalb hielten viele es für besser, einen großen Bogen um die All-Saints-Gemeinde zu machen.

Aber nicht nur die finanziellen Nöte waren ein Problem, auch die noch vorhandenen Mitglieder waren letzten Endes mutlos, deprimiert und für nichts zu begeistern. Alle dachten ständig an die Schulden, und jeden Monat stand wieder die große Frage im Raum, wie man es schaffen würde, die 5.500 Dollar Zinsen zu bezahlen. Michael wollte seine kleine Herde nur allzu gerne entlasten. Er wollte mit ihnen gemeinsam vorangehen, Visionen entwickeln und der Welt von Jesus erzählen. War es da nicht doch am sinnvollsten, die Kirche samt den dazugehörigen Ländereien zu verkaufen?

Von den fast neun Hektar Land, die zur Kirche gehörten, waren fast sieben Hektar Auenland, also ein Überflutungsgebiet, mit dem man außer Landwirtschaft eigentlich nichts anfangen konnte. Trotzdem würde das Land einen Verkaufspreis erzielen, der über dem Kaufpreis lag. Von dem Erlös könnte man den Kredit zurückzahlen und hätte immer noch etwas Geld übrig, um das Gemeindeleben neu aufzubauen. Diese Überlegungen über einen möglichen Verkauf waren nicht neu. Der Kirchengemeinderat und die Diözese hatten das selbst schon mehrfach durchgerechnet, denn das finanzielle Problem hatte es, schon lange bevor die Spurlocks in Smyrna auftauchten, gegeben.

Fieberhaft suchte Michael nach einem Weg, die Gemeinde zu retten. Zunächst legte er dem Kirchengemeinderat die Zahlen vor, dann auch der Mitgliederversammlung. Nach und nach willigten alle ein, dass man sich an die Kirchenleitung wenden musste, um den Verkauf des Grundstücks vorzuschlagen. Michael war nach dieser Entscheidung sehr erleichtert, denn es war nicht einfach gewesen, alle zu überzeugen. Doch jetzt hatte er es geschafft. Sie waren einer Meinung und würden gemeinsam den neuen Weg einschlagen.

Zumindest dachte Michael das. Aber kaum hatten die episkopalen Kirchenleiter den Verkauf angeordnet, regte sich plötzlich Widerstand in den Reihen der Mitglieder, denn ein Gemeindemitglied hatte insgeheim eine Kampagne gegen den Verkauf gestartet. Michael ging sofort auf den Betreffenden zu, um seine Beweggründe zu verstehen, denn immerhin war er bei allen Sitzungen dabei gewesen und hatte dem Verkauf auch zugestimmt. Aber der Mann ging sofort wütend auf ihn los. Seine Vorwürfe waren heftig: Michael wäre als Fremder, als Außenstehender in diese Stadt und die Gemeinde gekommen. Er hätte keine Ahnung, wie viel Arbeit sie alle in diese Kirche gesteckt hatten. Nun wolle er alles zerstören und ihre ganze Mühe zunichte machen. Mit Gewaltandrohungen und einer Flut wüster Beschimpfungen stürmte der Mann schließlich davon.

Und obwohl sich diese Auseinandersetzung am späten Abend ereignete, fuhr Michael dem Mann direkt hinterher, um sich mit ihm zu versöhnen. Michael konnte den Ärger des Mannes, der so viel Kraft und Zeit in den Kirchenbau gesteckt hatte, gut verstehen. Er war damals bei der Spaltung zwar nicht mit den anderen gegangen, aber der Verkauf der Kirche war für ihn nun wie eine nachträgliche Bestätigung für alle, die All-Saints verlassen hatten.

Michael zeigte Verständnis, erklärte aber auch noch einmal, wie ausweglos die finanzielle Lage tatsächlich war. Dann sprach er über seine Liebe zur All-Saints-Gemeinde und seine Vision, diese wiederaufzubauen. Damit versuchte Michael, den Mann zu besänftigen, und die Begegnung endete mit einer Umarmung und einem herzlichen Händedruck. Als Michael ging, nahm er also an, er hätte sich mit dem Mann versöhnt und dieser würde sich, bei allem Schmerz, mit der Tatsache abfinden, dass es einfach keinen anderen Weg gab.

Aber bald bemerkte Michael, dass er an diesem Abend nichts bewirkt hatte. Der Mann rief nur wenig später die anderen Gemeindemitglieder an, um Misstrauen ihm gegenüber zu säen. Er erklärte allen, Michael sei ein Eindringling und die Entscheidung, die Kirche zu verkaufen, sei ein Fehler gewesen. Die Situation spitzte sich immer mehr zu, sodass Michael schließlich bei Bischof Bauerschmidt anrief und ihm alles erzählte.

Für Bischof Bauerschmidt war die Angelegenheit klar. „Du solltest dir das nicht gefallen lassen. Der Kirchengemeinderat steht unter dem

Pastor. Der Rat arbeitet zum Wohl der Gemeinde und hat die Aufgabe, den Pastor in allem zu unterstützen, was dieser mit dem Bischof abgestimmt hat. Dieser Mann in deiner Gemeinde missbraucht seine Stellung im Kirchengemeinderat für seine eigenen Ziele. Du solltest ihn also aus dem Kirchengemeinderat ausschließen. Ich stehe dabei voll und ganz hinter dir.“

Es fiel Michael überhaupt nicht leicht, den Brief zu schreiben, mit dem er den Mann aus dem Kirchengemeinderat ausschloss. Und dieser trat daraufhin auch sofort aus der Gemeinde aus und besuchte dort nie wieder einen Gottesdienst. Nun war Michael gerade erst ein paar Monate Pastor und schon fiel die Gemeinde weiter auseinander. Diese neue Entwicklung entmutigte Michael sehr. Ob es in der All-Saints-Kirche immer mit Streit und Uneinigkeit weitergehen würde?

14

Zumindest der Rest der Gemeindeglieder stimmte darin überein, dass es keine Alternative zum Verkauf der Kirche gab. Zunächst war eine bautechnische Prüfung und Bewertung nötig, denn ironischerweise hatte sich mitten durch das Fundament der Kirche über die gesamte Länge ein Riss gebildet, der den Beton spaltete. Folglich musste als Erstes geprüft werden, wie sich dieser Riss auf die Stabilität des Bauwerks auswirkte und welche Maßnahmen nötig waren. Vorher konnte die Immobilie nicht zum Kauf angeboten werden.

Das alles geschah im Oktober 2007 und der Kirchengemeinderat ging davon aus, dass man gegen Ende des Monats mit den Verkaufsgesprächen beginnen konnte. Somit wurde es wahrscheinlich, dass die Gemeinde in der Weihnachtszeit schon kein eigenes Gebäude mehr besitzen würde.

Aber dann folgte eine Verzögerung auf die andere, sodass Michael schließlich doch noch seinen ersten Weihnachtsgottesdienst als Pastor in dem Gebäude der All-Saints-Gemeinde planen konnte. Er freute sich und wollte den Gottesdienst so perfekt wie möglich gestalten, mit „Glockenklang und Weihrauchduft", wie Aimee seine Vorbereitungen lachend kommentierte.

Ihr Sohn Atticus war inzwischen acht Jahre alt und sollte in diesem Gottesdienst zum ersten Mal als Ministrant mithelfen, worüber er sich sehr freute. Zur Liturgie des traditionellen Weihnachtsgottesdienstes gehörte der Einsatz eines Weihrauchfasses, das an einer eisernen Kette hing und von dem Ministranten sanft hin- und hergeschwungen wurde, sodass angenehm duftender Rauch aufstieg. Ein Symbol für die Gebete der Gläubigen, die zu Gottes Thron aufsteigen.

Aimee trug ihre neun Monate alte Tochter auf dem Arm, während sie ergriffen zusah, wie Vater und Sohn langsam durch den Mittelgang der Kirche schritten. Atticus stellte sich zwar beim Schwingen des Weihrauchfasses etwas ungeschickt an, aber dennoch erfüllte Aimee dieser Anblick mit Stolz. Und obwohl die Rauchentwicklung erheblich und der ganze Altarraum nach kurzer Zeit in Rauch gehüllt war, ließ Michael sich nichts anmerken, schritt hindurch und begann tapfer zu predigen.

Doch nach einiger Zeit merkte Aimee, dass irgendetwas nicht stimmte. Atticus blickte starr geradeaus und sein Gesicht nahm eine leicht grünliche Farbe an. Er war die vergangene Woche bei seinen Großeltern gewesen und erst am Vortag wiedergekommen. Dort hatte er jede Menge Cola und Süßigkeiten verzehrt, viel mehr, als er von zu Hause gewohnt war. Dazu kam, dass er die Nacht zuvor erst deutlich nach Mitternacht im Bett gewesen war. Und jetzt noch der Rauch – und schon sah Aimee, wie Atticus aus der Kirche rannte. Schnell folgte sie ihm nach draußen.

Kaum war Atticus draußen angekommen, ging der Rauchmelder los. Aimee fand ihren Sohn zusammengekrümmt auf der Wiese und sah, wie er sich übergab, während in der Kirche in unerträglicher Lautstärker der Alarm weiterhin schrillte. Das war natürlich auch für die kleine Hadley auf Aimees Arm zu viel, und sie begann, so laut sie konnte, zu weinen. Aimee wusste nicht mehr, um welches ihrer Kinder sie sich zuerst kümmern sollte, da hörte sie auch schon die panische Stimme ihres Mannes: „Schatz?!"

Sie drehte sich zur Tür und sah Michaels Kopf, der suchend aus der Eingangstür herauslugte. Warum war er draußen? Er hatte doch schon mit seiner Predigt begonnen! „Schatz, ich habe alles versucht, aber ich kriege den Rauchmelder nicht ausgeschaltet. Kannst du dich bitte darum kümmern, dass dieser Krach aufhört? Vielleicht die Batterien rausnehmen oder so?"

Ohne bemerkt zu haben, was gerade draußen bei den Kindern los war, war die Sache für Michael damit erledigt, denn er war sich sicher, dass Aimee alles unter Kontrolle hatte. Er eilte wieder zum Altar und zu seiner Predigt zurück. Aimee ließ kurzerhand das weinende Baby bei ihrem zusammengekrümmten Sohn auf der Wiese und rannte schnellstmöglich zu dem Rauchmelder. Wie nur sollte sie den Rauchmelder ausschalten? Sie fand mehrere Kissen und Klebeband. Ja, das könnte funktionieren! Sie drückte die Kissen gegen den Rauchmelder und fixierte das Ganze mit dem Klebeband an der Wand.

Der Ton war zwar immer noch zu hören, aber doch deutlich gedämpft, sodass der Gottesdienst fortgesetzt werden konnte. Aimee und Michael mussten sich eingestehen, dass das ganz und gar nicht der perfekte Weihnachtsgottesdienst gewesen war, den sie sich so sehr für ihre Gemeinde gewünscht hatten. Aimee wusste nicht, ob sie darüber lachen oder weinen sollte. Sie entschied sich fürs Lachen, kümmerte sich um ihre erschöpften Kinder und wartete darauf, dass Michael den Gottesdienst beendete, sich an den Ausgang stellte und die Gottesdienstbesucher verabschiedete.

Während Michael sich anschließend umzog, musste sie immer noch lächeln. *So sieht also der perfekte Weihnachtsgottesdienst der Familie Spurlock aus. Gott muss wirklich Humor haben!*

Nur kurze Zeit später ging es jedoch schon wieder um den Verkauf der Kirche. Einerseits waren Michael und die Gemeindeglieder wirklich traurig darüber, aber andererseits erlebten sie trotzdem, wie Gott ihnen Schritt für Schritt half und ihre Gebete erhörte. Die Ergebnisse der bautechnischen Prüfung kamen zurück und es gab keinerlei Beanstandungen. Das Gebäude war also sicher. Der Gutachter konnte jetzt kommen, um den Verkaufswert zu schätzen. Dafür hatte die Diözese bereits den Auftrag erteilt, doch auch hier gab es wieder eine Verzögerung nach der anderen. Die Kirche konnte also immer noch nicht zum Kauf angeboten werden und Michael und seine Gemeinde konnten dort weiterhin Gottesdienst feiern.

Während des langwierigen Verkaufsprozesses erlebte Michael ein erstaunliches Wunder. Nach allen Berechnungen hätten die 10.000 Dollar, die die Gemeinde von der Kirchenverwaltung erhalten hatte, längst aufgebraucht sein müssen. Doch auf dem Bankkonto der Gemeinde passierte etwas Wunderbares, das an die Geschichte der armen Witwe im Alten Testament erinnerte:

Da erging das Wort des Herrn an Elija, er sagte zu ihm: „Geh in die Stadt Sarepta in Phönizien und bleib dort! Ich habe einer Witwe befohlen, dich mit Essen und Trinken zu versorgen." Elija machte sich auf den Weg und ging nach Sarepta. Als er ans Stadttor kam, traf er dort eine Witwe, die Holz auflas. „Bring mir doch etwas Wasser!", bat er sie. Als sie wegging, um es zu holen, rief er ihr nach: „Bring auch etwas Brot mit!" Doch sie sagte: „So gewiss der Herr, dein Gott, lebt: Ich habe keinen Bissen mehr, nur noch eine Hand voll Mehl im Topf und ein paar Tropfen Öl im Krug. Ich lese gerade ein paar Holzstücke auf und will mir und meinem Sohn die letzte Mahlzeit bereiten. Dann müssen wir sterben." Elija erwiderte: „Geh heim und tu, was du vorhast. Aber backe zuerst für mich ein kleines Fladenbrot und bring es zu mir heraus. Den Rest kannst du dann für dich und deinen Sohn zubereiten. Hab keine Angst, denn der Herr, der Gott Israels, hat versprochen: Der Mehltopf wird nicht leer und das Öl im Krug versiegt nicht, bis ich es wieder regnen lasse." Die Frau ging und tat, was Elija ihr aufgetragen hatte. Und wirklich hatten die drei jeden Tag zu essen. Der Mehltopf wurde nicht leer und das Öl im Krug versiegte nicht, wie der Herr es durch Elija versprochen hatte. (1. Könige 17, 8-16)

So wie diese Witwe erleben durfte, dass ihr Mehl und Öl nie ausgingen, so wurde auch das Konto der Gemeinde nicht leer. Zuerst schlossen sich ein paar neue Familien der Gemeinde an, wodurch das monatliche Spendenaufkommen stieg, und dann fielen die Zinsen und damit auch die Höhe der monatlichen Zahlungen an die Bank. Der Kontostand der Gemeinde war zwar nie üppig, aber von Monat zu Monat war genug Geld da, um die Bank und die laufenden Kosten zu bezahlen.

So kam es, dass schon fast Ostern war, als die Kirche schließlich zum

Verkauf angeboten werden konnte. Niemand hatte damit gerechnet, auch noch die Karwoche und Ostern in der Kirche feiern zu können. Es waren schöne, feierliche und vor allem intensive Gottesdienste, die nicht nur von den inzwischen rund 50 Gemeindegliedern, sondern auch von zahlreichen Gästen aus Smyrna besucht wurden.

Michael gab sich zu dieser Zeit Mühe, nicht über die Schönheit des Ortes nachzudenken. Er widerstand der Versuchung, den Hügel hinunterzugehen, um die großen Gras- und Ackerflächen anzuschauen, die der Gemeinde noch gehörten. Auch den Spaziergang zum Fluss und dem Wäldchen machte er nicht. Je weniger er sich damit befasste und auch emotionalen Abstand hielt, desto leichter würde ihm der Verkauf fallen.

Inzwischen hatte sich die ganze Prozedur schon so lange hingezogen, dass Michael und die Gemeinde einfach nur froh waren, das Thema bald hinter sich zu lassen und endlich unter anderen Bedingungen neu anzufangen.

Und dann meldete sich endlich der erste Interessent *und* vom anderen Ende der Welt kamen drei Fremde in den Sonntagsgottesdienst, von deren Volk und Krieg Michael noch nie im Leben etwas gehört hatte.

~

Keine Umsiedlungs- oder Einreisebehörde konnte geplant haben, dass sich in dieser Kleinstadt in Tennessee eine Karengemeinschaft niederlässt und dort ihre neue Heimat im Exil fand.

Als Ye Win im US-Bundesstaat North Carolina aus dem Flugzeug stieg, war er sich allerdings hundertprozentig sicher, dass Gott selbst diese Tür für ihn geöffnet hatte. Trotzdem waren seine ersten Monate in dem großen, fremden Land für Ye Win alles andere als leicht. Er konnte die Sprache der Menschen nicht so gut verstehen, denn das britische Englisch, das er gelernt hatte, klang ganz anders als der amerikanische Akzent in den Südstaaten der USA. Dazu kam eine Flut an Eindrücken, die ihn fast erdrückten. Selbst der Gang zum Supermarkt war für ihn eine Überforderung, denn diese riesengroße Auswahl an Produkten lähmte ihn förmlich. Außerdem gab es Unmengen an Formularen, die ausgefüllt werden mussten: Einwanderungspapiere, Führerschein, Krankenversicherung, Sozialversicherung, Greencard.

Auch die Einsamkeit, in der sich Ye Win wiederfand, war für ihn schwer zu ertragen. Selbst als Guerillakämpfer oder politischer Aktivist war er immer Teil einer Gemeinschaft gewesen. Doch plötzlich waren Ye Win und seine Frau ganz allein. Sie waren Außenseiter in einer ihnen vollkommen fremden Gesellschaft. Natürlich gab es freiwillige Helfer, die sich um die neuen Einwanderer kümmerten und sehr freundlich zu ihnen waren. Aber kaum hatten sie das Nötigste für Ye Win und seine Frau geregelt, mussten sie sich schon wieder den neuen Ankömmlingen zuwenden.

Da sie keinen Anschluss fanden, nutzte Ye Win die Zeit, um weiter nach seinen Angehörigen zu forschen. Wo waren seine Geschwister? Auch dafür mussten natürlich wieder Formulare ausgefüllt und Behörden kontaktiert werden. Ye Win fand heraus, dass zwei seiner Geschwister bei seinem Onkel Ye Ga My in Australien lebten und seine Eltern wieder in Myanmar waren, wo seine Mutter als Lehrerin arbeitete und sein Vater weiterhin als eifriger Evangelist herumreiste. Seine kleine Schwester hatte gerade angefangen, in Rangun Jura zu studieren.

Die Situation in Myanmar wurde für Ye Wins Eltern aber immer schwieriger. Sie durften keinen Kontakt zu Ye Win, seinen Geschwistern und den anderen Verwandten haben, da diese gegen die Regierung gekämpft hatten. Regelmäßig tauchten Soldaten bei Ye Wins Eltern auf und erkundigten sich, ob sie etwas von Ye Win oder ihren anderen Kindern gehört hatten. Bei diesen Gelegenheiten ließen sich die ungebetenen Besucher dann auch weiterhin das Geld aushändigen, das Daisy als Lehrerin verdient hatte. Sie begründeten diese Forderungen mit der Behauptung, die Angehörigen von John und Daisy hätten das Geld aus dem Ausland geschickt. Als Ye Win davon erfuhr, beschloss er sofort, dass es an der Zeit war, auch seine Eltern und seine kleine Schwester ins Exil zu holen.

Da es ihm nicht möglich war, in direkten Kontakt mit seinen Eltern zu treten, wandte Ye Win sich an einen Onkel, der immer noch als Missionar in der anglikanischen Kirche in Myanmar tätig war. Dieser Onkel stand wiederum in Kontakt mit dem anglikanischen Pastor Bu Christ, der in *Mae La*, dem größten Flüchtlingslager in Thailand, Pastor war. Auf diesem Weg konnte Ye Win seine Eltern über mehrere Ecken fragen, ob sie gerne das Land verlassen würden, was sie sofort bestätigten. Also schickte Ye Win Geld, damit seine Eltern und seine Schwester über die Grenze fliehen konnten.

Daisy und John Kunoo riefen sofort ihre Tochter in Rangun an und teilten ihr knapp und ohne Erklärungen mit, dass sie die Uni sofort verlassen und zu ihren Eltern kommen solle. Khin Kye erschrak, denn sie wusste nicht, was los war. Sie ließ augenblicklich alle ihre Sachen zurück und fuhr schon am nächsten Tag mit dem Bus zu ihren Eltern. Kaum angekommen, wurde ihr gesagt: „Wir werden morgen früh das Land verlassen."

Und tatsächlich saßen alle drei am nächsten Morgen in einem Bus Richtung Osten. In jedem Ort, der auf ihrem Weg lag, hielt der Bus an und sie mussten jedes Mal ihre Papiere vorlegen. Dabei erklärten sie auf die Frage nach dem Grund ihrer Reise stets: „Wir wollen Freunde besuchen."

Endlich erreichten sie das Territorium der Karen. Ye Wins Onkel hatte gute Arbeit geleistet und das Geld, das Ye Win geschickt hatte, erfüllte seinen Zweck. Die Grenzbeamten ließen sich bestechen und sahen bewusst weg, als das Fahrzeug, in dem die Familie Kunoo saß, das Land verließ. So kamen Ye Wins Eltern und seine Schwester schließlich in das große Flüchtlingslager *Mae La*. Dort mussten sie jedoch zunächst noch zwei Jahre warten, bis sie als Flüchtlinge anerkannt wurden und Reisepapiere erhielten. Dann endlich durften sie zu Ye Win in die USA fliegen.

Inzwischen war Ye Win in einen anderen Bundesstaat der USA gezogen, nämlich nach Smyrna in Tennessee. Dort lebten zwei weitere Karenfamilien, die er kannte, und ein Freund von Ye Win, der ihm letztlich den Vorschlag gemacht hatte, doch auch nach Smyrna zu kommen. Als dann im Jahr 2007 Ye Wins Eltern und seine Schwester endlich in den USA landeten, reisten sie direkt nach Smyrna. Aber sie reisten nicht allein, mit ihnen kam eine ganze Gruppe von Flüchtlingen, die alle der Gemeinde von Pastor Bu Christ im Flüchtlingslager in Thailand angehört hatten. Es waren insgesamt fünf Familien und ein paar alleinstehende Personen.

Sie gründeten in Smyrna eine Karenhauskirche, in der Pastor Bu die Treffen leitete. Meistens trafen sie sich dafür in Wohnzimmern und auf kleinen Grünflächen in Hinterhöfen. Schnell sprach sich in der Gegend herum, dass sich dort eine Karengemeinde gründete, und noch weitere Karen zogen nach Smyrna, bis schließlich über 100 von ihnen dort lebten.

Nun war Ye Win wieder Teil einer Gemeinschaft, wie er es sich die Jahre zuvor immer gewünscht hatte. Und er hielt stets an seinem Versprechen, Gott und dem Volk der Karen zu dienen, fest. Aber nach und nach drohte Ye Win unter der Last auf seinen Schultern zu zerbrechen, denn sie war einfach zu groß für ihn. Der amerikanische Staat übernahm für die Neuankömmlinge nur drei Monate lang die Miete, danach mussten sie finanziell auf eigenen Beinen stehen. In North Carolina, wo Ye Win und seine Frau zuerst gelebt hatten, gab es eine Einwanderungsbehörde, an die man sich bei Problemen hilfesuchend wenden konnte. Aber der Bezirk, in dem Smyrna lag, hatte so etwas nicht. Also waren die Flüchtlingsfamilien, die sich hier ansiedeln wollten, von Anfang an auf sich gestellt. Viele der Karen, die nach Smyrna kamen, hatten über Jahrzehnte hinweg entweder im Dschungel oder in den thailändischen Flüchtlingslagern gelebt. Nur die wenigsten hatten in dieser Zeit einen Beruf erlernt oder gearbeitet, fast niemand sprach Englisch. Keiner außer Ye Win besaß einen Führerschein oder ein Fahrzeug.

Somit war Ye Win für alles zuständig. Er holte die Neuankömmlinge am Flughafen ab, suchte ihnen eine Wohnung und eine Arbeit und half ihnen zusätzlich beim Ausfüllen der Formulare. Sie brauchten außerdem seine Hilfe, um sich bei der Sozialversicherung anzumelden und Essensmarken zu beantragen. Ye Win brachte sie zum staatlichen Gesundheitsfürsorgeprogramm, meldete ihre Kinder in der Schule an, fuhr die Kranken und Schwangeren zum Arzt. Und natürlich fuhr er sie alle zur Kirche.

15

Nachdem die Karen in die All-Saints-Gemeinde gekommen waren, war für diese nichts mehr, wie es früher war. Der Gottesdienst war nicht mehr ruhig und das Gebäude war vor allem *nicht mehr leer*. Viele der Mitglieder mussten sich erst an die zahlenmäßige Überlegenheit der Karen und ihrer lebhaften Kinder gewöhnen. Aber andere freuten sich von Anfang an und empfingen sie mit offenen Armen.

Mark und Landra Orr waren Gründungsmitglieder der Gemeinde. Sie gehörten zu den ersten, die sich damals in dem Ladenlokal zum Bibellesen und Beten getroffen hatten. Über die letzten Jahre hatte das Ehepaar viel gearbeitet, viel investiert und viel organisiert, damit dieses Kirchengebäude entstehen konnte. Ihre Kinder waren in der Gemeinde aufgewachsen, hatten Kindergottesdienste und Jugendgruppen besucht.

Darüber hinaus hatten die Orrs schon seit Jahren ein besonderes Interesse an der Lage der Karen. Sie waren Teil eines Hilfsprojekts, das der ersten Karenflüchtlingsfamilie die Reise nach Smyrna überhaupt erst finanzierte. Als die Karen damals am Flughafen ankamen, schwenkten Mark und Landra kleine Fahnen, auf denen „Willkommen!" stand. Weil Landra als Sozialarbeiterin arbeitete, wusste sie, wie sie Wohnungen, Fahrzeuge und Arbeit für die Ankömmlinge organisieren konnte. Schon damals nahmen sie diese ersten Karen zusammen mit anderen Flüchtlingen aus Burma mit zur All-Saints-Gemeinde. Und zu diesem Zeitpunkt war die All-Saints-Gemeinde noch groß und im Wachstum gewesen.

Doch dann brach der Konflikt in der Gemeinde aus und ein Großteil der Mitglieder ging. Damit verschwanden auch die Flüchtlinge, die Mark und Landra mitgebracht hatte. Familie Orr entschied sich, trotzdem in der All-Saints-Gemeinde zu bleiben, auch wenn deren Spaltung besonders Landra zu schaffen machte, da sie sich auf ihr ganzes Leben auszuwirken schien. Es ging für sie nicht nur um unterschiedliche theologische Sichtweisen. Landra hatte ihr ganzes Herz in die Menschen dieser Gemeinde investiert. Sie erlebte die Trennung also so, als ob ihre eigene Familie sie ausgestoßen und sich von ihr abgewandt hätte.

Menschen, die bis dahin Landras Freunde gewesen waren, brachen nun den Kontakt zu ihr ab. Wenn man sich beim Einkaufen begegnete, redeten sie nicht mehr mit ihr. Doch schlimmer als ihr persönlicher Schmerz waren die Auswirkungen, die die Spaltung auf ihre eigenen Kinder gehabt hatte. Zu dieser Zeit waren sie im Teenageralter gewesen und hatten sich nach allem, was sie in der Gemeinde miterlebt hatten, entschieden, nichts mehr damit zu tun haben zu wollen.

Als dann Pastor Michael Spurlock in die Gemeinde kam, wurde Landras Hoffnung neu geweckt. Sie gehörte zum Kirchengemeinderat und überlegte gemeinsam mit den anderen, wie man Spenden sammeln, Zuschüsse beantragen oder sonstige Anstrengungen unternehmen könnte, um die Kirche behalten zu können. Doch am Ende war alles umsonst gewesen.

Natürlich bemerkte Landra das Stirnrunzeln einiger feiner Damen in der Gemeinde, als die vielen Flüchtlinge in die Gemeinde kamen. Auch ihr war aufgefallen, dass es eine gewisse Unruhe gab, die besonders durch die fremden Kinder verbreitetet wurde. Das Verhalten der Gäste war kulturell einfach nicht an die Standards der westlichen Welt angepasst. Aber es ging ihr wie Michael. Auf einmal wurde die Kirche wieder von Menschen gefüllt und das allein zählte. Es schien, als ob ein frischer Wind neues Leben in die Gemeinde, die so tief erschüttert worden war, blies. Was das Eintreffen der Flüchtlinge langfristig für ihre kleine Gemeinde bedeuten würde, war auch für Landra nicht absehbar.

Trotzdem ging sie nach dem Gottesdienst mit einem großen Lächeln im Gesicht auf die Gäste zu, um sie herzlich willkommen zu heißen.

Auch Michael Williams beobachtete an diesem Sonntag voller Freude den Einzug der Karen in seine Gemeinde. Er war früher Pastor in einer methodistischen Gemeinde gewesen und hatte dann an einer Universität in Cleveland im Bundesstaat Ohio einen Doktortitel in Pastoraltheologie erworben. Später unterrichtete er an ebendieser Universität im Fachbereich Theologie. Als er im Jahr 2004 dann in Rente ging, wollte seine Frau Judy gerne in eine wärmere Gegend ziehen und so kamen sie 2007 nach Smyrna. Da das Ehepaar von ihrer Zeit an der Universität liturgische Gottesdienste gewohnt war, gehörte die All-Saints-Kirche zu den ersten Gemeinden, die sie am neuen Wohnort besuchten. Als sie dann zum ersten Mal dort im Gottesdienst waren, zählte Michael gerade einmal zwölf Besucher.

Beim Kaffeetrinken nach dem Gottesdienst kam eines der Gemeindeglieder sofort auf Michael zu und warnte sie: „Es ist keine gute Idee, sich dieser Kirche anzuschließen. Wahrscheinlich gibt es sie überhaupt nicht mehr lange. Wir haben fast eine Million Dollar Schulden und werden hier über kurz oder lang alles verkaufen müssen."

Doch diese Information schreckte Michael Williams nicht ab, ganz im Gegenteil. Wenn diese Gemeinde in so großen Schwierigkeiten steckte, dann wollte Gott vielleicht, dass er ihr half, aus dieser Situation wieder herauszukommen? Am nächsten Sonntag waren die Williams also wieder zu Besuch in der All-Saints-Gemeinde. Es war der Sonntag, an dem Michael Spurlock zum ersten Mal dort predigte. Dem Ehepaar Williams gefiel der junge Mann, der ganz frisch vom theologischen Seminar kam, auf Anhieb. Ab diesem Zeitpunkt stand für sie fest, dass sie eine Gemeinde gefunden hatten.

Es gab trotzdem etwas, das Michael Williams an der All-Saints-

Gemeinde immer vermisst hatte: das Zusammenkommen verschiedener Kulturen. Für ihn war Rassendiskriminierung immer schon ein Unding gewesen und er wollte bewusst das Gegenteil von dieser Diskriminierung leben. Damit setzte er fort, was auch schon früher sein Anliegen gewesen war, und weswegen er als junger Weißer im Jahr 1965 mit vielen anderen Demonstranten, angeführt von Martin Luther King, auf die Straße ging, um sich für das Wahlrecht der schwarzen Bevölkerung einzusetzen.

Von daher war für Michael Williams ganz klar, dass er genau dort war, wo Gott ihn haben wollte, als 70 Karen in die kleine Gemeinde einzogen, in der bis dahin nur Weiße gewesen waren.

~

Merry Adams war die Erste, die Ye Win und seine Familie in die All-Saints-Gemeinde hereinkommen sah, denn ihr Rollstuhl stand immer an der Innenseite des Eingangs auf der linken Seite neben der hintersten Bank.

Merry war an Heiligabend im Jahr 1954 in Orlando im Bundesstaat Florida geboren worden. Als sie sieben Jahre alt war, wurde die Polioimpfung ganz neu eingeführt und Merry gehörte zum ersten Jahrgang, der damit geimpft wurde. In den folgenden zwei Wochen hatte sie dann aber auf einmal starkes Fieber, litt unter Übelkeit, heftigen Gelenkschmerzen und Lähmungserscheinungen. Der Hausarzt der Familie hielt die Symptome für psychosomatische Störungen und erst ein Jahr später fand die Familie einen Arzt, der erkannte, dass Merrys Krankheit die Spätfolgen der Polioimpfung war. Zu dieser Zeit war ihr rechtes Bein aber schon vollkommen gelähmt und ihr restliches Leben war sie von da an auf Schienen, Krücken und auf den Rollstuhl angewiesen.

Merrys Eltern waren nicht gerade wohlhabend und hatten neben Merry noch drei weitere Kinder, aber sie taten trotzdem alles, was in ihrer Macht stand, damit ihr erstgeborenes Kind medizinisch gut versorgt werden konnte. So fanden sie auch eine Schule für Kinder mit körperlichen Behinderungen, die Merry besuchen konnte. Dort entdeckte sie ihre Liebe zum Lesen. Bücher waren für sie von da an der Zugang zu anderen Welten, in denen sie nicht auf den Radius eines Rollstuhls begrenzt war. Merrys Eltern behandelten alle ihre Kinder gleichermaßen liebevoll. Sie unterstützten ihre Kinder und übten einen disziplinierten Lebensstil mit ihnen ein. Alle Kinder mussten im Haushalt mitarbeiten, und auch Merry musste lernen, ihr Bett zu machen, ihr Zimmer zu putzen und das Geschirr abzuwaschen, auch wenn sie alles nur im Sitzen machen konnte.

Leider war aber die Gemeinde, der die Familie angehörte, kein angenehmes Umfeld für Merry. Denn die Theologie dieser Gemeinde besagte, dass Krankheit immer als Folge von Sünde auftrat. Demzufolge hatten entweder Merrys Eltern oder sie selbst ihre Krankheit verschuldet und damit auch verdient. Merry hasste es, wenn die Frauen aus der Gemeinde ihren Kopf tätschelten, und sie lobten, weil sie so tapfer sei, zumal dieselben Frauen dann zwar leise, aber doch hörbar, miteinander spekulierten, welche Sünde ihr Papa wohl begangen haben musste, um Merry so eine schlimme Krankheit einzuhandeln. Solche Kommentare trieben Merry regelmäßig zur Weißglut.

Gleichzeitig wurde sie in der Gemeinde behandelt, als ob ihre Krankheit ansteckend wäre. Und so musste sie schon sehr früh eine Erfahrung machen, die sie nie vergessen würde. Merry saß damals bereits in einem Rollstuhl, aber das Gemeindegebäude war leider nicht behindertengerecht gebaut. Also musste ihr Vater sie sonntags immer in den zweiten Stock des Gebäudes tragen, wo sich die Räume für den Kindergottesdienst befanden. Er setzte sie dort auf einen Stuhl zwischen die anderen Kinder und ging dann wieder hinunter zum Erwachsenengottesdienst.

Eines Sonntags, als ihr Vater sie wieder hochgetragen hatte und dann gegangen war, schaute die Person, die an diesem Tag für das Kinderprogramm zuständig war, nur kurz in den Raum herein, sah Merry und erklärte dann, der Kindergottesdienst würde in einem anderen Raum stattfinden. Alle Kinder stürmten hinaus und Merry blieb alleine zurück. Sie dachte, die Lehrerin würde sicher gleich zurückkommen und sie auch noch in das Nebenzimmer holen, aber niemand kam. Leise hörte sie das Lachen und Singen von nebenan und verstand einfach nicht, was los war. Die Situation machte ihr unendlich viel Angst. Dann endlich kam Merrys Vater zurück in den Raum. Als er sie so allein und verängstigt vorfand, erkundigte er sich und erfuhr, dass die Lehrerin die anderen Kinder absichtlich aus dem Raum geholt hatte, damit sie sich bei Merry nicht ansteckten.

Es war also nur allzu verständlich, dass die Familie bald nicht mehr in diese Gemeinde ging. Doch bei Merry blieb das Gefühl zurück, dass alles ihre Schuld war. Wegen ihrer Krankheit konnten sie als Familie nicht mehr in die Gemeinde gehen. Erst viele Jahre später erfuhr Merry von ihrem Vater, dass er und seine Frau damals die Gemeinde verlassen hatte, weil die Menschen dort so heuchlerisch waren und nicht wegen ihrer Krankheit.

Ein paar Jahre später zog Merrys Familie nach Tennessee, wo sie ihren Collegeabschluss machte. Merry war jahrelang nicht mehr in einem Gottesdienst gewesen, aber ihren Glauben an Gott hatte sie nie verloren, nur von ihrer Erfahrung in der Kirche war sie einfach nur enttäuscht. Erst als sie mit 24 Jahren als Sekretärin in einer episkopalen Kirche in Murfreesboro angestellt wurde, siegte die Neugier, doch mal wieder einen Gottesdienst zu besuchen. Sie wollte sehen, wie die Gottesdienste in der Gemeinde, für die sie arbeitete, so abliefen. In den folgenden Jahren lebte Merry an verschiedenen Orten in den Bundesstaaten Tennessee und Alabama und besuchte dort unterschiedliche Kirchen, aber irgendetwas fehlte ihr immer.

Schließlich kam Merry zu dem Ergebnis, dass sie sich in einer Gemeinde nach mehr Gemeinschaft sehnte. Denn in jeder Kirche, in der sie war, vermisste sie die menschliche Nähe. Wenn sie auf einem Dorf leben würde, wo man beim Einkaufen die Leute trifft, mit denen man sonntags zusammen Gottesdienst feiert, würde das ihr tiefes Bedürfnis nach Gemeinschaft vielleicht befriedigen können?

Es wäre so schön, wenn ich eine Gemeinde finden würde, in der die Menschen so seien wollen wie Jesus. Ich wünsche mir eine Gemeinde, in der jeder gleich behandelt wird, egal wie er aussieht, ob er behindert ist oder welche Hautfarbe er hat. In so eine Gemeinde würde ich gerne gehen!

Doch Merry hatte sich mittlerweile daran gewöhnt, sonntags auszuschlafen und gemütlich im Bett die Zeitung zu lesen. Das gefiel ihr damals jedenfalls um einiges besser, als in einen Gottesdienst zu gehen.

Auch in Bezug auf Männer war sie sehr enttäuscht worden und sie beschloss, die Partnersuche bis auf Weiteres zurückzustellen. Sie wollte zuerst einmal ihr eigenes Leben ordnen, sich den Fragen nach dem Sinn des Lebens stellen und sich mit den unsichtbaren Dingen auseinandersetzen, bevor sie weiter nach einem Partner suchte. Also beschäftigte sie sich mit Astrologie, Esoterik und verschiedenen philosophischen Richtungen. Aber je bunter ihr religiöses Leben wurde, desto klarer wurde ihr auch, dass sie den Glauben an Jesus doch nicht abschütteln konnte. Auch wenn ihre Erfahrungen mit anderen Christen bisher nicht schön gewesen waren, den Glauben, den sie als Kind kennengelernt hatte, konnte und wollte sie nicht aufgeben.

Dann lernte sie 1993 einen ehemaligen Marinesoldaten kennen und dadurch änderte sich einiges in ihrem Leben. Der Mann hieß Paul Adams und liebte Bücher ebenso sehr wie sie selbst. Nur sechs Monate nachdem sie sich kennengelernt hatten, heirateten sie und im Jahr 2000 zogen die Adams dann nach Smyrna. Auch Paul ging damals nur sehr selten zur Kirche. Sonntags machten die beiden es sich für gewöhnlich zu Hause gemütlich, was beide sehr genossen. Aber trotzdem fehlte Merry etwas. Sie hatte schon öfter das hübsche, neue Gebäude der kleinen episkopalen Kirche in Smyrna gesehen, aber natürlich auch von dem erbitterten Streit innerhalb der Gemeinde und der darauffolgenden Spaltung gehört. Dann las sie eines Tages in der Zeitung, dass ein neuer Pastor in der All-Saints-Gemeinde angefangen hätte.

„Ich würde eigentlich gerne einmal dorthin gehen", erklärte sie Paul.

„Kein Problem", antwortete Paul. „Solange ich nicht mitmuss."

Als Merry das erste Mal in die All-Saints-Gemeinde ging, wurde sie von Michael und Aimee so liebevoll und warmherzig empfangen, dass sie am nächsten Sonntag wieder dort war. Hier fand sie endlich, was sie sich immer gewünscht hatte. Als sie nun seit etwa vier Wochen den Gottesdienst besucht hatte, strömte eine Gruppe schwarzhaariger Menschen mit brauner Haut an ihrem Rollstuhl vorbei in die Kirche. Waren das Südamerikaner, Indianer oder Angehörige einer anderen Volksgruppe? Für Merry spielte es keine Rolle. Sie hatte sich immer eine Gemeinde gewünscht, in der jeder willkommen ist. Jetzt wollte sie ganz besonders dazu beitragen, dass auch diese Besucher sich in ihrer Gemeinde zu Hause fühlten.

~

Aimee freute sich grundsätzlich immer über Besuch. Entsprechend glücklich war sie, als die drei Gäste vom vorherigen Sonntag nicht nur wiederkamen, sondern auch noch so viele weitere Menschen mitbrachten. Deswegen tat sie alles, damit die Gäste sich wohlfühlten: Sie begrüßte die Erwachsenen herzlich, passte auf, dass die Kinder sich nicht verletzten, und ließ alles, was es an Getränken und Keksen in der Gemeinde gab, hervorholen. Als dann der Kaffee getrunken und die Kekse gegessen waren, lagen überall Krümel herum und im ganzen Gebäude herrschte Unordnung.

Aber auch das störte weder Aimee noch Pastor Michael keineswegs, vielmehr war Michael einfach nur sprachlos vor Freude. Wer hätte gedacht, dass Gott seine Gebete auf diese Art und Weise erhören würde?

Die Gemeinde ist voll! Und zwar nicht nur ein bisschen, sondern richtig voll! Dann wird alles andere auch schon irgendwie funktionieren.

16

Nach einer Weile dämmerte es Michael allmählich, wie viel Arbeit da eigentlich auf ihn zukam. Ye Win lag es die ganze Zeit besonders am Herzen, Michael so viel Wissen wie möglich über die Karen mitzugeben. Er erzählte Michael die Lebensgeschichten jedes einzelnen Flüchtlings in seiner Gruppe. Dazu zählte auch die Geschichte von Pastor Thomas Bu Christ.

Bu Christ litt an einer schweren Rückenverletzung, die ihn in seiner Bewegungsfähigkeit stark einschränkte. Und so war es ihm, seit er in den USA lebte, nicht möglich, eine Arbeit zu finden. Seine Frau Hae Htoo Pi musste folglich mit schlecht bezahlten Jobs für den Unterhalt der fünfköpfigen Familie sorgen. In ihrer Heimat hatte sie zwar als Krankenschwester und Lehrerin gearbeitet, aber jetzt war nur noch entscheidend, dass sie überhaupt Arbeit hatte, um ihre Familie zu versorgen.

Michael war erstaunt, als er hörte, dass dieser kleine, stämmige und viele Jahre ältere Karen, der ihm immer mit so viel Achtung begegnet war, in seinem Heimatland und auch im thailändischen Flüchtlingslager der Leiter einer großen anglikanischen Gemeinde und einer christlichen Schule gewesen war. Bu Christ hatte damit also, verglichen mit Michael, unendlich viel mehr Erfahrung als Pastor.

Wäre es da nicht schön und richtig, wenn Pastor Bu Christ in Tennessee als episkopaler Pastor ordiniert werden würde? Michael nahm sich vor, bei nächster Gelegenheit unbedingt mit seinem Bischof darüber zu sprechen.

Nun war Michael neugierig geworden, auch über die anderen Flüchtlinge mehr zu erfahren. Ye Win erzählte ihm zuerst von den Wohnungen im Chalet-Apartmenthaus, die er für seine Leute gefunden hatte. Das Gebäude war nur drei Kilometer von der Gemeinde entfernt und so konnten einige auch zu Fuß zum Gottesdienst kommen.

Nicht alle Karen in Ye Wins Gruppe hatten einen Schulabschluss oder in ihrer Heimat einen Beruf ausgeübt, erklärte er weiter. Seine eigene Familie, Pastor Bu Christ und Christ Paw waren eher die Ausnahme. Die allermeisten waren in ihrer Heimat Bauern gewesen, bis die Soldaten ihre Dörfer angezündet und sie von ihrem Land vertrieben hatten. Dass sie aber hier in Smyrna mit landwirtschaftlichen Kenntnissen kein Geld verdienen würden, war ihnen mittlerweile klar.

Ye Win hatte sich deswegen bemüht, in der näheren Umgebung Arbeitsplätze für ungelernte Kräfte zu finden. Und das war ihm sogar gelungen: Ein Hähnchenschlacht- und Verarbeitungsbetrieb hätte Dutzenden von Karen Arbeit gegeben. Auch eine Industrieanlage in Nashville war auf der Suche nach Arbeitern. Dort arbeitete auch Ye Win als Maschinist. Aber am Ende scheiterte es immer an der Mobilität. Die anderen Karen konnten ihre Arbeitsstelle ohne Ye Wins Hilfe einfach nicht erreichen. Und als ob die Lage nicht schon schlimm genug wäre, endeten bald auch noch die staatlichen Zuwendungen. Manche der größeren Familien hatten inzwischen nicht einmal mehr genug Geld, um alle satt zu bekommen, geschweige denn Geld für Kleidung, Hausrat, Möbel oder Schulsachen.

Und obwohl es Michael wirklich schwerfiel, musste er sich wieder eingestehen, dass seine kleine Gemeinde nicht in der Lage sein würde, so vielen Menschen mit so vielen Bedürfnissen zu helfen. Aber das war auch gar nicht der Grund, warum die Karen sich an Michael gewandt hatten. Sie hatten eine andere Bitte: Ihre Wohnzimmer waren mittlerweile zu klein für ihre Hauskirche, zu denen immer mehr Menschen kamen. Deshalb sollte Ye Win für sie fragen, ob Pastor Michael ihnen erlauben würde, dass nach dem amerikanischen Gottesdienst in seiner Kirche ein Karengottesdienst stattfand.

„Das kann ich leider nicht allein entscheiden, da muss ich zuerst den Bischof fragen“ antwortete Michael. „Aber ich gehe nicht davon aus, dass er etwas dagegen haben wird.“

Ye Win zögerte. „Wir haben noch eine weitere Frage …“ Ein Raunen ging durch die Gruppe der Karen, und es wurde deutlich, dass nun etwas zur Sprache käme, was alle sehr bewegte. „Uns ist aufgefallen, dass zu der Kirche sehr viel gutes Ackerland gehört, das momentan nicht bebaut wird. Und wir haben uns gefragt, ob unsere Leute da vielleicht Gemüse anbauen dürften. Dann hätten wir endlich für alle mehr zu essen.“

Eigentlich war das keine große Bitte, sondern eher ein naheliegender Gedanke, aber Michael schwieg zunächst. Natürlich könnte man das Land bebauen, aber er konnte dieser Flüchtlingsgruppe doch nicht erlauben, den Boden umzugraben und dort Dinge anzupflanzen, wenn er jeden Tag mit dem endgültigen Verkauf der Kirche rechnen musste. Dann würde ihnen auch das Ackerland nicht mehr gehören.

Aber das war nicht der einzige Grund, der Michael zögern ließ. Der vorherige Pastor der All-Saints-Gemeinde hatte damals ein Abkommen mit der Stadt getroffen, das vorsah, dass die Stadt auf dem Gelände Spielfelder für Softball anlegen durfte. Im Gegenzug sollte die Stadt sich darum kümmern, dass das Gras gemäht wurde. Abgesehen davon, dass die All-Saints-Gemeinde sich dann nicht um das Mähen der großen Grünflächen kümmern musste, gab es natürlich auch damals schon die Hoffnung, dass dadurch noch mehr Menschen in Smyrna und Umgebung ein positives Bild von der Kirche bekommen würden. Vielleicht würde auf diese Weise hin und wieder ein Fremder einen Gottesdienst besuchen oder wenigstens einen Zugang zur Gemeinde finden. Seit dieser Vereinbarung hatte die Stadt für die Softballfelder bereits einiges an Geld investiert. Auf einem Großteil des Lands war ein dichter und unempfindlicher Rasen aus Bermudagras gesät und einige Spielfelder waren angelegt worden. Die Stadt wäre sicher nicht erfreut gewesen, wenn die Flüchtlinge dort nun anfingen, Gemüsebeete anzulegen.

Michael hatte immer noch nicht reagiert. Alle schwiegen. Endlich sagte er dann aber: „Die Softballfelder haben wir der Stadt zur Verfügung gestellt. Die müssen so bleiben. Aber das restliche Land dürft ihr natürlich gerne nutzen. Wir freuen uns, wenn ihr in dieser Kirche in Zukunft auch eure Gottesdienste feiert – solange das Gebäude und das Land noch uns gehören. Ich habe euch ja schon erklärt, dass das alles nur vorübergehend sein kann, da alles verkauft wird. Ich kann euch also nicht versprechen, dass uns zur Erntezeit das Land hier noch gehört."

„Ja, das haben wir verstanden", antwortete Ye Win und die anderen Karen nickten ebenfalls, nachdem er ihnen Michaels Antwort übersetzt hatte.

Nun musste Michael die Erlaubnis des Bischofs einholen. Da Bischof Bauerschmidt aber ein Herz für die Mission hatte, freute er sich über die Karen in der All-Saints-Gemeinde und war mit allem einverstanden, was Ye Win und Michael besprochen hatten. Und auch der Kirchengemeinderat hatte keine Einwände. Es fiel allen leicht, diese Entscheidungen zu treffen, denn man war sich einig, dass sie nur vorrübergehend in Kraft treten würden. Eben so lange, wie die Kirche und das Gelände noch ihnen gehörten. Also fand der erste Karengottesdienst schon am nächsten Sonntag direkt nach dem normalen Gottesdienst statt. Während die kleine amerikanische Gemeinde das Gebäude verließ, strömten die vielen Karen herein.

Es dauerte nicht lange, bis sich alle aneinander gewöhnt hatten. Michael blieb sonntags nach seinem eigenen Gottesdienst immer noch vor Ort, um den Karen bei ihren Vorbereitungen behilflich zu sein und ihnen alles zur Verfügung zu stellen, was sie für ihren Gottesdienst und das Abendmahl brauchten. Manchmal nahm er dann auch noch an ihrem Gottesdienst teil, während Aimee und die Kinder schon nach Hause fuhren.

Um den Karen noch weiter zu helfen, räumte Michael in der Kirche einen Raum aus, in dem eine Kleiderkammer eingerichtet wurde und Lebensmittelspenden abgegeben werden konnten. Ye Win hatte dabei die Verantwortung, alles gerecht unter den Karen zu verteilen. Nach einiger Zeit klärte Ye Win Michael auf, dass es noch viel mehr notleidende Karen in der Gegend um Smyrna gab. Viele von ihnen waren Buddhisten oder Animisten oder sie gingen in andere oder in gar keine Gemeinde. Alle waren sich einig, dass alle Flüchtlinge bei der Verteilung der Kleider- und Essensspenden berücksichtigt werden sollten, unabhängig von ihrem Glauben.

Michael half viel. Er packte überall, wo er konnte, mit an und kaufte auch immer wieder von seinem Geld einen Sack Reis, um die Vorratskammer aufzufüllen. Aber er hatte nicht genug Zeit, sich um die Einzelnen zu kümmern, da er vielfältige Aufgaben in seiner amerikanischen Gemeinde hatte.

Also lief natürlich auch vieles an Michael vorbei, von dem er erst viel später erfuhr. Ye Win war durch seine beiden Jobs und seine Fürsorge für die anderen Karen immer noch stark überlastet. Wenn jemand eine Rechnung nicht bezahlen konnte, dann übernahm er oft die Kosten und brachte sich selbst dadurch in eine schlechte finanzielle Lage. Einmal flog er quer durch die USA, um eine Karenfamilie nach Smyrna zu bringen, was ihn fast seinen Job kostete. Ye Wins Familie kam dabei zu kurz und litt unter seinem Engagement für die anderen Karen.

Das alles erfuhr Michael aber erst nach und nach. Und so war ihm zunächst gar nicht bewusst, unter welchem Druck Ye Win die ganze Zeit gestanden hatte.

Einige Mitglieder von Michaels Gemeinde waren über die Veränderungen, die die Karengemeinde mit sich brachte, nicht besonders glücklich. Michael gab sich deswegen große Mühe, alles aus dem Weg zu räumen, was sie störte. Auf der anderen Seite gab es aber auch solche Mitglieder, die ein wenig enttäuscht reagierten, weil die Karen ihren eigenen Gottesdienst abhielten und nicht gemeinsam mit ihnen feiern wollten. Auch einige der Karen bedauerten diese Trennung. Wäre es nicht schön, als Gemeinde Christi gemeinsam Gott anzubeten? Also fragte Ye Win Michael vorsichtig, ob man vielleicht zumindest bei besonderen Gelegenheiten gemeinsame Gottesdienste abhalten könnte.

„Ja, gerne", antwortete Michael sofort. „Aber nur, wenn Pastor Bu Christ dann mit mir zusammen den Gottesdienst leitet."

So dauerte es nicht lange, bis die beiden Gruppen zu einer Gemeinde zusammengewachsen waren. Dabei lief natürlich nicht immer alles reibungslos. Die Kinder der Karen hatten sich noch nicht daran gewöhnt, im Gottesdienst still zu sitzen und leise zu sein. Sie saßen weiterhin lieber mit Matten auf dem Boden, aber auch da nicht still. Immer wieder gelang es einem Kind während des Abendmahls oder während der Predigt, nach vorne zu laufen und sich neben Michael zu stellen. Manche der amerikanischen Gemeindemitglieder fanden das süß, aber andere ärgerten sich darüber sehr.

Ein weiterer Konfliktpunkt waren Handys. Regelmäßig vergaß jemand von den Karen, sein Mobiltelefon auf leise zu stellen, und die Benachrichtigungstöne unterbrachen den Gottesdienst. Auch die geflüsterten Übersetzungen während der Gottesdienste sorgten für eine ständige Geräuschkulisse. Wenn aber wiederum Pastor Bu Christ sprach, fingen die Amerikaner an, sich leise zu unterhalten. Manche beschwerten sich sogar, dass sie ihn nicht verstehen konnten.

„Da könnt ihr euch vorstellen, wie es den Karen tagtäglich geht, wenn sie uns reden hören", versuchte Michael die Wogen zu glätten und streng fügte er hinzu: „Es tut uns, glaube ich, auch mal ganz gut, nichts zu verstehen. Dann können wir uns vielleicht besser in sie hineinversetzen."

Beim Singen hingegen war alles ganz einfach, denn beide Gruppen hatten das gleiche Liederbuch, nur eben auf unterschiedlichen Sprachen. Auch die Liturgie im Gottesdienst war sehr ähnlich. Besonders schön empfanden alle aber die Einheit der beiden Gruppen beim Abendmahl. Pastor Bu Christ teilte das Abendmahl an die Karen aus, die auf der einen Seite im Altarraum knieten, und Pastor Michael tat das Gleiche auf der anderen Seite für die Amerikaner. Hier brauchte niemand eine Übersetzung.

Bei einer globalen Konferenz für anglikanische Gemeindeleiter konnte einige Zeit später ein Bischof aus Myanmar bestätigen, dass Pastor Bu Christ wirklich ein ordinierter und sehr bewährter Pastor der anglikanischen Kirche in Myanmar gewesen war, sodass er von da an ganz offiziell im Kirchenbezirk von Tennessee mitarbeiten durfte.

Schon nach wenigen Wochen waren die beiden Gruppen zu einer so harmonischen Gemeinschaft zusammengewachsen, dass Michael überlegte, wie sie gemeinsam weitermachen konnten, wenn die Kirche dann doch verkauft werden würde. Er hatte in der Diözese mittlerweile auch angefragt, ob man Pastor Bu Christ nicht als offiziellen Mitarbeiter der Gemeinde anstellen könnte, der so wie Michael auch von der Diözese bezahlt wird. Damit hatte er leider keinen Erfolg, denn schon sein eigenes Gehalt belastete die Diözese über ihre Grenzen.

Das Anlegen der Gemüsegärten hatte Michael bisher noch vor sich hergeschoben. Aber eines Tages, als er in seinem Büro saß, konnte er beobachten, wie einige Karen an den Rändern des Gemeindegrundstücks irgendetwas sammelten. Michael fand heraus, dass sie überall dort nach essbaren Gräsern suchten. Nach dem frühsommerlichen Regen wuchsen alljährlich wilde Zwiebeln auf der Wiese, die von den Frauen und Mädchen der Karen sorgfältig aus dem Rasen herausgezogen wurden.

Ein anderes Mal bemerkte Michael eine Schildkröte, die am Flussufer gerade ihre Eier legte. Er dachte, das wäre für die Karen bestimmt auch interessant zu beobachten, und rief sie schnell dazu. Die Karen freuten sich sehr über den Hinweis, schnappten sich die Schildkröte und die Eier und verschwanden. Sprachlos sah Michael hinter ihnen her. Langsam dämmerte ihm, dass hier ein Missverständnis vorliegen musste. Die Karen hatten wohl gedacht, er hätte ihnen ein Mittagessen spendieren wollen.

Genial, dachte Michael. *Wenn ich aus dem Fenster schaue, sehe ich nur Gräser und wilde Tiere. Sie sehen ihre nächste Mahlzeit. Das sind echte Überlebenskünstler!*

17

Eine Sache war für Michael von Anfang an besonders wichtig. Die All-Saints-Gemeinde sollte kein Wohltätigkeitsverein werden, denn das würde die kleine Gemeinde zum einen gar nicht lange durchhalten und zum anderen widersprach es Michaels Grundeinstellung zum Leben. Vielmehr wollte er langfristig und sinnvoll helfen, nicht nur Almosen verteilen.

„Gib einem Mann einen Fisch und du ernährst ihn für einen Tag. Lehre einen Mann zu fischen und du ernährst ihn für sein Leben." Der Satz von Konfuzius klingt zwar etwas abgedroschen, aber er beschreibt genau, was Michael dachte.

Langfristige Hilfe begann für Michael mit tiefen, ehrlichen Beziehungen. Auf dieser Grundlage konnte man am besten verstehen, was der andere wirklich brauchte. Und genau das wollte er in seiner Gemeinde umsetzen. Deswegen hieß er die Karen als gleichwertige, kostbare Mitchristen in seinen Reihen willkommen und lernte jeden Einzelnen von ihnen persönlich kennen. Das brauchte viel mehr Zeit, als nur eine Spende zu überweisen oder einen Sack Reis zu verschenken. Aber Michael wollte eben nicht den *Fisch kaufen*, sondern das *Fischen lehren*, und das hieß für die Karen, die amerikanische Kultur kennenzulernen und sich im alltäglichen Leben in den USA zurechtzufinden.

Landra Orr und Kathy Short, eine weitere Frau aus der Gemeinde, hatten bereits angefangen, die Flüchtlinge medizinisch mit dem Nötigsten zu versorgen. Hier waren die Bedürfnisse besonders dringend.

Merry Adams hatte früher eine Zeit lang als Rechtsberaterin gearbeitet und konnte jetzt helfen, familienunterstützende Hilfen bei den Behörden zu beantragen und Kinder in Schulen anzumelden.

Michael Williams war inzwischen der Assistent von Michael Spurlock geworden und seine langjährige Erfahrung als Pastor und Theologe waren für Michael von großer Hilfe. Außerdem half Michael Williams den Karenkindern bei ihren Hausaufgaben und unterstützte Ye Win, indem er Fahrdienste übernahm.

Damit war aber ein weiteres großes Problem der Karen noch nicht gelöst: Sie mussten dringend Englisch lernen. Während Michael überlegte, was er tun könnte, lernte er endlich auch Merrys Ehemann Paul kennen. Paul Adams kam zwar immer noch nicht mit zum Gottesdienst, traf sich aber gelegentlich unter der Woche mit Michael. Er hatte in den Wochen zuvor versucht, mit einem Raucher-Entwöhnungs-Medikament das Rauchen aufzugeben, woraufhin ihn die Nebenwirkungen fast in den Wahnsinn trieben und ihm der Besuch eines Seelsorgers empfohlen wurde. Auf diese Weise entstand der Kontakt zu Michael, mit dem er sich regelmäßig traf. Als Paul bei einem dieser Treffen erwähnte, dass er früher Englisch als Fremdsprache unterrichtet hatte, wurde Michael hellhörig.

Gott, danke, dass du immer für uns sorgst. Dieser Mann ist wirklich ein Geschenk des Himmels, betete er leise. Während Michael noch überlegte, wie er das Thema geschickt auf den benötigten Englischunterricht für die Karen bringen sollte, beugte sich Paul vor und fragte: „Michael, sag mal, du wirkst so bekümmert. Ist was nicht in Ordnung?"

„Ja, tatsächlich", nickte Michael. „Ich habe einiges, was mich neuerdings belastet. Ich weiß gar nicht, wie viel Merry dir davon schon erzählt hat, aber hier in Smyrna leben viele Flüchtlinge, von denen einige seit ein paar Wochen in unsere Gemeinde kommen. Es sind Karen. Es kann gut sein, dass du von diesem Volk noch nie etwas gehört hast. So ging es mir bis vor ein paar Wochen auch noch."

Paul unterbrach ihn eifrig: „O doch, ich habe schon von der Volksgruppe der Karen gehört. Sie sind eine ethnische Minderheit in Myanmar, dem früheren Burma."

Michael war sprachlos. „Wow, du bist wirklich der Erste hier in der Gegend, der das schon wusste. Also diesen Karen, die jetzt bei uns in der Gemeinde sind, versuche ich zu helfen. Dafür baue ich im Moment ein Team von Freiwilligen auf, die sich in den verschiedenen Bereichen engagieren, um den Karen hier in den USA den Einstieg zu erleichtern." Michael senkte den Blick. Mit einem tiefen Atemzug fuhr er fort: „Paul, die Leute brauchen dringend Englischunterricht. Und ich glaube, dass Gott dich an dieser Stelle sieht."

„Englisch?"

„Ja, genau. Du hast gesagt, dass du das früher schon gemacht hast. Bitte, kannst du uns helfen? Ich würde dich gerne als Leiter für den Englischunterricht einsetzen."

Paul sah Michael überrascht an. „Aber ich bin doch gar nicht in deiner Gemeinde. Und ich würde mich nicht einmal als Christ bezeichnen. Da musst du schon unter deinen eigenen Leuten suchen."

Michael schaut Paul ernst an: „Ich sage ja nicht, dass du Bibelstunden halten sollst. Es geht nur um Englischunterricht."

~

Die Entscheidung war für Paul Adams viel schwieriger, als Michael sich das vorstellen konnte. Kaum jemand in Smyrna ahnte, dass Paul eigentlich in einer sehr gläubigen Familie aufgewachsen war. Als junger Mann hatte er eine Gesangsausbildung erhalten und hatte nicht nur im Kirchenchor gesungen, sondern aufgrund seines Talents sogar ein Stipendium für eine Bibelschule bekommen. Aber als er 1970 mit der Highschool fertig gewesen war, waren viele junge Amerikaner in den Vietnamkrieg gezogen. Auch für Paul war das Soldatenleben viel reizvoller erschienen als eine theologische Ausbildung. Bei der Armee war es auch kein Problem, dass er sich innerlich in der letzten Zeit ziemlich vom Glauben entfernt hatte. Als er dann schließlich mit achtzehn Jahren zum Militär ging, war er von sich selbst und seiner eigenen Stärke sehr überzeugt.

Paul ging zunächst zur Marine, wo er jedoch als Sanitäter ausgebildet wurde, um kranke oder verletzte Soldaten während eines Einsatzes zu versorgen. Also war Paul am Ende doch kein Soldat geworden.

Die Eliteeinheit der amerikanischen Armee verfügt über keine eigenen Mediziner, weswegen sie im Einsatzfall auf Sanitäter zugreifen, die bei der Marine ausgebildet wurden. So landete auch Paul als Sanitäter bei einer solchen Sondereinheit, die in den Mittelmeerraum abgeordnet wurde. Ganze 23 Jahre blieb er beim Militär, ohne jemals nach Vietnam zu gelangen. Wenn er seitdem nach seiner Religionszugehörigkeit gefragt wurde, bezeichnete er sich stets als Agnostiker. Denn obwohl Paul sich vorstellen konnte, dass es ein höheres Wesen in irgendeiner Form geben musste, wollte er sich dabei nicht mehr auf die christlichen Vorstellungen über dieses Wesen festlegen lassen.

Er hatte schon lange keine Kirche mehr betreten, war aber dennoch davon überzeugt, dass jeder Mensch die Verantwortung hat, seinen Teil zum Wohl der Gesellschaft beizutragen und das zu geben, was ihm möglich ist. Aus dieser Grundhaltung heraus spendete er Blut, ließ sich als Knochenmarkspender registrieren und übernahm ehrenamtliche Tätigkeiten. Paul hatte immer gern unterrichtet und so wurde er in seiner Zeit beim Militär auch noch zum Englischlehrer für Erwachsene ausgebildet und unterrichtete Asiaten in Englisch.

Zuletzt war er in Columbus im Bundesstaat Ohio stationiert gewesen. Dort hatte er sich sogar freiwillig als Englischlehrer für Flüchtlinge aus verschiedenen Ländern gemeldet. Er hatte Leute aus Kambodscha, Vietnam, Südamerika und anderen Ländern unterrichtet.

Da ihm Lesen schon immer viel Freude bereitet hatte, verschlang er nun jede Menge Geschichtsbücher über die unterschiedlichen Herkunftsländer seiner Schüler. Dabei stieß er einmal auch auf die interessante und vor allem tragische Geschichte der Karen, die damals im Zweiten Weltkrieg den Alliierten halfen, sich im Dschungel Burmas zurechtzufinden.

Im Jahr 1993 wurde Paul aufgrund seines Alters aus der Armee entlassen und kehrte zu seiner Familie nach Tennessee zurück. In diesem Jahr lernte er auch seine Ehefrau Merry kennen. Die erste Unterhaltung der beiden dauerte über 16 Stunden. Es war für Paul das erste Mal, dass er eine Frau traf, die tatsächlich mehr Bücher besaß als er, und dann mochten sie auch noch die gleiche Art von Literatur. Als die beiden schließlich heirateten, wagte Paul einen beruflichen Neuanfang. Er arbeitete zunächst im Bereich der Radartechnik und wechselte später zum Finanzamt. Mittlerweile waren Paul und Merry nach Smyrna gezogen, wo Merry im IT-Bereich und als Lehrerin eine Stelle gefunden hatte. Aber im Jahr 2004 verschlechterte sich ihr gesundheitlicher Zustand und sie ging in Rente. Schienen und Krücken halfen ihr nicht mehr und sie musste dauerhaft in einen elektrischen Rollstuhl wechseln.

Zu Pauls Überraschung wollte seine Frau plötzlich wieder zur Kirche gehen. Er für seinen Teil trank sonntagmorgens lieber ein Bier, löste das Kreuzworträtsel in der *New York Times* und schaute Football. Es machte ihm nichts aus, wenn Merry in die Kirche ging, aber für ihn war das nichts. Wahrscheinlich hätte er die All-Saints-Kirche auch nie in seinem Leben betreten, wenn er nach dem versuchten Nikotinentzug nicht diese Probleme gehabt hätte. Aus gesundheitlichen Gründen musste er unbedingt aufhören, aber er schaffte es einfach nicht alleine. Er brauchte Unterstützung auf diesem Weg, konnte sich aber keinen professionellen Coach leisten. So kam er auf Michael. Und der war gutmütig genug, um sich einfach so zu Gesprächen mit ihm zu treffen. Immerhin war Pauls Frau ja auch in seiner Gemeinde.

Nun überlegte Paul, wie er auf die Frage von Michael reagieren sollte. Er mochte den Pastor und redete gerne mit ihm. Längst ging es dabei schon nicht mehr nur ums Rauchen, es war einfach angenehm, mit Michael Zeit zu verbringen. Es klang auch interessant, Karenflüchtlinge zu unterrichten und kennenzulernen, das musste er zugeben.

Michael schaute ihn immer noch erwartungsvoll an. Schließlich erklärte Paul mit einem Schulterzucken: „Klar, warum nicht?“

Keiner von den beiden hätte damals damit gerechnet, dass dies für Paul der erste Schritt in eine ganz neue Richtung war, aber an diesem Tag begann für ihn ein neuer Lebensabschnitt, der ihn mit vielen Verwicklungen, unerwarteten Wendungen und überraschenden Kurven zurück zum Glauben und zu Gott führen würde.

18

Schließlich waren die Tage der All-Saints-Gemeinde endgültig gezählt. Der Pfingstsonntag fiel in diesem Jahr auf den 11. Mai. Der Gottesdienst am Vormittag war für alle Mitglieder der Gemeinde bewegend und zugleich inspirierend gewesen. Es war für Michael also ein harter Schlag, als er an diesem Sonntag noch eine andere Gruppe in den Gemeinderäumen empfangen musste.

Am Tag zuvor hatten Michael und Bischof Bauerschmidt noch lange telefoniert, um sich weiter über die finanzielle Lage der Gemeinde zu beraten. Es gab endlich einen ernst zu nehmenden Interessenten und der gebotene Kaufpreis war fair. Der mögliche Käufer gehörte zu einer anderen Gemeinde, die aufgrund ihres Wachstums dringend mehr Platz brauchte. Der Bischof und Michael hatten zwei Stunden lange hin und her überlegt, aber sie sahen einfach immer noch keine Alternative zu dem Verkauf.

Am Ende des Gesprächs sprachen sie noch darüber, dass nun ein neuer Haushaltsplan für die Gemeinde aufgestellt werden musste. „Bitte lege mir einen Budgetentwurf vor, wie viel du voraussichtlich in Zukunft monatlich brauchen wirst, um einen neuen Platz zu finden und mit der Gemeinde weiterzumachen."

Der Kirchengemeinderat hatte sich schon vor einiger Zeit darüber Gedanken gemacht, wie viel Geld die Gemeinde in Zukunft brauchte. Und diese Planung lag nun als Entwurf auf Michaels Schreibtisch, aber er wollte sie später noch einmal genau durchsehen, bevor er sie dem Bischof vorlegte.

Mittlerweile waren die All-Saints-Gottesdienstbesucher gegangen und Michael wartete auf die Gäste, die an diesem Morgen in einem anderen Gebäude Gottesdienst gefeiert hatten und anschließend kommen würden. Auch für sie und die Besichtigung der Kirche hatte der Kirchengemeinderat im Voraus alles freundlich vorbereitet.

Endlich kamen sie und es waren mehr als ein Dutzend Personen, die Michael herzlich begrüßte. Aber als sie sich anschließend über das Gebäude hermachten, die Schränke öffneten und jeden Winkel inspizierten, stieg langsam Ärger in Michael auf.

Vor allem ihre Kommentare waren für ihn nur schwer zu ertragen. Objektiv gesehen, war ihr Verhalten natürlich ganz normal für Menschen, die sich überlegten, eine Immobilie zu kaufen. Aber Michael litt sehr unter ihren Bemerkungen. „Du meine Güte, wieso hat man denn diesen ganzen Platz hier so verschwendet? … Na, das hätte man aber auch besser nutzen können … Ich weiß gar nicht, was wir damit anfangen sollen?"

Michael wäre am liebsten schnell in sein Büro geflohen, doch auch dort waren bereits drei Frauen am Werk. Sie hatten den Schrank geöffnet, in dem seine Gewänder hingen und die liturgischen Geräte aufbewahrt wurden. Eine von ihnen murmelte: „Das ist wohl das ganze Zeug, was bei denen hier der Pastor braucht."

Als die Gruppe dann endlich wieder gegangen war, ging es Michael richtig schlecht. Was er empfand, war viel mehr als nur Ärger. Er war tief verletzt, traurig und einfach nur erschöpft. Aber auch immer noch unglaublich wütend. *Was geht es die überhaupt an, was wir hier mit unserem Platz machen?*

Da erkannte Michael plötzlich, was in den letzten Monaten mit ihm passiert war. Diese Kommentare machten ihn nur so wütend, weil sie ihn angriffen. Vor einem Jahr hätte ihm das wahrscheinlich noch nichts ausgemacht. Die Entscheidung, zur All-Saints-Gemeinde zu kommen, war für ihn damals nur ein Gehorsamsschritt gegenüber Gott und gegenüber dem Bischof gewesen. Trotzdem war es natürlich ein mutiger

Schritt gewesen, denn die All-Saints-Gemeinde war eine große Herausforderung, aber eigentlich hätte er damals doch lieber eine andere Stelle angetreten. Und natürlich wusste Michael schon seit Langem, dass der Tag kommen würde, an dem Interessenten sich die Kirche einmal ansehen müssten. Was war also sein Problem? Warum hatte das gerade eben ihm so wehgetan? Es musste sich in diesem letzten Jahr in seinem Herzen etwas verändert haben. Aus dem anfänglichen Gehorsamsschritt war eine Liebesbeziehung geworden. Die All-Saints-Kirche war zu *seiner* Gemeinde geworden.

Ja, genau so ist es, seufzte Michael. *Das ist meine Gemeinde! Hier sind die Menschen, für die ich der Hirte sein kann. Ich gehöre zu ihnen. Das ist für mich viel mehr wert, als einfach nur irgendwo eine Stelle als Pastor zu haben. Ich liebe diese Leute – und ihre Kirche. Ich bin hier genau richtig. Deshalb will ich nicht weg von hier!*

Hatte sich der Verkauf so lange hingezogen, damit Michael den Schmerz besser verstehen konnte, den seine Gemeinde nun fühlte? Wollte Gott prüfen, ob Michael ihm genauso blind vertrauen würde – mitten in der Enttäuschung und Verzweiflung – wie der Rest der Gemeinde? Falls irgend so eine göttliche Absicht dahintersteckte, half ihm das jetzt überhaupt nicht. Die Situation tat einfach nur weh. Aber damit würde er wohl klarkommen müssen. Es gab ja keinen anderen Weg.

Michael ging also an seinen Schreibtisch zurück. Vor ihm lag ein großes Blatt, auf dem der Kirchengemeinderat das zukünftig benötigte Budget zusammengestellt hatte, aber irgendwie hielt er es an diesem Tag nicht länger in seinem Büro aus. Er musste an die frische Luft, um diese ganzen bedrückenden Gedanken und Gefühle abzuschütteln. Vor allem seine Wut und den Ärger musste er irgendwie loswerden. Er stürmte durch den Mittelgang der Kirche direkt zum Hintereingang und ins Freie.

Und nun stand er auf dem Hügel hinter der Kirche. Ein Ort, der so schön war, dass man auch gut ein Schloss darauf hätte bauen können.

Am anderen Ende des Grundstücks befand sich noch der Parkplatz der Gemeinde, der sich bis zur Straße hinzog, aber davon war von hier aus nichts zu sehen. Es war, als würde man auf ein völlig abgelegenes Tal hinunterschauen. Der stahlgraue Himmel kündigte Regen an, vielleicht würde sogar ein Sturm aufziehen, aber noch war alles ruhig und frühlingshaft bunt. Die Sonne hatte bereits die ganze Umgebung zur vollen Blüte gebracht. Gelber Löwenzahn überzog das satte, tiefe Grün des gepflegten Rasens, weiße Gänseblümchen gruppierten sich dazwischen. Hellgrüne Bäume säumten den Fluss und den Rand des Grundstücks, ihr Blätterdach war zwar schon dicht, aber immer noch zart und frisch.

Seit Michael in Smyrna angekommen war, hatte er es sich bewusst nie erlaubt, diese Umgebung so richtig zu genießen. Schließlich war ihm ja von Anfang an klar gewesen, dass die Gemeinde dieses Land nicht behalten würde. Trotzdem war es ihm aber anscheinend nicht gelungen, innerlich so distanziert zu bleiben, wie es nötig gewesen wäre, um den Verkauf jetzt sachlich und unbewegt abwickeln zu können.

Jetzt konnte er der Versuchung nicht mehr widerstehen. Er wollte endlich das komplette Gelände sehen, das seiner Gemeinde immer noch gehörte. Entschlossen ging er den Hügel hinunter und am linken Rand des Grundstücks entlang. Nachdenklich lief er Schritt für Schritt der Grenze folgend das komplette Gelände ab. Der Lärm von der Straße war hier unten nicht mehr zu hören. Das leichte Rascheln des Windes in den Baumwipfeln und das Plätschern des Baches waren die einzigen Geräusche, die an seine Ohren drangen. Der Wind nahm langsam zu, und schon bald brachte er die ersten, feinen Tropfen des einsetzenden Regens, der sich kühlend auf Michaels Wangen legte.

Während er das Land immer weiter abging, hob Michael sein Gesicht zum Himmel. Er öffnete sein Herz vor Gott und ließ alles heraus, was ihn bewegte. Inzwischen regnete es schon stärker, aber Michael bemerkte es kaum.

Laut und zutiefst ehrlich betete er: *Gott, warum hast du mich hierhergeführt? Es tut so unendlich weh! Warum musstest du diesen Verkauf auch so lange hinauszögern? Warum schickst du erst die Karen her, wenn wir dann doch von hier weggehen müssen? Was willst du von uns? Von mir? Ich würde so gerne wissen, was ich machen soll! Bitte gib mir Weisheit. Zeige mir, was du vorhast. Bitte sag mir doch einfach, was ich als Nächstes tun soll.*

Michael hatte das Gelände von drei Seiten abgeschritten und stieg jetzt langsam wieder den Hügel hinauf. Dort oben wartete der Finanzplan auf ihn. Ein Plan für die Zeit, wenn das All-Saints-Gebäude anderen gehören würde. Die Kirche lag hoch über ihm, eingebettet in die Kuppe des grünen Hügels. Mit ihrer roten Ziegelsteinfassade und dem steilen Dach mit dem keltischen Kreuz darauf verdeckte sie den Grenzzaun, die asphaltierte Zufahrt und auch immer noch den Verkehrslärm und die Straße.

Michael war außer Atem von der ungewohnten Anstrengung. Seine ermüdeten Beine machten ihm unangenehm deutlich, wie lächerlich es war, dass eine Kirchengemeinde so ein riesiges Grundstück besaß. Welche Gemeinde brauchte neun Hektar Land? Egal, wie schön diese Landschaft war, das Grundstück war einfach viel zu groß, selbst für einen Spaziergang, wie er gerade festgestellt hatte. Früher war dieses fruchtbare Land als Ackerland genutzt worden. Nun wurde hier gelegentlich Softball gespielt – was für eine Verschwendung!

Der Regen prasselte immer noch auf Michael nieder, während er weiter den Hügel hinaufstieg. Doch plötzlich blieb er stehen. Was war das? Michaels Beziehung zu Gott bestand bisher aus einem hingegebenen Leben, Anbetung und der intensiven Beschäftigung mit Gottes Wort. Er betete regelmäßig, oft auch intensiv, und er wusste, wie sich die Gegenwart Gottes anfühlte. Aber was er jetzt erlebte, war neu. Michael hörte, wie Gott direkt zu ihm sprach. Das war für Michael eine völlig unerwartete und kraftvolle Erfahrung: *Ich habe dir viel Ackerland gegeben und dazu 65 Bauern, die ich sogar vom anderen Ende der Welt hierhergebracht habe. Was ist denn daran so schwer zu verstehen, Michael? Du sollst hier einen landwirtschaftlichen Betrieb aufbauen!*

Michael sah sich um, den Hügel hinunter, über die weite Flusslandschaft. Landwirtschaft?! Nur sehr langsam drang das Gehörte in sein Bewusstsein. Dabei war es doch wirklich naheliegend! *Natürlich! Gott hat uns das Land gegeben, damit wir etwas anbauen. Von dem Ertrag können die Karen sich dann sattessen. Und wir können sogar mehr Felder bebauen, als die Karen überhaupt für sich selbst brauchen. Das heißt, wir können den Rest der Ernte verkaufen und damit unsere Schulden abbezahlen!*

Michael rannte fast, als er das letzte Stück zum Kirchengebäude zurücklegte. Er lief direkt in sein Büro und schnappte sich das Telefon. Falls das keine gute Idee war und falls das nicht Gottes Stimme gewesen ist, dann würde Michael Williams ihm das sagen können. Ihm vertraute er, sein Rat und seine Lebenserfahrung waren verlässlich. Während Michael die Nummer wählte, wurde er aber doch etwas unsicher. *Der wird mich für verrückt erklären!*

Wenn diese Sache wirklich verrückt war, dann würde Michael Williams ihm das sagen. Er würde dann einfach zurück an seinen Schreibtisch gehen und den Budgetplan für den Bischof fertig machen. Michael Williams war nicht nur lange Jahre Pastor gewesen, er hatte auch den größten Teil seines Lebens dort verbracht, wo Landwirtschaft die Haupteinnahmequelle der Bevölkerung war. Er würde also genau wissen, welche Schwachstellen dieser Plan hatte.

Michael erzählte ihm von seinem Spaziergang und was Gott zu ihm gesagt hatte. Die Antwort, die der Ältere ihm gab, überraschte Michael sehr. „Ruf den Bischof an. Am besten jetzt gleich."

„Ist das dein Ernst?" Michael war verblüfft. Damit hatte er nicht gerechnet. „Ich habe erst gestern zwei Stunden lang mit ihm telefoniert. Wir haben die Sache von allen Seiten betrachtet und haben nach irgendeiner anderen Lösung gesucht, aber wir hatten keine Idee, was man machen könnte – außer eben zu verkaufen. Eigentlich hatte ich erwartet, du würdest mir sagen, dass ich verrückt bin und mir das alles nur eingebildet habe. Willst du mir also jetzt nicht sagen, dass das nicht funktionieren wird? Also, wenn du es nicht sagst, der Bischof wird es mir auf jeden Fall sagen."

„Egal. Ruf ihn sofort an. Danach rufst du mich wieder an und erzählst mir, wie er reagiert hat." Die Antwort war klar, das Gespräch beendet.

~

Tatsächlich waren Michael Williams sofort viele Gegenargumente eingefallen und eine ganze Reihe Bedenken gekommen, als Michael von seiner Idee berichtete. Aber er war sich irgendwie sicher, dass dieser junge Pastor tatsächlich gerade Gottes Stimme gehört hatte. Manchmal mussten sich Situationen erst sehr zuspitzen, bevor Gott redete – oder bevor wir in der Lage waren, Gottes Stimme zu hören. Es war außerdem etwas sehr Besonderes, dass dieses Reden Gottes ausgerechnet an Pfingstsonntag geschah. Sie hatten erst morgens im Gottesdienst gefeiert, dass der Heilige Geist auf die Erde und in die Gemeinde gekommen war – und nun war er definitiv auch zur All-Saints-Gemeinde gekommen.

Seine Botschaft war einfach: „Hallo zusammen, ich hätte da eine Aufgabe für euch."

Für Michael Williams ergab das alles absolut einen Sinn.

~

Es fühlte sich überhaupt nicht gut an, schon wieder die Nummer der Diözese anzurufen. Zu Michaels Überraschung ging Bischof Bauerschmidt schon beim ersten Läuten ans Telefon. Michael erzählte ihm dieselbe Geschichte, die er gerade Michael Williams erzählt hatte. Bischof Bauerschmidt hörte aufmerksam zu, ohne ihn auch nur ein einziges Mal zu unterbrechen. Dann schwieg Michael und wartete auf eine Antwort. Ob die All-Saints-Kirche verkauft werden würde oder nicht, war nicht Michaels Entscheidung und auch nicht die seiner Gemeinde, nicht einmal der Bischof konnte darüber bestimmen. Für eine so große Entscheidung musste der Rat der Diözese zusammenkommen, dieselbe Instanz, die zuletzt beschlossen hatte, dass die Kirche verkauft werden müsste. Sollte Michael sich alles nur eingebildet haben, dann würde das spätestens durch die Entscheidung dieser Kirchenführer klar werden.

Wieder bekam Michael eine Antwort, mit der er ganz sicher nicht gerechnet hatte. „Michael, ist das nicht mal wieder typisch für Gott? Im letzten Moment schaltet er sich ein!" Bei diesen Worten traten Michael sofort Tränen in die Augen und der Bischof fuhr fort: „Die Entscheidung, die Kirche zu verkaufen, hat mir nie wirklich gefallen. Was du jetzt sagst, wäre mir viel lieber!"

Am Ende eines längeren Gesprächs mit dem Bischof hatte Michael nun den Auftrag, die Verkaufsgespräche vorerst auf Eis zu legen und seine Pläne der Gemeinde und dem Rat der Diözese vorzutragen. Am Samstag in zwei Wochen würde sich dieses Gremium wieder treffen, und dann müsste Michael dort vorsprechen, falls seine Gemeinde mit dem Entschluss einverstanden wäre. Daran zweifelte Michael aber nicht. Wenn schon Michael Williams und der Bischof so positiv reagiert hatten, dann würden die Mitglieder seiner Gemeinde sicher auch nicht dagegen sein – weder die Amerikaner noch die Karen. Aber jetzt musste er erst einmal Ye Win anrufen.

„Du hast doch vor einiger Zeit mal gefragt, ob die Karen sich auf dem Gemeindeland Gemüsegärten anlegen dürften, um mehr Nahrungsmittel zur Verfügung zu haben. Wie fändest du es, wenn wir das im großen Stil machen und Landwirtschaft betreiben?" Zum dritten Mal erzählte Michael nun an diesem Abend seine Geschichte.

Ye Wins Reaktion fiel zurückhaltend aus. „Ja, das ist bestimmt eine gute Idee."

„Meinst du, die anderen Karen werden sich dafür begeistern lassen?", drang Michael in ihn weiter. „Denn es wird bestimmt für alle harte Arbeit werden. Außerdem habe ich selbst keine Ahnung von Landwirtschaft. Wir wären auf euer Wissen und eure Erfahrung angewiesen."

„Ich werde sie fragen."

Als Ye Win Michael später zurückrief, saß dieser schon am Entwurf für seine Rede, die er vor dem Rat der Bischöfe halten würde. Michael zeichnete Grafiken, überschlug die Kosten und erstellte Tabellen mit den möglichen Gewinnen. Wahrscheinlich war das alles etwas unrealistisch, immerhin hatte er von der Materie eigentlich keine Ahnung, aber er wollte zumindest versuchen, die Bischöfe mit seiner Begeisterung anzustecken.

„Ich habe den anderen deine Idee erklärt und sie sind einverstanden, mitzuarbeiten", berichtete Ye Win, als er Michael zurückrief. Das wunderte Michael nicht, denn er wusste längst, dass Ye Win von den anderen Karen als Anführer respektiert wurde. Wenn er einen neuen Weg vorschlug, folgten sie ihm. Er war ein Mann, dem man gerne vertraute, und das ging nicht nur den Karen so.

Aimee hatte ihn an diesem Sonntagabend viel früher zurückerwartet. Sie waren mit dem Abendessen schon lange fertig, als Michael endlich nach Hause kam, aber Aimee konnte sich schon vorstellen, woran es gelegen hatte. Michael war der Termin mit den möglichen Käufern bestimmt sehr nahegegangen und deshalb brauchte er noch Zeit, um alles zu verarbeiten. Trotzdem hatte sie sich Sorgen gemacht, wie es ihm wohl ginge. Doch als Michael nun nach Hause kam, sah er überhaupt nicht niedergeschlagen aus. Im Gegenteil – er wirkte sogar begeistert!

„Ich habe großartige Neuigkeiten!", platzte es direkt aus ihm heraus. „Wir brauchen nicht mehr zu verkaufen!"

Aimee starrte ihn verständnislos an. „Was redest du da?"

„Gott hat mir gesagt, ich soll das Land der All-Saints-Gemeinde für die Landwirtschaft nutzen."

Aimee kannte ihren Mann gut genug, um zu wissen, dass er keine Witze machte. Vorsichtig fragte sie: „Was? Landwirtschaft? Du hast doch davon überhaupt keine Ahnung davon, oder?"

„Nein, das stimmt. Ich weiß nicht, wie das funktioniert, aber Gott hat heute zu mir gesprochen!"

Michael strahlte sie unbekümmert an. So glücklich hatte sie ihn schon lange nicht mehr gesehen. Je näher der Verkauf der Kirche gerückt war, desto bedrückter hatte er auf sie gewirkt. Aber diesen Ausdruck, den sie jetzt in seinem Gesicht wahrnahm, hatte sie schon ein paar Mal bei ihm gesehen, als er auf das Reden Gottes hin gewagte Schritte unternommen hatte. Zum Beispiel damals, als er sich entschied, seinen Job zu kündigen und das theologische Seminar zu besuchen, oder auch als er dem Vorschlag folgte, nach Nashotah zu gehen. Was Aimee besonders im Gedächtnis geblieben war, war, dass sie es bei keiner dieser Entscheidungen später bereut hatte, ihrem Mann voll und ganz vertraut zu haben. Es war in der Vergangenheit immer richtig gewesen, mit ihrem Mann zusammen die Schritte zu gehen, die Gott ihm gezeigt hatte.

Also unterdrückte sie alle Einwände und Bedenken, die ihr zunächst in den Sinn gekommen waren, und erwiderte das strahlende Lächeln ihres Mannes. „Dann lass uns das machen!"

~

Jahre später, als die Geschichte von der All-Saints-Gemeinde schon in den Medien bekannt geworden war und die Vorbereitungen für die Verfilmung liefen, wurde Michael gefragt, wie er so sicher sein konnte, dass es Gott gewesen war, der zu ihm gesprochen hatte, und es nicht seine eigenen Gedanken gewesen waren. War es nicht naheliegend, dass er selbst sich diese Lösung ausgedacht hatte, weil er sie sich so sehnlichst wünschte?

„Ich kenne mich mittlerweile ganz gut", antwortete Michael. „Und ich war das ganz sicher nicht. Jeder kennt doch seine eigenen Gedanken. Was in meinem Kopf vor sich geht, weiß ich nur zu gut. Aber was ich da an diesem Sonntagnachmittag hörte, war viel größer als alles, was je in meinen Gedanken gekreist hat. Es kam nicht aus mir selbst heraus, es kam von außen zu mir. Das war nicht meine Stimme, das war nicht ich, sondern Gottes Stimme. Das war ganz einfach zu unterscheiden. Aber über etwas anderes habe ich damals noch viel mehr gestaunt", fügte Michael hinzu. „Dass Gott redet, ist nämlich nicht das eigentliche Wunder. Gott hat doch schon von Anfang an zu den Menschen geredet, seitdem er sie erschaffen hat. Viel erstaunlicher ist für mich, dass dieser zerbrochene, eigenwillige junge Mann, der über lange Phasen seines Lebens gar nichts von Gott hören *wollte* – dass der nun bereit war, hinzuhören und genau das zu tun, was ihm gesagt wurde – das war das eigentliche Wunder!"

19

Natürlich steckte hinter der ganzen Idee noch weitaus mehr, als Michael zu diesem Zeitpunkt ahnen konnte. Der nächste Sonntag kam und Michael nutzte den Gottesdienst, um die anderen Gemeindeglieder in seine Idee einzuweihen.

„Wir müssen uns heute für ein ganz besonderes Thema Zeit nehmen", begann er und Ye Win übersetzte fleißig. „Denn ich habe eine Frage an euch: Wenn es eine Möglichkeit gäbe, unsere Kirche nicht verkaufen zu müssen, würdet ihr sie hören wollen? Und würdet ihr bereit sein, dafür viel Zeit und Kraft zu investieren?"

Michael wartete gespannt die Reaktionen seiner Gemeinde ab. Dan Erickson, ein freundliches und begeisterungsfähiges Gemeindemitglied, ergriff als Erster das Wort: „Ich würde alles dafür tun, dass wir diese Kirche nicht verkaufen müssten."

Viele Köpfe nickten, zustimmendes Murmeln wurde laut. Michael lächelte. „Dann erzähle ich euch jetzt mal eine Geschichte."

Und wieder einmal berichtete Michael von seinen Erlebnissen am vergangenen Sonntag. Er erzählte ihnen alles von Anfang bis Ende. Von seinem Spaziergang, Gottes Reden und den Reaktionen von Michael Williams, Bischof Bauerschmidt und Ye Win. Zum Schluss kam er auf den Termin mit der Kirchenleitung am kommenden Samstag zu sprechen. Er würde dorthin gehen und die Idee präsentieren, wenn er vorher die Zustimmung der Gemeinde erhalten würde.

Michael schwieg, und einen Moment lang blieb alles ruhig, dann fingen einige an zu weinen, andere lachten und wieder andere wandten sich einander zu und fingen an, lautstark miteinander zu diskutieren. Michael schaute sich das Geschehen für eine Weile an, dann meldete er sich wieder zu Wort: „Kann ich das als ein Ja nehmen?"

Das war es. Es war ein einstimmiges Ja.

Im Nachhinein beschreibt Michael diesen Sonntagmorgen als den Wendepunkt für die All-Saints-Gemeinde. Sie hatten Verlust, Schmerz, Streit und Veränderung hinter sich, aber jetzt brach eine neue Zeit an. Von nun an würde aus der All-Saints-Kirche eine gesunde, lebendige und wachsende Gemeinde werden.

Und dann kam sehr schnell der folgende Samstag und Michael fuhr nach Nashville, um die Idee vor dem Rat der Bischöfe zu präsentieren. Michael Williams, Ye Win und Ye Wins Vater John Kunoo begleiteten ihn dorthin. Die All-Saints-Thematik war nur ein Punkt auf der Tagesordnung der Kirchenleitung, und bevor Michael und seine Begleiter an der Reihe waren, bat eine andere Gemeinde um die Erlaubnis, ihre Kirche um einen Raum erweitern zu dürfen. Sie brauchten dafür einen Kredit über vergleichsweise bescheidene 25.000 Dollar. Mit Unbehagen verfolgte Michael die Fragenrunde, die sich daraufhin entwickelte. Die Bischöfe erschienen ihm viel zu kritisch und fast schon gefühllos. Sie fragten, ob die Kirche denn überhaupt überlegt hatte, wie sie den Kredit zurückzahlen wollte. War diese Erweiterung wirklich unumgänglich? Wofür würde der neu gewonnene Platz dann genau genutzt werden? War es eine kluge Entscheidung, das Geld der Diözese dafür zu verwenden? Welche Entwicklung würde die Gemeinde durch den neuen Raum erwarten?

Du liebe Güte! Das ist eine Gemeinde, die für ihre Monatsausgaben und Gehälter keine Unterstützung der Diözese benötigt, sondern alles aus Spenden selbst finanziert. Sie haben auch keinen Kredit bei der Bank, den sie noch abbezahlen müssen. Wenn es für sie schon so schwer ist, 25.000 Dollar zu bekommen, dann können wir gleich wieder einpacken. Michael stöhnte. Gab es irgendeine Chance, dass diese Bischöfe den Verkauf seiner Kirche stoppen und einen Kredit über 850.000 US-Dollar bevorzugen würden?

Nachdem das Thema der anderen Gemeinde geklärt worden war, war Michael an der Reihe. Er hatte inzwischen richtig Angst davor, seine Präsentation zu halten, aber er riss sich zusammen und begann langsam zu sprechen. Michael fasste die Geschichte und die Vision der All-Saints-Gemeinde zusammen, beginnend mit der Spaltung bis hin zu dem Eintreffen der Karenflüchtlinge. Dann berichtete er von Gottes Reden am letzten Sonntag und ihren daraus entstandenen neuen Zukunftsplänen. Während er sprach, sah er in den Gesichtern seiner Begleiter, wie sie hinter ihm standen und innerlich beteten. Das ermutigte ihn, immer weiterzureden.

Nachdem Michael fertig war, sprach zuerst Michael Williams ein paar Worte, dann Ye Win. Mit seinem immer noch deutlich hörbaren Akzent schilderte er die Lage der Karen in ihrem Heimatland und in den USA. Sie waren der Verfolgung und dem Völkermord entkommen, sie liebten Jesus und hatten in der All-Saints-Gemeinde eine neue Heimat gefunden. Außerdem waren sie mit landwirtschaftlicher Arbeit vertraut und würden gerne und mit großer Freude das Land der Gemeinde bebauen.

Nun waren die Bischöfe an der Reihe. Michael wappnete sich bereits für ihren Fragenkatalog. Sie saßen an einem u-förmigen Tisch und er konnte so die meisten ihrer Gesichter beobachten. Bischof Bauerschmidt hatte von Anfang an mit einem wohlwollenden Gesichtsausdruck zugehört. Er stand voll und ganz hinter ihm, das wusste Michael. Aber was mit den strengen Gesichtern der anderen Ratsmitglieder in den letzten Minuten passierte, war erstaunlich. Einige hatten plötzlich Tränen in den Augen. Die nüchterne Sachlichkeit, die vorher die Atmosphäre bestimmt hatte, war wie weggeblasen.

Endlich sprach einer der Bischöfe: „Eine so bewegende und ermutigende Geschichte habe ich noch nie in meinem Leben gehört.“ Die anderen pflichteten ihm bei. Ohne weitere Diskussion wurde sofort beschlossen, den Verkauf der Kirche zu stoppen.

Unwillkürlich musste Michael daran denken, was Salomo in den Sprüchen schrieb: „Das Herz des Königs ist wie ein Bach, vom Herrn gelenkt; er lässt ihn fließen, wohin er will" (Sprüche 21,1). *Wenn Gott einen Plan hat, dann lenkt er nicht nur die Herzen von Königen, sondern auch die von Ratsmitgliedern.*

Trotzdem gab es natürlich noch viel zu klären und zu bedenken. Bebauungspläne, Genehmigungen, Bodennutzungsvorschriften, Haushaltspläne, Finanzen, voraussichtliche Ausgaben und mögliche Gewinne – das und vieles mehr wurde von den Bischöfen noch angesprochen. Michael und seine Freunde konnte fast nichts davon beantworten. Aber glücklicherweise hatte der Rat seine Entscheidung bereits getroffen, bevor er diese Fragen stellen konnte. Trotzdem sollten Michael und sein Team die Antworten auf alle Fragen innerhalb eines Monats den Bischöfen vorlegen.

Auch einen Fünfjahresplan für ihr Projekt sollten sie in einem Monat mitbringen und eine Erklärung der Gemeinde, dass sie keine weiteren Zuschüsse für ihre Landwirtschaft bei ihnen beantragen würden.

„Wir können Ihnen keinen einzigen Cent mehr geben", warnten die Bischöfe.

„Das ist mir bewusst", antwortete Michael und überlegte gleichzeitig schon, wie sie das notwendige Startkapital auftreiben sollten. Selbst wenn alle Arbeiten auf den Feldern ehrenamtlich ausgeführt wurden, brauchten sie Saatgut, Werkzeuge und Bewässerungsanlagen. Außerdem würde man ohne einen Traktor den Bermudarasen kaum umpflügen können, und obwohl die Karen in ihrer Heimat bereits Bauern gewesen waren, müssten sie trotzdem einiges über die neue Umgebung lernen, denn das Klima und die Ernährungsgewohnheiten waren in Myanmar und den USA doch sehr verschieden. Die Karen kannten aus ihrer Heimat zum Beispiel nur Regen- und Trockenzeit. Hier gab es vier Jahreszeiten.

Aber immerhin, das Wichtigste war so weit geklärt: Sie hatten die Erlaubnis des Rates und sie hatten Zeit, um Gottes Auftrag umzusetzen. In der folgenden Woche fuhren die Spurlocks in den Urlaub. Dieser Urlaub war bereits seit Monaten geplant und konnte trotz der neuen

Entwicklungen umgesetzt werden. Denn auch nach ihrem Urlaub würden sie bis zum nächsten Termin mit dem Kirchenrat noch drei Wochen Zeit haben. Das war genug Zeit, um alle Fragen zu klären. Wie geplant besuchten die Spurlocks also Aimees Bruder, der für die Regierung in Washington D. C. arbeitete.

Michael war sich mittlerweile wirklich sicher, dass Gott zu ihm gesprochen hatte. Aber trotzdem rechnete er ständig damit, dass ihn jemand für seine Naivität angreifen würde. Würde ihn wirklich keiner stoppen, bevor es zu spät war? Michael Williams, Bischof Bauerschmidt, Ye Win, die Gemeinde, der Rat der Diözese, irgendjemand musste doch die Bremse ziehe, aber alle gaben grünes Licht.

Aimees Bruder Peter und seine Frau Karen hatten ein festliches Abendessen zur Begrüßung ihrer Gäste vorbereitet. Unter den Gästen war auch ein Mitarbeiter des Landwirtschaftsministeriums.

Na schön, dachte Michael. *In unserem kleinen Smyrna hat niemand gemerkt, dass mein Plan verrückt ist. Mal sehen, was ein echter Fachmann aus Washington davon hält.* Und so erzählte Michael ihm und den anderen Gästen seine Geschichte. Aber anstatt ihn für seine Idee auszulachen, reagierte der Regierungsbeamte begeistert.

„Das ist eine der besten Ideen, die mir jemals vorgestellt wurden", lobte er Michael.

Auch Aimees Bruder reagierte positiv auf Michaels Plan. Von diesen Menschen brauchte er zwar keine Einwilligung, aber ihr Zuspruch ermutigte ihn dennoch sehr. Allmählich konnte er sich innerlich ein wenig entspannen. Vielleicht war das Ganze ja doch nicht so verrückt, wie er befürchtet hatte?

Während die Spurlocks noch in Washington D. C. im Urlaub waren, organisierte Michael Williams zu Hause in Smyrna einen Termin mit der *Rutherford County Soil Conservation Agency* – ein Institut, das sich um Bodenerhaltung und Naturschutz kümmerte. Michael Spurlock hatte ihn gebeten, sich dort um einen Termin zu kümmern, weil er die Fachleute um weitere Informationen und Beratung für ihr Landwirtschaftsprojekt bitten wollte. Wieder war Michael gespannt, wie Außenstehende auf seinen Plan reagieren würden. Ihnen würde er nicht erzählen, dass Gott zu ihm geredet hatte.

Nachdem die Spurlocks aus dem Urlaub zurückgekehrt waren, fand das Treffen mit dem Institut statt und Michael Williams begleitete Michael zu diesem Termin. Inzwischen überraschte es Michael kaum noch, dass auch diese Fachleute nichts als Begeisterung und Interesse äußerten. Die Leute vom Institut nutzten die Gelegenheit, um die beiden Michaels über ein aktuelles Projekt zu informieren, das sie vor drei Monaten gestartet hatten. Es nannte sich CROP (*Conservation Resources Outreach Program*) und hatte sich zum ausdrücklichen Ziel gemacht, technische und finanzielle Hilfe für Projekte im Bereich Umweltschutz und Landwirtschaft zu geben. Dieses Programm hatte bis jetzt erst einen einzigen Teilnehmer. Wäre die All-Saints-Gemeinde vielleicht interessiert, an diesem Programm teilzunehmen?

Die beiden Michaels zögerten nicht lange. Am Ende der Unterredung waren sie ein offiziell von CROP gefördertes Projekt und hatten bereits einen Startbetrag von 500 Dollar erhalten. Ein persönlicher Berater würde sie schon bald vor Ort besuchen, Bodenproben nehmen und ihnen Empfehlungen geben, welche Art von Saatgut in ihrem Boden am besten gedeihen würde. Als wäre das nicht schon wunderbar genug, kam nach dem Gespräch noch einer der Fachleute auf die beiden Michaels zu. Es war Bruce Gentry, dem einer der größten Molkereibetriebe in der Gegend gehörte.

„Wussten Sie eigentlich, dass die All-Saints-Gemeinde vor zehn Jahren dieses Grundstück von mir gekauft hat?", fragte Bruce. „Ich habe das Land damals immer bewirtschaftet, und ich freue mich sehr, dass es nun wieder landwirtschaftlich genutzt werden wird. Am liebsten würde ich es selbst umpflügen. Würden Sie mir das erlauben? Wie würde Ihnen nächsten Montag passen?"

Fragte dieser Mann ihn gerade wirklich, ob sie ihm erlauben würden, das Land umzupflügen? Michael hatte das Gefühl, dass Gott nichts anderes von ihm verlangte, als einfach Ja zu seinem Reden zu sagen. Alles andere schien wie von alleine voranzugehen. Gott hatte einen genauen Plan für die All-Saints-Gemeinde!

20

Bevor Bruce Gentry jedoch mit dem Pflügen loslegen konnte, musste eine Sache noch geklärt werden. Denn schließlich nutzte eigentlich die Stadt das Ackerland derzeit als Softballfelder und da stieß Michael dann auch zum ersten Mal auf den Widerstand, mit dem er die ganze Zeit schon gerechnet hatte.

„Das geht nicht", sagten sie ihm. „Wir haben auf diesem Gelände bereits einige Spiele geplant. Bis zum Jahresende brauchen wir es noch auf jeden Fall. Danach können wir über eine andere Lösung sprechen."

„Nein, tut mir leid", widersprach Michael hartnäckig. „Die Felder müssen dieses Wochenende geräumt werden."

„Wo denken Sie hin? Wir haben viel Geld investiert, um da ein Sportgelände anzulegen. Sie glauben doch nicht im Ernst, dass wir jetzt einfach nur ein paar Stangen herausziehen und wieder gehen. Und im Übrigen – das ist eine sehr große Fläche. Sie haben doch sicher nicht die Geräte und die Leute, um das alles ab Montag schon zu bewirtschaften."

„Sie konnten unser Grundstück schon lange genug kostenlos nutzen, doch jetzt brauchen wir es wieder selbst. Aber gut, ich werde Ihnen entgegenkommen. Wir pflügen am Montag nur die Hälfte der Spielfelder um, auf dem Rest können bis zum Jahresende die geplanten Spiele stattfinden, doch stellen Sie sich darauf ein, dass wir bald das ganze Grundstück als Ackerland brauchen werden."

Tatsächlich kamen am Freitag Mitarbeiter von der Stadt und entfernten alles, was sich dort für die sportliche Nutzung des Grundstücks befand. Am Wochenende spazierte Michael gemeinsam mit Michael Williams den Hügel hinter der Kirche herunter. Sie überlegten, wie man das Ackerland am besten aufteilen und nutzen konnte. Vielleicht konnte man das Land mit zwei senkrecht zueinanderstehenden Wegen in vier Felder aufzuteilen, so würde mitten auf dem Feld ein Kreuz entstehen. Und in der Mitte, wo die Wege sich trafen, könnte man einen runden Platz anlegen, an dem die Arbeiter zusammen ihre Pausen verbringen, aber auch singen und beten konnten. Eines Tages würde man hier vielleicht sogar eine kleine Kapelle errichten können.

Am Montagmorgen meldete sich, wie versprochen, Bruce Gentry bei Michael. „Sind diese Softballsachen weg? Wenn ja, dann würden wir uns jetzt an die Arbeit machen."

Bis zum Abend waren bereits eineinhalb Hektar Land umgepflügt und für die Aussaat bereit. Am darauffolgenden Samstagmorgen konnte es also losgehen. Am Fuße des Hügels trafen sich 45 Gemeindeglieder, Amerikaner und Karen. Die 500 Dollar Fördergeld von CROP waren im Voraus für Hacken, Rechen, Schaufeln und Saatgut ausgegeben worden. Bei der Auswahl der Samen hatte ihnen der landwirtschaftliche Berater von CROP geholfen. Sie würden Brechbohnen, Kopfsalat, Rettiche, gelbe Kürbisse und Gurken auf dem All-Saints-Gelände anpflanzen.

Die Karen legten daneben aber noch Wert auf eine weitere Pflanze, die in der burmesischen Küche eine große Rolle spielt und in den USA auch von asiatischen Restaurants vergeblich gesucht wurde. Die Samen für das von ihnen favorisierte Malvengewächs Roselle oder im Englischen „Sour Leaf" brachten sie selbst mit. Diese Pflanze, deren Knospen und Blätter etwas herb und nach Zitrone schmeckten und für Gemüsecurrys verwendet wurde, wollten sie aber nicht nur verkaufen, sondern auch für sich selbst anbauen.

Als Erstes sollten Salat, Rettiche und Gurken gesät werden. Jedem Mithelfer wurde eine Aufgabe zugeteilt. Die Karen, die früher bereits in der Landwirtschaft gearbeitet hatten, leiteten die anderen an. Sie zogen Furchen, streuten vorsichtig die Samen hinein und zogen dann die Erde darüber glatt. Nach dem Säen kam das Gießen. Aimee und Michaels Sohn Atticus und auch die anderen Kinder formten dafür eine Kette und reichten vom Fluss bis zu einem Wassertrog kleine 3,5-Liter-Gießkannen weiter. Der Trog war ursprünglich eine Pferdetränke gewesen, der aber bei Michaels Vorgänger auch schon mal für Taufen hatte herhalten musste. Die Erwachsenen verteilten das Wasser anschließend überall dort, wo Samen unter der Erde lagen.

Merry Adams in ihrem elektrischen Rollstuhl, Aimee und andere Frauen mit kleinen Kindern brachten Verpflegung für die Arbeiter. Lange Tische wurden mit Snacks und Getränken beladen, damit sich alle stärken konnten.

Gegen Nachmittag wurden dann die ersten Zweifel laut. Es was Sommer in Tennessee. Ein wolkenloser, tiefblauer Himmel überspannte das Land und die Temperaturen kletterten im Laufe des Tages in Bereiche, die nicht mehr angenehm waren, vor allem, wenn man sich körperlich betätigen musste. Um an das Wasser im Fluss zu kommen, musste man vom Ufer aus etwa vier bis fünf Meter hinuntersteigen. Fleißige Helfer hatten Stufen in die Böschung gegraben, um das Wasserholen damit etwas zu erleichtern, aber die vollen Gießkannen tropften und manchmal schwappte auch etwas heraus. Der Weg wurde dadurch langsam, aber sicher matschig und rutschig. Der Teil des Teams, der das Wasser aus dem Fluss holte, quälte sich zunehmend und oben warteten die Leute ungeduldig auf neues Wasser, um weiter gießen zu können.

Auf diese Art und Weise wurde an diesem ersten Tag ein halber Hektar Land bearbeitet. Auch der Samen der burmesischen Pflanze war bereits ausgesät worden. Sie benötigte besonders intensive Pflege, denn jeder einzelne Keimling würde später versetzt werden müssen, damit sie sich gut entwickeln könnte. Aber zum Glück war dafür noch genug freie Fläche da.

Sie merkten jedoch bald, dass die Wasserversorgung ein großes Problem darstellte, denn es würde schwierig werden, die vielen Reihen von Samen feucht genug zu halten. Die Kinder waren bereits erschöpft, obwohl sie wirklich motiviert mitgeholfen hatten. Eines nach dem anderen gab auf und auch bei den Erwachsenen ließ die Kraft langsam nach.

Vor allem die Amerikaner beschwerten sich. „Die ganzen Samen werden bei der Hitze hier einfach vertrocknen, denn schließlich können wir nicht jeden Tag zum Gießen kommen. Wir haben nicht erwartet, dass das so viel Arbeit wird. Wie sollen wir das denn schaffen? Das wird niemals gelingen!"

Als der letzte Eimer Wasser an diesem Tag in der Erde versickert war und die erschöpften, dreckigen Helfer den Hügel hinaufstiegen, hatte Michaels anfängliche Begeisterung einer großen Ernüchterung Platz gemacht. Die kritischen Stimmen hatten absolut recht. Sie würden es nie im Leben schaffen, mit diesen wenigen helfenden Händen – ohne Maschinen – eine so große Fläche zu bewässern, schon gar nicht bei dieser Hitze. Wenn er auch nur einen Hauch von Ahnung von Landwirtschaft gehabt hätte, dann wäre ihm das vorher aufgefallen, ärgerte sich Michael.

Gott, du hast doch bis hierher alles so gut organisiert, betete er. *Bitte zeige uns, was wir jetzt machen sollen!*

In dieser Nacht kam Regen. Es war kein heftiger Regen, aber ein sanfter Regen, der stundenlang andauerte und den Boden die ganze Nacht über tränkte. Den kleinen Sprösslingen würde es jetzt unter der nassen, dünnen Erdschicht mindestens eine Woche lang gut gehen, ohne dass man noch einmal gießen müsste.

Als sich die Gemeinde am nächsten Morgen zum Gottesdienst traf, schlug Michael das Handbuch für die episkopale Liturgie auf und begann daraus vorzulesen. Der Bibeltext war für alle episkopalen und anglikanischen Kirchen festgelegt und für diesen Sonntag war es ein Psalm: „Du sorgst für das Land, du machst es reich und fruchtbar: So lässt du das Korn für die Menschen wachsen. Gott, deine Bäche sind immer voll Wasser; du feuchtest die Furchen und ebnest die Schollen, du tränkst die Felder mit Regengüssen und segnest, was auf ihnen sprießt. Mit guten Gaben krönst du das Jahr, in deinen Spuren lässt du Überfluss zurück“ (Psalm 65,10 – 12).

Niemandem in der Kirche entging an diesem Sonntagmorgen, wie gut dieser Text zur Situation der Gemeinde passte. Als Michael den Blick wieder hob, hatten viele Tränen in den Augen. Der nächste Text an diesem Sonntag war eine Passage aus einem der neutestamentlichen Briefe, und dann kam noch ein Gleichnis von Jesus, das mit der Überschrift begann: „Ein Bauer ging aufs Feld, um zu säen“ (Matthäus 13,3).

„Das ist ja unsere Geschichte“, ging ein Raunen durch den Raum. „Das haben wir gestern auch gemacht.“

Viele konnten die Tränen jetzt nicht mehr zurückhalten. Gestern hatten sie sich noch gefragt, wie sie diese schwere Aufgabe bewältigen sollten – nicht wütend oder protestierend, sondern besorgt und ratlos –, aber Gott hatte ihnen sofort geantwortet und zwar klar und deutlich. *Dieses Mal sprach er nicht nur zu Pastor Michael*, dachten sie, *sondern zu jedem Einzelnen in dieser Gemeinde.*

Diese Bibeltexte waren nicht weniger wunderbar als der Regen in der vergangenen Nacht. Gott hatte mal wieder bewiesen, dass er sich um alles kümmerte.

21

Am folgenden Wochenende waren die freiwilligen Helfer wieder voll im Einsatz. Der nächste halbe Hektar wurde bearbeitet und jetzt waren Brechbohnen und Kürbisse an der Reihe. Ein Feld blieb allerdings noch frei für die Keimlinge der burmesischen Rosellepflanze. Michael war überrascht, wie schnell nun doch alles gegangen war. Es war noch gar nicht lange her, seitdem sie bei der *Rutherford County Soil Conservation Agency* gewesen waren und um Rat für ihre landwirtschaftlichen Pläne gebeten hatten. Damals hatte Bruce Gentry gesagt, dass es Jahre dauern könnte, bis so eine Landwirtschaft in Gang kommen würde. Gemessen daran war ihr Tempo also schwindelerregend.

Zwei Wochen nachdem Gott bei seinem Spaziergang zu ihm geredet hatte, hatte sich Michael bereits die Einwilligung vom Rat der Bischöfe geholt. Anschließend waren Spurlocks eine Woche verreist und am Dienstag nach diesem Urlaub hatte das Treffen mit dem Institut für Bodenerhaltung und Naturschutz stattgefunden. Am darauffolgenden Montag war eines der Mitglieder dieses Instituts schon zum Pflügen vorbeigekommen und an den beiden Samstagen danach war fleißig gesät worden. Alles in allem waren seit dem ersten Gedanken an eine Landwirtschaft bis zur Bebauung des Ackerlandes gerade einmal sechs Wochen vergangen.

So weit, so gut. Sie waren also schnell. Aber für das Problem der Bewässerung fehlte immer noch eine solide und vor allem auch langfristige Lösung. Die Saat war in den letzten Tagen aufgegangen und die Keimlinge brauchten feuchte Erde. Eigentlich hätte man jetzt jeden Tag gießen müssen, zumal es seit jener ersten Nacht nicht mehr geregnet hatte. Außerdem war auch viel Unkraut auf den Feldern gewachsen, das den jungen Trieben die Nährstoffe streitig machte. Eine Pumpe, die das Wasser aus dem Fluss nach oben aufs Feld holen würde, wäre ideal. Und wenn sie dann noch eine Ackerfräse gehabt hätten, um das Unkraut zu hacken, wäre ihnen bereits sehr geholfen. Aber das ging nicht. Er hatte der Diözese versprochen, kein weiteres Geld mehr zu verlangen. Und einen neuen Kredit konnte die Gemeinde auch nicht aufnehmen.

Von den 500 Dollar von CROP war mittlerweile nicht mehr viel übrig. Aber einige andere Menschen hatten ebenfalls Geld gespendet, sodass der Gemeinde etwa 800 Dollar zur Verfügung standen.

Michael sprach mit Michael Williams darüber. „Wir haben nur genug Geld für eines der beiden Geräte. Entweder wir kaufen eine Wasserpumpe oder eine Unkrautfräse."

Sie beschlossen, erst einmal abzuwarten, wie sich das Wetter in den nächsten Tagen entwickeln würde, damit sie die richtige Entscheidung zwischen Wasser und Unkraut treffen konnten. Falls es regnete, würden sie die elektrische Unkrautfräse für 500 Dollar kaufen und damit dem Unkraut zu Leibe rücken. Bliebe es trocken, müssten sie die Wasserpumpe für 800 Dollar kaufen, um die Felder mit dem Flusswasser gießen zu können. Eigentlich war beides für die Felder dringend nötig, aber weil der Regen ausblieb, kauften sie letztlich die Pumpe. Zusammen mit den dafür notwendigen Schläuchen verschlang die Anschaffung das ganze dafür vorhandene Geld bis auf den letzten Cent. Sie hatten die Pumpe gerade aufgebaut, als ein Wagen auf den Parkplatz der Kirche rollte. Am Steuer saß Pastor Tim, ein episkopaler Geistlicher, der bereits teilweise im Ruhestand war und gerade ein paar Besuche in der Gegend machte.

Michael begrüßte ihn freundlich und Pastor Tim erklärte: „Ich bin auf dem Weg nach Nashville und dachte, ich schaue mal kurz bei euch vorbei. Wie geht es euch denn so?"

„Komm am besten einfach mal mit. Hinter der Kirche kann ich dir zeigen, was bei uns gerade so läuft."

Michael führte seinen Gast über die Felder mit den verschiedenen Gemüsesorten und erzählte ihm ein bisschen über die Karen. Dabei erwähnte Michael nichts von seinen Kämpfen und Sorgen, sondern berichtete rein informativ über ihre Landwirtschaft und trotzdem brachte am nächsten Tag die Post einen Brief mit einem Scheck für die Gemeinde. Pastor Tim hatten ihnen 500 Dollar geschickt, gerade genug, um die Ackerfräse zu kaufen.

Sofort erinnerte Michael sich an eine Zeit zurück, die eigentlich noch gar nicht so lange her war. Hatte Gott ihn während seiner theologischen Ausbildung nicht auch auf diese Art versorgt?

Ja, Gott, ich weiß, dachte Michael. *Man hätte eigentlich von mir erwarten können, dass ich diese Lektion damals schon begriffen hätte. Du versorgst uns mit allem, was wir brauchen. Deine Hilfe kommt rechtzeitig, aber nicht unbedingt auf Vorrat, weil wir im Glauben und im Vertrauen auf dich leben sollen.*

Aber Gott sorgte nicht nur finanziell für die All-Saints-Gemeinde. Es kamen auch immer genau die Menschen zur Hilfe, die im Moment gebraucht wurden. Pastor Tim war einer von ihnen. Ein anderer war Paul Adams, der zum Englischlehrer für die Karen wurde. Gott stellte Michael Williams als kostbaren Berater an Pastor Michaels Seite. Pastor Bu Christ konnte genau wie Michael Williams werktags auf den Feldern mit anpacken. Und Ye Win brachte immer wieder ganze Gruppen von Menschen vorbei, die nach ihrer bezahlten Arbeit noch unbezahlt auf dem Feld Unkraut jäteten. Andere, die körperlich nicht zur Feldarbeit in der Lage waren, wie Merry Adams, halfen mit Spenden, bei der Büroarbeit und im Gebet.

Trotzdem war zu den normalen Arbeitszeiten oft niemand außer Michael auf dem Gelände. Dann kümmerte er sich ganz allein darum, dass die rasch wachsenden Pflanzen genug Wasser hatten. Die Pumpe war eine wunderbare Hilfe dabei und es gab jetzt immer genug Wasser. Aber trotzdem musste das Wasser immer noch von der Pumpe zu den Pflanzen gebracht werden. Der Feuerwehrschlauch, der dafür benutzt wurde, war zweihundert Meter lang und musste von Furche zu Furche getragen werden – ohne dabei die kleinen Pflänzchen rechts und links zu beschädigen. Auch das war mehr Arbeit, als man langfristig durchhalten konnte. Sie brauchten also als Nächstes irgendeine mechanische Möglichkeit, das Wasser über das Feld zu verteilen. Michael dachte dabei an einen Traktor mit einem Wassertank, der jedoch Tausende von Dollar kosten würde. Undenkbar – zumindest in diesem Jahr.

Anfang August konnten sie dann das erste Mal etwas ernten. Die Rettiche waren reif. Die ersten 100 Kilo lieferten Michael und Pastor Bu persönlich an die verschiedenen Karenfamilien aus. Trotz dieses ersten Ernteerfolgs war Michael sehr erschöpft, und das nicht nur körperlich, sondern vor allem auch geistlich und seelisch. Diese Landwirtschaft verschlang all seine Kräfte und überlagerte all seine Gedanken und Gefühle.

Darüber hinaus hatte er neben der Landwirtschaft schließlich auch noch all die anderen Aufgaben eines Pastors zu erledigen. Außerdem unterstützte Michael seit einiger Zeit Ye Win mit den Fahrdiensten. Damit blieb Michael für Aimee und seine Kinder leider nicht mehr viel Zeit. Und selbst wenn er dann mit seiner Familie zusammen war, drehte sich eigentlich immer alles um die Gemeinde und deren Landwirtschaft, denn irgendein dringendes Bedürfnis gab es dort immer, über das geredet werden musste.

Eigentlich hatte Michael – wie die meisten Pastoren – montags immer seinen freien Tag. Aber seitdem er angefangen hatte, das Ackerland zu bebauen, waren seine Montage nicht mehr frei. Als dann die Rettiche reif wurden und Michael bemerkte, wie sehr er in den letzten Wochen über seine körperlichen und seelischen Grenzen gegangen war, beschloss er, sich einen Tag freizunehmen. Er wollte mit Aimee in einen Nationalpark fahren und dort wandern gehen.

Der *Fiery Gizard* Wanderweg im Naturschutzgebiet von South Cumberland war nur eine Autostunde von Smyrna entfernt. Als Michael und Aimee dort aus dem Auto stiegen, legte Michael fest: „Wir reden jetzt weder über die Gemeinde noch über die Landwirtschaft. Und wenn uns hier Leute begegnen, ignorieren wir sie. Ich will heute niemanden kennenlernen und mit niemandem reden – nur mit dir."

Wie erwartet war an einem Montagmorgen nicht viel los auf der Wanderstrecke. Außer ihnen gab es nur eine einzige Familie auf dem Parkplatz, ein junges Ehepaar mit einem Kleinkind in der Rückentrage. Michael zupfte Aimee am Ärmel: „Wir warten kurz, bis wir sehen, in welche Richtung die gehen, dann nehmen wir die andere Richtung."

So gingen Michael und Aimee den ausgewiesenen Wanderweg entlang, durch eine wilde, ursprüngliche Landschaft, einen bewaldeten Hügel hinauf und an kleinen Wasserfällen vorbei. Eine ganze Stunde lang sahen sie wirklich niemanden und hatten einfach nur Freude an der Natur und der Zeit zu zweit. Doch dann kam ihnen die andere Familie entgegen, was Michael eigentlich hätte klar sein müssen, denn sie befanden sich auf einem Rundwanderweg. Aimee zeigte der anderen Familie bereits ihr einladendes, offenes Lächeln, während sie aufeinander zugingen.

Michael warf ihr einen warnenden Blick zu. „Ich will diese Leute nicht kennenlernen. Ein freundlicher Gruß, ein höfliches Nicken und schon gehen wir weiter."

Dann waren die beiden Familien auf gleicher Höhe. Michael nickte, lächelte und war bereits im Begriff weiterzugehen, als er Aimee sagen hörte: „Ach, was für ein süßer kleiner Schatz! Ist es ein Junge oder ein Mädchen?"

Nur Sekunden später waren die beiden Frauen in ein Gespräch vertieft. Michael stand ungeduldig daneben, wich den Blicken des anderen Mannes aus und flehte Aimee innerlich an, doch endlich weiterzugehen. Aber Minute um Minute verstrich. Schließlich fragte der andere Mann, ob Michael hier in der Nähe einen Campingplatz kennen würde.

Michael antwortete knapp. Soweit er wusste, gab es dort keine Campingplätze. Aber der Mann ließ sich nicht beirren und redete weiter. Er erzählte Michael, dass er in diesem Nationalpark schon als Jugendlicher gecampt hatte, während er in der Nähe eine episkopale Schule besucht hatte.

Da erinnerte sich Michael daran, dass einer seiner Mitstudierenden aus dem theologischen Seminar auch auf diese Schule gegangen war. Er fragte den Mann nach Peter Floye und tatsächlich kannte er ihn: „Ja, natürlich kenne ich Peter Floye. Wir waren Schulkameraden. Wie klein die Welt doch ist! Wir leben jetzt in Missouri und sind nur zu Besuch hier. In Missouri betreibt meine Familie Landwirtschaft."

„Ach, wirklich? Ich habe mit meiner Gemeinde auch gerade angefangen ..."

Inzwischen hatte Michael alle guten Vorsätze vergessen. Den beiden Frauen war es gerade recht, denn sie hatten offensichtlich viele gemeinsame Themen. Also erzählte Michael die Geschichte von der All-Saints-Gemeinde. Im Gespräch stellte sich heraus, dass dem jungen Mann, Jason Bean, sogar einer der größten landwirtschaftlichen Betriebe im Bundesstaat Missouri gehörte. Auf 5.600 Hektar Land baute er Sojabohnen, Reis und Mais an. Nun fühlte sich Michael ein bisschen albern, da er von seiner 9-Hektar-Geschichte so begeistert berichtet hatte. Aber der andere ließ sich nichts anmerken und wirkte durchaus an Michaels Geschichte interessiert.

„Mir gefällt Ihr Projekt", lächelte er. „Wissen Sie, während unser Betrieb immer größer wurde, mussten wir viele Maschinen ausrangieren, die eigentlich noch gut funktionieren, aber für uns einfach zu klein sind. Vielleicht können sie davon etwas gebrauchen? Es wäre mir eine Freude, Ihre Arbeit auf diese Art zu unterstützen."

„Ja", Michael konnte es kaum fassen. „Wir brauchen wirklich etwas. Ein Wassertank würde uns die Arbeit auf dem Feld sehr erleichtern. Er sollte etwa 4.000 Liter fassen. Einen Anhänger dafür bräuchten wir natürlich auch und er müsste eine Pumpe haben."

„Passt!", freute sich Jason. „Ich habe tatsächlich einen 4.000-Liter-Tank auf einem Anhänger mit fest montierter Pumpe übrig. Sie müssten ihn nur bei uns in Missouri abholen."

Die Männer tauschten ihre Nummern aus, dann verabschiedeten sich die beiden Familien voneinander und gingen in entgegengesetzte Richtungen weiter. Michael war sprachlos. Hatte er hier in dieser von Menschen verlassenen Gegend nicht endlich einmal Abstand von seinen Aufgaben bekommen wollen? Ein bisschen ausspannen, zur Ruhe kommen? Nicht an die Gemeinde denken, sondern nur mit seiner Frau zusammen sein? Und während Michael ein paar Stunden frei hatte, organisierte Gott für ihn schon wieder ein großes Wunder und zeigte ihm erneut, wie allmächtig und unübertrefflich er ist.

Dieser Gott hat es wirklich verdient, dass ich ihm restlos vertraue, dachte Michael überwältigt.

Während Michael sich immer noch über seinen Wassertank freute, kam ihm die Geschichte von Mose in den Sinn. Irgendwie konnte er sich an diesem Tag besonders gut mit diesem Mann identifizieren. Gott hatte direkt zu Mose geredet, ihm die Verantwortung für viele Menschen gegeben und ihn dann in die Wüste geführt, wo es kein Wasser für all diese Menschen gegeben hatte. Aber anstatt sie verdursten zu lassen, ließ Gott Wasser aus den Felsen strömen, und alle hatten genug zu trinken. Und seine Geschichte mit dem Wassertank kam Michael nun nicht weniger übernatürlich vor.

Auch Aimee amüsierte sich. „Und du wolltest nicht, dass ich mit den Leuten rede!" Beide lachten.

Großzügig gab Michael ihr recht. „Gut, dass du nicht gemacht hast, was ich gesagt habe!"

Während sie weiterwanderten, fragte Michael sich gespannt, ob Gott wohl noch mehr Begegnungen für sie vorbereitet hätte? Und tatsächlich näherten sie sich schon bald der nächsten Wandergruppe.

„Hallo zusammen!" Dieses Mal war es Michael, der die anderen mit einem offenen Lächeln begrüßte. „Ist es nicht schön hier?"

Am liebsten hätte er gleich gesagt: „Ich bin Pastor Michael Spurlock, und falls Gott Ihnen gesagt hat, dass Sie mir etwas schenken sollen – immer her damit!"

Er war in diesem Moment einfach nur glücklich. Während er mit Aimee durch die Natur marschierte, spürte er Gottes Gegenwart sehr deutlich. Es war wie an jenem Sonntag, als er im Regen um das Grundstück gegangen war und auf einmal Gottes Stimme gehört hatte. Ja, was er tat, war Gottes Plan, Gottes Idee. Es waren Gottes Felder und die All-Saints-Kirche war Gottes Gemeinde – die Verantwortung für alles, was geschah, lag restlos in Gottes Hand. Das Ganze war nicht darauf beschränkt, was Michael leisten konnte.

So kam es dann, dass an diesem Tag der Name für das Landwirtschaftsprojekt geboren wurde: *Kyrios*-Farm. Im Neuen Testament wurde das Wort *Kyrios* häufig verwendet. Es ist griechisch und bedeutet *Herr*. Mit diesem Namen für das Projekt sollten Michael, seine Gemeinde und der Rest der Welt immer daran erinnert werden, dass dieser Betrieb ein Projekt Gottes war. Die Verantwortung dafür lag in der Hand des *Kyrios*.

22

Bevor der Wassertank allerdings seinen Weg nach Smyrna finden konnte, sollte erst noch eine Reihe von abenteuerlichen und vor allem fast schon komischen Situationen folgen.

Um den Anhänger mit dem Wassertank überhaupt ziehen zu können, hatte Michael sich von seinem Großvater einen Pick-up mit Anhängerkupplung ausgeliehen. Die Sojabohnenfarm von Jason Bean war bei normalem Verkehr etwa vier Autostunden entfernt. Sie lag in Missouri, direkt an der Grenze zu dem Staat Arkansas. Deswegen dachte Michael, dass er die Tour gut an einem Tag schaffen könnte, wenn er morgens früh genug loskäme. Als Mitfahrer nahm er Pastor Bu Christ mit. Pastor Bu war sofort bereit gewesen, Michael behilflich zu sein, und Michael freute sich darauf, ihn auf der Reise ein bisschen besser kennenzulernen.

Zunächst lief auch noch alles nach Plan. Die beiden Männer starteten früh und kamen ohne Zwischenfälle am späten Vormittag auf der Farm an. Aber dann begegneten sie schon dem ersten Problem. Der Anhänger für den Wassertank war deutlich größer, als Michael ihn sich vorgestellt hatte, und hatte keine eigenen Rücklichter. Um ihn aber auf der Schnellstraße fahren zu dürfen, musste er Rücklichter haben.

Aber das ist ja nicht schlimm, dachte Michael. *Dann kaufen wir uns einfach bei der nächsten Gelegenheit welche und befestigen sie hinten am Anhänger. Den Strom dafür holen wir uns in der Steckdose auf der Unterseite des Pick-ups. Das wird uns gar nicht so viel Zeit kosten.*

Pastor Bu half Michael, den Anhänger am Pick-up festzumachen. Sie dankten Jason Bean noch einmal für den Wassertank und den Anhänger und fuhren los. Mittlerweile hatte ein leichter Regen eingesetzt, der aber schon bald stärker wurde. Zum Glück konnte Michael in der nächsten Stadt die benötigten Rücklichter kaufen, doch als er unter den Pick-up kroch, um die Lichter einzustecken, kam er völlig durchnässt und frustriert wieder hervor. Der Stecker passte nicht in die Steckdose seines Wagens.

Also ging er in den Laden zurück, um die Lampen umzutauschen, nur um zu erfahren, dass sie dort nicht die richtigen Lampen für seinen Wagen führten. Inzwischen regnete es in Strömen, und Michael und Pastor Bu entschieden sich, einen weiteren Laden anzufahren, aber auch dort hatten sie keinen Erfolg. Sie versuchten es weiter. Keiner hatte, was sie brauchten. Erst zwei Stunden später fanden sie einen Autoteilehändler, der die passenden Leuchten vorrätig hatte.

Es war bereits später Nachmittag, und die beiden Männer waren vollkommen durchnässt, als die Lampen schließlich montiert waren und die Heimfahrt beginnen konnte. Da es zu dieser Jahreszeit in dieser Gegend der USA erst spät dunkel wurde, würden sie es vermutlich schaffen, trotz des Regens noch bei Tageslicht zu Hause anzukommen – das dachten sie zumindest. Und es hätte wahrscheinlich auch funktioniert, wenn Michael sich nicht verfahren hätte. Froh, endlich die richtigen Leuchten zu haben, fuhr er in die falsche Richtung auf die Schnellstraße, und weil man wegen des heftigen Regens nicht viel sehen konnte, bemerkte Michael erst nach einer Stunde, dass irgendetwas nicht stimmte. Sie waren nach Nordosten gefahren, Richtung Kentucky. Smyrna lag aber im Südosten. Sie waren also eine Stunde lang in die komplett falsche Richtung gefahren.

So bald wie möglich verließ Michael die Schnellstraße und fuhr nun über Land in Richtung Süden weiter. Zur Orientierung hatten sie dabei nur die untergehende Sonne, da Michael weder ein Navi noch Landkarten dabeihatte. Und so dauerte es nicht lange, bis Michael sich restlos verfahren hatte. Es blieb ihnen also nichts anderes übrig, als so lange weiterzufahren, bis sie endlich irgendeinen Hinweis zur nächsten Schnellstraße Richtung Süden fanden.

Es regnete immer noch und dann setzte auch noch ein immer stärker werdender Wind ein. Die Reifen des Anhängers hatten sowieso nur noch wenig Profil und so rissen heftige Böen an dem schweren Gefährt. Er schlingerte über die Fahrbahn und schwankte bedenklich. Als endlich der ersehnte Wegweiser in Sicht kam, war Michael sich gar nicht mehr so sicher, ob sie diese Fahrt heil überstehen würden. Denn die breite, grade Schnellstraße bot noch weniger Schutz vor dem Sturm, und Michael musste Schritttempo fahren, um nicht von der Fahrbahn geweht zu werden. Immer wieder drohte der Anhänger umzukippen.

Pastor Bu Christ redete die Fahrt über kaum ein Wort. Michaels anfänglich gute Idee, seinen engen Mitarbeiter und Pastorenkollegen während dieser Reise endlich besser kennenzulernen, hatte einen Haken. Sie sprachen nicht dieselbe Sprache. Bisher hatten sie sich immer nur im Beisein von Ye Win unterhalten, der für sie gedolmetscht hatte. Das war wie selbstverständlich, ganz beiläufig und unauffällig geschehen, sodass Michael bei seiner Reiseplanung vollkommen übersehen hatte, dass die Kommunikation zwischen Bu und ihm ein Problem sein könnte. So war ihre ganze Fahrt in vollkommenem Schweigen verlaufen. Sie nickten sich gelegentlich zu, lächelten einander an und verständigten sich mit Handbewegungen. Mehr ging nicht. Michael hätte gerne gewusst, ob Bu diese Rückfahrt auch so nervenaufreibend fand wie er selbst, aber wie sollte er es herausfinden? Die Mimik des Asiaten verriet ihm jedenfalls nichts. Sein Blick ging einfach nur starr nach vorne.

Es regnete immer noch, und es war schon lange dunkel, als die beiden Männer gegen 23 Uhr wieder in Smyrna ankamen. Aber immerhin hatten sie die Fahrt unversehrt überstanden – und gießen mussten sie am nächsten Tag auch nicht mehr.

Vielleicht ist es einfach nicht die beste Idee, wenn zwei Pastoren versuchen, die Arbeit von einem Landwirt zu erledigen, dachte Michael noch, als er total erschöpft zu Aimee ins Bett kroch. Aber sie hatten es geschafft. Und Michael wurde das Gefühl nicht los, dass dieses gemeinsame Erlebnis sie wahrscheinlich mehr zusammengeschweißt hatte als tausend Worte.

~

Es war schließlich Paul Adams, der als Erster die Lebensgeschichte von Pastor Bu hörte, allerdings auch nicht auf direktem Weg.

Paul hatte inzwischen angefangen, die Karen in Englisch zu unterrichten. Dabei hatte er ziemlich schnell erkannt, dass er seinen Lehrplan verändern und besser an die Bedürfnisse der Karen anpassen musste. Unterricht, wie er ihn bisher in Schulklassen mit Büchern und Hausaufgaben immer gegeben hatte, war hier nicht möglich. Denn schon zum ersten Termin erschienen Karen aus allen Altersgruppen mit verschiedenem Bildungsgrad. Die jüngsten Schüler waren Vorschulkinder, die ältesten im Seniorenalter. Manche waren Analphabeten, andere hatten in ihrer Heimat ein Studium absolviert. Wie sollte er es schaffen, diese Leute alle gleichzeitig zu unterrichten? Paul verwarf sein anfängliches Konzept komplett und ließ sich von Ye Win sagen, was seine Schüler wirklich lernen mussten und wo sie im Alltag Schwierigkeiten hatten. Dann besprach Paul genau diese Dinge mit ihnen, während Ye Win übersetzte.

Ein Thema, das viele Karen beschäftigte, war der richtige Umgang mit den Kreditkarten. Sie hatten die Funktion von Geldautomaten zwar verstanden, hoben dabei aber immer nur so viel Geld ab, wie sie gerade benötigten. Dementsprechend häufig mussten sie die Automaten natürlich aufsuchen, und als dann die ersten Bankgebühren fällig wurden, waren sie entsetzt und fühlten sich von den Banken betrogen. Weil sie die englischen Bankunterlagen nicht lesen konnten, war ihnen nicht klar gewesen, dass Gebühren für die Abhebungen fällig wurden. Also nahm Paul auch dieses Thema in sein Curriculum auf.

Er nahm seine eigene Kreditkarte, zeigte auf das Logo der Bank und erklärte: „Auf dieses Bild hier müsst ihr achten. Wenn auf dem Geldautomaten das gleiche Zeichen ist wie auf eurer Karte, dann könnt ihr so oft und so viel oder wenig abheben, wie ihr wollt. Das kostet dann gar nichts. Aber wenn da ein anderes Bild drauf ist, dann müsst ihr jedes Mal, wenn ihr Geld holt, Gebühren bezahlen."

Wie froh waren die Karen, dass ihnen das endlich jemand erklärt hatte.

In einer anderen Unterrichtsstunde ging es um Schlangen, ein Thema, das die Karen sich gewünscht hatten. Die Kobras und Pythons, die sie von zu Hause kannten, gab es hier nicht, aber die Schlangen, die ihnen in Tennessee begegneten, wussten sie nicht richtig einzuschätzen. Also recherchierte Paul ein wenig und hielt dann eine Unterrichtsstunde über den Unterschied zwischen der Giftnatter und den anderen Natternarten, die nicht weniger gefährlich aussahen, aber vollkommen harmlos waren.

Wieder ein anderes Thema, das von den Karen gewünscht wurde, waren die Körperteile des Huhnes. Viele Karen arbeiteten inzwischen in einem Hähnchenschlacht- und Verarbeitungsbetrieb und mussten dringend die entsprechenden englischen Begriffe lernen.

Darüber hinaus übte Paul mit den Karen auch noch, wie man sich auf eine Stelle bewirbt und wofür die vielen Abkürzungen auf den Formularen stehen, die sie ständig ausfüllen mussten. Auch für diesen Unterricht waren alle sehr dankbar, denn bis dahin hatten sie den Dienst vermeintlich netter Leute in Anspruch nehmen müssen, um die Formulare auszufüllen, was dann aber in unverschämt teuren Rechnungen endete.

Auch die amerikanische Verfassung und die Funktionsweise der Regierung erklärte Paul den Karen in einfachen Worten. Als er über den Schutz, die Freiheit und die Rechte des amerikanischen Volkes sprach und dann erklärte, dass auch die Karen Staatsbürger werden konnten, begannen die Gesichter zu strahlen. Paul investierte viel Zeit in seine Aufgabe, aber dank solcher Momente wusste er, dass er das Richtige tat.

Als Paul irgendwann herausfand, was die Karen über die Polizei in den USA dachten, machte er daraus nicht nur ein Unterrichtsthema, sondern er lud die Beamten von der nächsten Wache in seinen Unterricht ein. Auch das war eine weitere wichtige Erfahrung für die Karen. Zu Hause in ihrem Heimatland hatten sie gelernt, dass man sich vor Polizisten immer in Acht nehmen musste, weil sie korrupt und brutal waren. An dieser Einstellung hatte sich nichts geändert, seitdem sie in den USA lebten. Deswegen wären sie zum Beispiel auch niemals auf die Idee gekommen, in einem Konfliktfall die Polizei zu rufen.

Ein Vorfall im Wohnkomplex der Karen hatte dies besonders deutlich gemacht. Seit einiger Zeit schikanierte dort nämlich eine Gruppe von Drogenhändlern die schmächtigen, dunkelhäutigen Mitbewohner. Was die Gang nicht ahnte, war, dass sie es nicht nur mit zierlichen Asiaten und traumatisierten Flüchtlingen, sondern zu weiten Teilen auch mit ehemaligen Guerillakämpfern zu tun hatten. Und statt die Polizei zu holen, wehrten sich die Karen mit ihren eigenen Mitteln so lange, bis schließlich die Drogenhändler die Polizei holten. Als diese dann auf dem ihnen so bekannten Gelände eintrafen, erlebten sie etwas Ungewöhnliches: Die amerikanischen Muskelprotze, die normalerweise sämtliche Leute in der Gegend terrorisierten, waren in panischer Angst vor den kleinen Karen, die zwar keine Waffen hatten, aber sehr effektiv kämpfen konnten.

Es muss trotzdem gesagt werden, dass nicht alle Karen nur liebe, gesetzestreue Christen waren. Nicht wenige der jüngeren litten unter PTSD, dem posttraumatischen Stresssyndrom, einer Angststörung, die sich als Reaktion auf traumatische Erlebnisse entwickeln kann. Andere waren drogenabhängig oder Alkoholiker, gerieten in alle möglichen Konflikte und Schlägereien. Aber Paul Adams war lange genug Soldat gewesen, um mit alldem umgehen zu können. Er versuchte bewusst einen guten, persönlichen Draht zu jedem aufzubauen, und bemühte sich außerdem darum, zwischen den Karen und den lokalen Gesetzeshütern gute, vertrauensvolle Beziehungen entstehen zu lassen.

Wie gut ihm das gelungen war, wurde ihm eines Tages deutlich, als er am Straßenrand eine Polizeistreife stehen sah, die neben einem Auto voller Karen hielt. Denn das war leider etwas, das die Karen einfach nicht lernen wollten. Es leuchtete ihnen nicht ein, warum nur eine einzige Person pro Sicherheitsgurt zugelassen war und somit Platz verschwendet wurde. Auch die Einhaltung manch anderer Verkehrsregeln hatte sich bei ihnen noch nicht durchgesetzt. Sie verstanden nicht, dass diese nicht nur gut gemeinte Ratschläge waren, sondern eingehalten werden mussten. Natürlich hatte Paul darüber auch schon in seinem Unterricht gesprochen und ebenfalls das Konzept des Strafzettels erklärt. Trotzdem sah Paul an jenem Tag wieder einmal, wie unvorstellbar viele Karen in einem Auto saßen, und hielt schnell an, um zwischen der Polizei und den Karen zu vermitteln. Doch schnell bemerkte er seinen Irrtum und entdeckte den Polizisten schließlich unter dem alten Fahrzeug der Karen, während er half, einen platten Reifen zu wechseln.

Seine große neue Aufgabe machte Paul sehr viel Freude, aber er hatte von Anfang an klargestellt, dass er seinen Unterricht nur für Erwachsene anbot. Viele der Karen im Schulalter hatten zwar im Lager in Thailand schon ein bisschen Englisch gelernt, taten sich aber in der amerikanischen Schule trotzdem schwer. Sie kamen weder mit dem Akzent der Leute in Tennessee klar, noch mit ihrer Kultur. Um auch ihnen zu helfen, suchte Paul unter amerikanischen Jugendlichen nach Freiwilligen, die Zeit und Lust hatten, die Karenkinder zu unterrichten.

Und so geschah es, dass Paul den Sohn von Pastor Bu kennenlernte, Ba Soh Wah. Er war fünfzehn Jahre alt, als seine Familie in Smyrna ankam, und sein erstes Jahr an der Highschool war ihm sehr schwergefallen. Zum Glück verbesserte sich sein Englisch jedoch täglich und schon bald sprach er ein sehr gutes Englisch mit nur noch sehr wenig Akzent. Immer häufiger wurde er also zum Übersetzen herangezogen, wenn Ye Win gerade mal nicht in der Nähe war.

Ba Soh Wah benahm sich eigentlich wie ein ganz normaler Teenager, nur manchmal fiel auf, dass er fleißiger, ehrgeiziger und respektvoller war als seine amerikanischen Altersgenossen. Gelegentlich erzählte er

Paul ein bisschen von seinem früheren Leben, was dieser mit Interesse und oft auch mit Fassungslosigkeit aufnahm.

Eines Tages berichtete Ba Soh Wah ihm beispielsweise von seiner frühesten Kindheitserinnerung. Er war damals erst drei Jahre alt gewesen und lebte mit seiner Familie im thailändischen Flüchtlingslager in einer einfachen Hütte mit Strohdach. Eines Nachmittags weckte ihn plötzlich ohrenbetäubender Lärm. Granatwerfer der burmesischen Armee hatten sich direkt an der Grenze zu Thailand positioniert und es regnete Granaten auf das Flüchtlingslager. Ba Soh Wah war in diesem Moment ganz allein. Seine Mutter war gerade heimlich im Dschungel, wo sie aus ihrem Gemüsegärtchen für die Familie etwas zum Essen holen wollte. Sein Vater und die ältere Schwester waren in der Schule, die sein Vater leitete.

Panisch suchte er ein Versteck. Das Wasserfass vielleicht? Dann fiel ihm wieder ein, was seine Eltern gesagt hatten, was er tun solle, wenn so etwas passierte, und er rannte schnell in einen Bunker, wo seine Eltern ihn später fanden. Glücklicherweise war keiner seiner Angehörigen verletzt worden.

Paul hatte von anderen Karenkindern ähnliche Geschichten gehört. Eines war ihm dabei besonders aufgefallen: Sie alle gingen wie selbstverständlich davon aus, dass Gott ihnen helfen und sie schützen würde. So wie er es auch schon vorher getan hatte. Paul wusste auch, dass alle Karen, die in Smyrna angekommen waren, entsetzliche Horror-Geschichten erlebt hatten, so wie Ba Soh Wah.

Aber oft, wenn er mit den Kindern ins Gespräch kam, erzählten sie eher von matschigen Wegen und dem vielen Regen auf dem Weg zur Schule und zur Gemeinde als von ihren Kriegserlebnissen. Sie sprachen von Bambusdächern auf ihren Häusern und erzählten, wie grün es überall war.

Wenn Paul dann mehr wissen wollte, erntete er oft ein Schulterzucken: „Na ja, es war eben einfach ganz anders als hier. Das Essen war anders – viel schärfer."

Paul beobachtete zwei Dinge an den Karen, die ihn nachdenklich stimmten. Das erste war, dass sie von den Burmesen, die ihre Dörfer verbrannt und sie aus ihrem Land vertrieben hatten, ohne einen Hauch von Hass oder Bitterkeit redeten. Er wusste, dass in der Bibel auch etwas über Feindesliebe stand, aber hier erlebte er zum ersten Mal, dass so etwas tatsächlich möglich war.

Das zweite war die Rolle, die Pastor Bu Christ in ihrem Leben spielte. Paul erfuhr seine Lebensgeschichte in vielen kleinen Stückchen von dessen Sohn Ba Soh Wah. Manchmal unterhielten sich auch Paul und Bu direkt miteinander, indem Ba Soh Wah übersetzte. Während Ye Win eher der organisatorischen Leiter der Gemeinschaft war, so war Pastor Bu Christ sicherlich der geistliche Leiter für die Karen. Also fing Paul an, sich noch mehr für diesen Mann zu interessieren. Er selbst hatte schon seit vielen Jahren mit dem Christentum abgeschlossen, weil die Christen, die er kannte, Heuchler waren. Ihr Glaube und ihre Vergebung waren nicht echt. Aber jetzt regte sich bei Paul doch die Neugier, denn dieser alte Karen schien wirklich nach dem zu leben, was er glaubte. Könnte also am Glauben doch was dran sein?

23

Das Letzte, was sich Thomas Bu Christ als junger Mann als Beruf vorstellen konnte, war ein geistlicher Dienst, auch wenn seine Familie christliche Wurzeln hatte. Ähnlich wie die Vorfahren von Ye Win hatten auch seine Urgroßeltern von ausländischen Missionaren ungefähr zu Beginn des 20. Jahrhunderts zum ersten Mal von Jesus gehört. Seine Eltern hatten ihm ganz bewusst den Namen Thomas gegeben. Denn Thomas war der Jünger Jesu, der die gute Nachricht von Jesus zu den Asiaten gebracht hatte.

Thomas kam im Jahr 1951 als sechstes von acht Kindern auf die Welt. Das war die Zeit, in der die Engländer die Region bereits lange verlassen hatten, die Militärregierung in Burma alle ausländischen Missionare des Landes verwies und die einheimischen Christen zu verfolgen begann. Aber die Familie von Bu Christ ließ sich trotzdem nicht beirren. Sie hielten weiter an ihrem Glauben fest. Sein jüngerer Bruder wurde anglikanischer Pastor und auch ein weiterer Onkel und ein Cousin von Bu waren Pastoren. Andere Verwandte dienten als Diakone in ihren Gemeinden, waren ehrenamtliche Leiter oder reisende Evangelisten.

Doch Thomas hatte ganz und gar nicht vor, diesen Weg ebenfalls einzuschlagen. Als er die Schule – die einzige, die von seinem Bergdorf aus erreichbar war – abgeschlossen hatte, wollten ihm seine Eltern eine Ausbildung an der *St. Peter's Bible School* in Taungoo ermöglichen, aber daran hatte er kein Interesse. Taungoo lag im Norden des Karengebietes in Myanmar und die dortige Schule galt trotz seiner wechselhaften Geschichte seit 1893 als *die* Bibelschule für christliche Karen.

Genau dort hätten die Eltern von Thomas ihn gerne gesehen, aber er wollte lieber sein eigenes Leben führen, ging von zu Hause weg und fand eine Arbeit im Bergbau. Als er dort gerade einmal ein Jahr lang gearbeitet hatte, erreichte ihn die Nachricht, dass burmesische Truppen seine Heimat angegriffen und einige Dörfer niedergebrannt hatten. Voller Entsetzen fuhr er sofort nach Hause, um sich der *Karen National Liberation Army* (KNLA) anzuschließen. Da sein Vater ihm das aber ausdrücklich verbot, ging er als ziviler Helfer zur Armee, unterstützte die Soldaten beim Transport der Ausrüstung oder legte Landminen. Und in den Monaten, in denen nicht gekämpft wurde, begann er dort ein Stück Land zu bebauen. Aber seine Eltern drängten ihn weiterhin, die umkämpfte Region endlich zu verlassen und die *St. Peter's Bible School* zu besuchen.

„Du weißt, was die Bibel dazu sagt", redete ihm auch der örtliche Pfarrer ins Gewissen. „Du sollst deinen Vater und deine Mutter ehren. Dann wirst du lange in dem Land leben, das dir der Herr, dein Gott, gibt" (2. Mose 20,12). Und obwohl Thomas immer noch kein Interesse an religiösen Themen hatte, packte er mit 22 Jahren schließlich doch seine wenigen Habseligkeiten zusammen und ging zu *St. Peter's Bible School*, denn er wurde das Gefühl nicht los, dass er mit seinem momentanen Leben in eine Sackgasse steuerte.

Doch dann kam alles noch schlimmer, als Thomas es erwartet hatte. Als er in Taungoo ankam, war von der ursprünglichen Schule nicht mehr viel übrig. In provisorischen Holzbaracken trafen sich nur noch 25 Studierende und zwei Lehrer, von denen einer sein Onkel war. Der Schlafsaal hatte Wände aus Bambus, auf dem Boden lagen lediglich Matten und zu jedem Schlafplatz gab es ein Moskitonetz. Da alle ausländischen Mitarbeiter das Land bereits verlassen hatten, wurde nicht mehr auf Englisch, sondern auf Karen unterrichtet. Etwas, das sich sehr auf Thomas zukünftiges Leben auswirkte.

Da die Pflanzen des Dschungels schnell und üppig wuchsen, wurde nach dem morgendlichen Unterricht von den Studierenden erwartet, jeden Nachmittag Gartenarbeit zu verrichten. Diese Arbeit beschränkte sich allerdings nicht nur auf den Gemüsegarten, sondern das ganze Gelände musste immer wieder von Unkraut befreit werden. Die Arbeit war ziemlich anstrengend und die Essensrationen waren im Verhältnis dazu viel zu knapp. Jeden Tag gab es Reis mit Fischpaste, dazu gelegentlich ein paar Paprikaschoten oder anderes Gemüse aus eigenem Anbau.

Trotz allem war Thomas am Ende des ersten Studienjahres innerlich angekommen. Es gab keinen Grund mehr für ihn wegzulaufen. Denn während er sich näher mit dem Leben des Apostels Paulus beschäftigte, fand er auch für sich selbst heraus, welchen Weg er gehen wollte. Paulus, dieser erste Missionar, war ein Mann des Glaubens, der bereit war, Opfer für andere zu bringen. Und genau diesem Beispiel wollte Thomas von nun an folgen. Nachdem er die Ausbildung auf der *St. Peter's Bible School* im Jahr 1976 abgeschlossen hatte, wechselte er zum *Holy Cross Theological College* in Rangun, um sich dort noch intensiver auf seinen späteren Dienst als Missionar vorzubereiten. Sein Ziel war nun ganz klar. Wie Paulus wollte er die Botschaft von Jesus bis ans Ende der Welt tragen oder zumindest bis an die Grenzen von Burma.

In den folgenden zehn Jahren wurde Thomas zu einem leidenschaftlichen Bibellehrer, der Gemeinden gründete und in Dörfern, in denen man bis dahin noch nie etwas von Jesus gehört hatte, Gottesdienste leitete. Ihm wurde außerdem die geistliche Verantwortung für ein Gebiet übertragen, zu dem insgesamt 16 Bergdörfer gehörten, die alle weit auseinanderlagen. Stundenlang war er deswegen bergauf und bergab unterwegs, um eine Gemeinde nach der anderen zu besuchen. Ein Gehalt oder eine andere finanzielle Unterstützung bekam er dafür nicht. Deshalb bebaute er ein kleines Stück Land, genau wie die anderen Leute um ihn herum. Dort baute er Bambus, Reis, Durianfrüchte, Kaffee, Papaya, Mango und Betelnüsse an.

Aber sein Leben blieb auch in dieser Zeit unruhig. Das burmesische Militär war ebenfalls in den Bergdörfern unterwegs, in denen Thomas jetzt ein- und ausging. Dörfer wurden auch in dieser Region dem Erdboden gleichgemacht, Ernte und Vieh wurden beschlagnahmt und die Menschen flohen über die Grenze in die Flüchtlingslager oder in andere größere Städte. Weil Thomas zum Volk der Karen gehörte, vermuteten die Burmesen, er sei ein Spion der *Karen National Liberation Army* (KNLA). Auf der anderen Seite beschuldigten ihn die Karen, er sei ein Spion der Burmesen, weil er nicht in den Reihen der KNLA kämpfte.

Als er eines Tages wieder zu Predigtdiensten unterwegs war, ergriffen ihn burmesische Soldaten. Sie zwangen ihn wegen seiner Sprachkenntnisse dazu, für sie zu dolmetschen, während sie weitere Dörfer zerstörten. Zum Glück hatte jedoch einer der Anführer dieser Truppe aus irgendeinem Grund Sympathie für christliche Geistliche, ob sie nun Karen waren oder nicht, und so wurde Thomas wieder freigelassen.

Ein anderes Mal hatte Thomas vor, seine Verwandten in der Stadt zu besuchen. Einige Karen erfuhren von seinem Plan und gaben ihm Briefe für ihre Angehörigen mit. Um sie in gutem Zustand bei den Empfängern abgeben zu können, legte Thomas die Briefe in ein Buch. Als er sich schließlich der Stadt näherte, musste er einen Kontrollposten passieren, an dem er durchsucht wurde. Dabei kamen die Briefe zum Vorschein. Sofort verhafteten die Soldaten Thomas, weil sie sicher waren, dass die Briefe geheime Botschaften der KNLA wären. Erst als der anglikanische Bischof jener Stadt sich für Thomas und seine Unschuld einsetzte, wurde er wieder freigelassen.

Die Leiter der Diözese kamen nach diesem Vorfall zu dem Schluss, dass Thomas nun lange genug sein Leben in den Bergdörfern aufs Spiel gesetzt hätte, aus diesem Grund sollte er in Ruhe und Sicherheit in der Stadt weiterarbeiten. Aber Thomas wurde dort einfach nicht glücklich. Sein Herz schlug weiter für die Menschen, die noch nie etwas von Jesus gehört hatten, und zu ihnen wollte er gehen, um die gute Nachricht von Jesus zu verbreiten. Er wollte kein komfortables Leben in der Stadt, wo es bereits Kirchen und christliche Schulen gab. Also schloss Thomas sich einigen Freunden an, die er auf der Bibelschule kennengelernt hatte, um gemeinsam mit ihnen als Missionare an der burmesisch-thailändischen Grenze in den Bergen von Dorf zu Dorf zu ziehen. Dort berichteten sie Menschen von Jesus, die noch nie von ihm gehört hatten. Über etliche

Jahre hinweg war er mit ihnen unterwegs und durfte erleben, wie sich viele Menschen für den Glauben an Jesus Christus öffneten.

Inzwischen war das Jahr 1988 angebrochen und die studentischen Unruhen in Myanmar erreichten ihren vorläufigen Höhepunkt. Gleichzeitig wurde die „Verbrannte-Erde-Strategie" der burmesischen Armee gegen die Karen immer brutaler. Die KNLA-Kämpfer wurden mit Hubschraubern, Panzern und Langstreckenkanonen angegriffen, was die Rebellenarmee deutlich schwächte. Viele der Dörfer, in denen Thomas und seine Kameraden gepredigt hatten, existierten schon bald nicht mehr.

Zusammen mit einem Strom von Flüchtlingen floh schließlich auch Thomas über die Grenze nach Thailand. Dort begegnete er Hae Htoo Pi, einer Kriegswaise, die nach dem Verlust ihrer Eltern mit vielen anderen Waisenkindern von der KNLA aufgenommen und versorgt worden war. Sie war im KNLA-Waisenhaus aufgewachsen, hatte dort die Schule besucht und war dann Krankenschwester geworden, denn sie wollte den Tausenden von Flüchtlingen, die vor den grausamen Soldaten auf der Flucht waren, medizinisch helfen.

Schon im Kinderheim war Hae Htoo Pi Christin geworden und auch im thailändischen Flüchtlingslager besuchte sie eine Gemeinde, in der sie schließlich Thomas kennenlernte und am 24. Mai 1990 heiratete. Es war jedoch nicht nur ihre Hochzeit, denn während des gleichen Gottesdienstes wurden noch drei weitere Paare getraut, deren Bräute ebenfalls als Kriegswaisen von der KNLA aufgenommen und als Krankenschwestern ausgebildet worden waren. Die Kosten für alle vier Hochzeiten übernahmen die obersten Befehlshaber der Rebellenarmee.

Thomas und seine Frau kannten als ihr gemeinsames Zuhause also nur das thailändische Flüchtlingslager, in dem sie 1991 eine Tochter und 1993 ihren Sohn Ba Soh Wah bekamen. Thomas ließ sich während seiner Zeit im Flüchtlingslager jedoch hinsichtlich seines Wunsches, den Menschen von Jesus zu erzählen, nicht aufhalten. So reiste er weiterhin in Burma und Thailand umher, wo er die Karen in ihren Dörfern besuchte, und gründete außerdem im Lager eine christliche Schule und ein Waisenhaus.

24

Während die Burmesen immer weiter in das Land der Karen vordrangen, wurde auch das Leben in den Lagern auf der thailändischen Seite immer gefährlicher. Weder die Karen noch die Thailänder waren in der Lage, eine Sicherheitszone entlang der Grenze zu errichten. Deswegen war es für die burmesischen Truppen überhaupt kein Problem, die Flüchtlingslager mit Langstreckengranatwerfern anzugreifen. Und das war genau die Zeit, an die sich Thomas' Sohn Ba Soh Wah noch so gut erinnern konnte, obwohl er gerade erst drei Jahre alt gewesen war. Schließlich wurde es zu gefährlich und die Lager mussten aufgegeben werden, da sie den Flüchtlingen vor dem Beschuss aus ihrem Heimatland keine Sicherheit mehr boten. Mithilfe der UN wurde schließlich tiefer im Landesinnern ein neues, noch größeres Lager errichtet, das *Mae La* hieß. Hier waren die Menschen endlich außer Reichweite für die burmesische Armee und deren Granatwerfer. Thomas und Hae Htoo Pi bekamen in ihrer neuen Unterkunft in *Mae La* noch einen weiteren Sohn und eine weitere Tochter.

Ba Soh Wah und seine drei Geschwister kannten nichts anderes als das Flüchtlingslager *Mae La*. Es war ihre einzige Heimat. Sie hatten keinen Vergleich zu einem anderen Leben, weshalb sie es auch nicht schlimm fanden, in diesem Lager zu leben. Ganz im Gegenteil, sie hatten ihre Kindheit in schöner Erinnerung. Die Zahl der Menschen im Lager entsprach etwa der Bevölkerung einer mittelgroßen Stadt und in den folgenden zehn Jahren wuchs die Zahl der Flüchtlinge in *Mae La* sogar auf 50.000 Menschen an. Innerhalb des Lagers gab es verschiedene Schulen und auch Kirchen. Anglikaner, Baptisten, Methodisten, Katholiken und Adventisten richteten dort ihre verschiedenen Kirchen ein und dazu kamen außerdem die Tempel der Hindus, Buddhisten und Moslems.

In diesem Lager musste keiner hungern, denn das UN-Flüchtlingshilfswerk (UNHCR) sorgte beständig für genügend Lebensmittel. Die Rationen waren zwar nicht üppig, aber jeder hatte genug Reis, Öl und Fischpaste und konnte seine Kost noch mit Gemüse anreichern, das überall im Lager angebaut wurde. Doch das Beste an dem Lager war, dass es dort keine Soldaten, keine Waffen und keine Granaten gab – zumindest nicht innerhalb seiner mit Stacheldraht eingezäunten Grenzen.

Vieles im Alltag der Flüchtlinge drehte sich rund um die Kirche. Die anglikanische Gemeinde im Lager war ziemlich groß. In ihren Räumen fand auch der Unterricht der christlichen Schule statt, die Ba Soh Wah und seine Geschwister besuchten. Der Verantwortliche für diese Kirchengemeinde und Schule war ein älterer Mann, der froh war, als Thomas und seine Familie in das Lager kamen, denn in Thomas sah er einen würdigen Nachfolger für sein Amt. Und schon bald darauf wurde Thomas im Lager offiziell zum anglikanischen Pastor ordiniert. Die Kinder gewöhnten sich schnell daran, dass ihr Papa jetzt von allen Leuten als Pastor Bu Christ angesprochen wurde.

Die Familie zog auf das Gelände der Kirche, wo es sonntags von morgens bis abends Gottesdienste gab. Unter der Woche trafen sich abends die jungen Leute, um zu evangelisieren, es gab Gebetstreffen und Bibelabende. An den christlichen Feiertagen wurden besondere Feste in der Kirche veranstaltet. Es wurde gesungen, Theater gespielt und getanzt. So kam es, dass unter der Leitung von Pastor Bu Christ die Besucherzahl der Gemeinde auf über 300 Leute wuchs.

Nicht immer mochte Ba Soh Wah allerdings das kirchliche Familienleben, schließlich musste er in unendlich vielen Gottesdiensten sitzen, während sich seine gleichaltrigen Freunde auf den staubigen Straßen zum Fußballspielen trafen. Manchmal schlich er sich sogar hinaus, um doch mit ihnen spielen zu können. Doch seine schönsten Erinnerungen an seine Kindheit waren trotzdem die Tage, an denen er seinen Vater auf seinen Einsätzen begleiten durfte. Die medizinische Versorgung im Lager war dürftig, aber wenn sein Vater gemeinsam mit den Ältesten der Gemeinde die Kranken besuchte und für sie betete, erlebte Ba Soh Wah hautnah so manches Wunder mit. Außerdem berührte es ihn zutiefst, wenn er miterleben durfte, wie trauernde oder emotional tief verletzte Menschen getröstet und geheilt wurden, wenn sein Vater ihnen von der Liebe Gottes erzählte und mit ihnen betete.

Der Stacheldraht um das Lager hielt Pastor Bu Christ nicht davon ab, auch weiterhin außerhalb dieses begrenzten Areals zu missionieren. Auf der Innenseite des Lagers waren Karenwachposten aufgestellt und vor dem Zaun standen thailändische Soldaten. Wer das Lager also verlassen wollte, musste gleich zweimal seine Papiere, seinen Ausweis und eine Reiseerlaubnis vorzeigen. Aber die Thailänder waren keine Frühaufsteher. Wenn Pastor Bu Christ also bereits vor Sonnenaufgang mit seinem Team, zu dem oft auch sein Sohn Ba Soh Wah gehörte, das Lager verließ, kümmerte das niemanden. Pastor Bu und seine Begleiter hatten dann nicht nur Proviant für den Tag dabei, sondern auch christliche Literatur und andere Geschenke für die Menschen, denen sie auf ihrem Weg begegnen würden.

Sie gingen zu Fuß in die abgelegenen Dörfer auf beiden Seiten der Grenze, erzählten von Jesus, beteten für die Kranken und boten zusätzlich für die Dorfbewohner einfache medizinische Hilfe an. Denn hier in den Bergen hatte niemand Zugang zu ärztlicher Versorgung oder Medikamenten. Für Ba Soh Wah waren das sehr wertvolle Erfahrungen. Er lernte damals schon, Gott voll und ganz zu vertrauen, und erlebte immer wieder mit, wie er ihre Gebete erhörte.

Die Jahre gingen ins Land und Bu Christ und seine Familie waren mit ihrem Leben im Flüchtlingslager zufrieden. Alles ging seinen gewohnten Gang und sie konnten endlich in Sicherheit leben. Doch genau das bereitete Pastor Bu Christ andererseits auch Sorgen. Für seine Kinder und seine Gemeinde war dieses Leben im Flüchtlingscamp nicht nur normal geworden, das Lager war für sie ihre Heimat und für die jungen Leute auch das einzige Zuhause, das sie kannten. Alle hatten sich in den letzten 15 Jahren mit dem Leben, das sie hinter einem Stacheldrahtzaun führten, abgefunden.

Alle Kinder von Bu Christ waren in einem Flüchtlingslager geboren worden. Trotzdem gab die thailändische Regierung den Flüchtlingen aus Burma immer noch keine Bürgerrechte und die burmesische Regierung ließ sie nicht wieder in ihr Heimatland zurückkehren. Auch wenn das Leben im Flüchtlingslager zunächst ganz angenehm war, gab es dort eigentlich keine gesicherte Zukunft für die nächste Generation. Die Teenager würden bald junge Erwachsene sein – ohne je eine Heimat gehabt zu haben. Sie waren im Niemandsland zu Hause und würden so nie eine Möglichkeit haben, außerhalb des Lagers zu leben oder zu arbeiten. Die einzige Schule, die sie besuchen konnten, war die Schule, die er selbst leitete. Das war keine Zukunft, die er sich für seine Kinder wünschte. Er musste dringend eine andere und langfristig bessere Lösung finden.

Im Jahr 2007 starteten die Vereinten Nationen dann das Umsiedlungsprogramm für die Karen und auch für die anderen Flüchtlinge aus Burma, die mittlerweile in Thailand lebten. Eine ganze Reihe von Ländern hatte sich bereit erklärt, Flüchtlinge aufzunehmen. Die Entscheidung, die christliche Schule und Gemeinde im Flüchtlingslager zurückzulassen, fiel nicht leicht, aber Pastor Bu Christ und seine Frau entschieden sich trotzdem, Ausreisevisa für sich und ihre Kinder zu beantragen. Die Familie hatte Verwandte in Australien, aber leider war die Warteliste für eine Einbürgerung nach Australien bereits zu lang. Gleichzeitig standen in den USA die Türen für Karenflüchtlinge weit offen, und außerdem kannten sie dort bereits jemanden, an den sie sich wenden konnten. Der Sohn einer Familie, die zur Gemeinde von Pastor Bu Christ gehörte, hatte angeboten, allen zu helfen, die in die USA nachkommen wollten. Dieses Angebot kam von Ye Win, dem Sohn der Familie Kunoo.

Im September 2007 hatten Bu Christ und seine Familie dann endlich alles geschafft – medizinische Untersuchungen, Gespräche mit der Einwanderungsbehörde und die Sicherheitsüberprüfung jedes Einzelnen. Dann war ihnen die Umsiedlung nach Louisville im Bundesstaat Kentucky bewilligt worden. Aber als sie in dem großen Land ankamen, fühlten sie sich zunächst sehr verloren. Alles war ihnen fremd. Sie kannten niemanden, auch keine anderen Karen schienen in dieser Gegend zu leben. Sie konnten sich mit keinem anderen Menschen verständigen. Selbst der einfache Versuch, Lebensmittel zu kaufen, scheiterte schon, denn sie fanden einfach keinen Ort, an dem sie frisches Gemüse, Reis und Fisch hätten kaufen können.

John und Daisy Kunoo, die Eltern von Ye Win, waren bereits früher in den Vereinigten Staaten angekommen. Von ihnen hatte Pastor Bu Christ schon vor seiner Ausreise die Telefonnummer ihres Sohnes bekommen, und als Bu Christ es endlich geschafft hatte, ein Telefon ausfindig zu machen, rief er sofort Ye Win an. Ba Soh Wah erinnerte sich noch genau daran, wie Ye Wins Vater, John Kunoo, nur wenig später gemeinsam mit einem Freund in der kleinen Wohnung von Bu Christ und seiner Familie stand.

„Kommt mit zu uns. Wir können euch helfen, hier klarzukommen“, schlug John Kunoo vor. „Außerdem brauchen wir euch in Smyrna. Dort leben mittlerweile so viele Karen, aber wir haben noch keine Gemeinde und vor allem niemanden, der uns Gottes Wort predigen kann.“

So dauerte es nicht lange, bis Bu Christ und seine Familie die Sachen gepackt hatten und auf dem Weg nach Smyrna waren. Erst viele Jahre später erfuhr Ba Soh Wah, dass Flüchtlinge eigentlich für eine gewisse Zeit an dem Ort bleiben müssen, wo der Staat ihnen eine Wohnung zugeteilt hat. Planmäßig hilft man ihnen dann dort so lange, bis sie alleine zurechtkommen. Was die Person, die damals für sie zuständig war, wohl gedacht hat, als sie bei ihrem nächsten Besuch nur noch eine leere Wohnung vorfand? Das würde Ba Soh Wah wohl nie erfahren.

Die nächsten Monate waren für Ba Soh Wah dann nicht so leicht. Der 15-Jährige war in Thailand ohne Angst an den Soldaten zweier Länder vorbeigeschlichen, um den Menschen in den Bergdörfern von Jesus zu erzählen, aber als er in diesem fremden Land mit einer fremden Kultur und Sprache zurechtkommen musste, geriet er doch ins Schleudern. Die amerikanischen Schulkameraden waren nicht immer hilfsbereit oder nett zu dem Fremden mit seinen schwarzen Haaren und der braunen Haut. Manche schienen ihn wie einen Eindringling in ihrer Welt wahrzunehmen. Mit 15 Jahren lernt man außerdem eine neue Sprache nicht mehr von heute auf morgen, vor allem nicht, wenn man auch noch im laufenden Schuljahr in allen Fächern der Highschool zurechtkommen muss. Es war wirklich nicht leicht!

Aber dann lernte Ba Soh Wah die Menschen aus der All-Saints-Gemeinde kennen. Erfreut stellte er fest, dass es auch hier Leute gab, die Jesus nachfolgten und freundlich, liebevoll und opferbereit waren. Sie waren nicht anders als die Christen, mit denen er im Flüchtlingslager aufgewachsen war. Er lernte dort viele Menschen kennen, die überhaupt nichts von seinem Volk wussten – so wie er nicht viel über ihr Land wusste. Trotzdem investierten sie bereitwillig ihre Zeit und ihre Finanzen, um die Karen zur Kirche oder zum Einkaufen zu fahren. Sie halfen ihm und seinen Geschwistern außerdem bei den Hausaufgaben, und es kam sogar jemand zu ihnen, um die dringend benötigte medizinische Hilfe zu organisieren, die Ba Soh Wahs Vater für seinen Rücken brauchte.

Die ganze Familie fand in der All-Saints-Kirche endlich wieder eine Gemeinde, in der sie sich zu Hause fühlen konnte, auch wenn manches ganz anders war als in ihrer Holz- und Bambuskirche im Flüchtlingslager, in der es von Menschen nur so wimmelte und wo die Kinder immer sehr lebhaft durch die Gänge tobten. Trotzdem freuten sie sich, wieder Teil einer Gemeinschaft zu sein. Manche neuen Gemeindeglieder in der

All-Saints-Kirche kannten sie sogar noch aus ihrer Zeit im thailändischen Lager. Andere Mitglieder waren ihnen noch fremd, sowohl Karen als auch Amerikaner.

„Hier in der All-Saints-Gemeinde begann meinen eigene, persönliche Glaubensgeschichte", erzählt Ba Soh Wah heute. „Ich lernte so viele neue Leute kennen, die sich alle von der Liebe Gottes leiten ließen und bereit waren, uns zu helfen. Dadurch entwickelte sich mein Kindheitsglaube, den ich von meinen Eltern übernommen hatte, zu meinem eigenen Glauben. Ich betete oft, weil ich in so vielen Dingen Hilfe brauchte. Zum Beispiel beim Englischlernen – und tatsächlich half Gott mir, die Sprache schnell und sicher zu lernen. Ich weiß nicht, was aus meiner Familie und mir geworden wäre, wenn Gott uns nicht nach Smyrna und zur All-Saints-Gemeinde gebracht hätte. Oft ahnen wir gar nicht, was Gott für uns schon alles geplant und vorbereitet hat. Als wir noch in Thailand lebten, hätten wir das, was wir hier erlebt haben, niemals für möglich gehalten. Und auch jetzt wissen wir nicht, was als Nächstes kommen wird. Aber ich bin mir sicher, dass Gott unsere Zukunft in seiner Hand hat. Und ihm kann ich vollkommen vertrauen."

25

Während Ba Soh Wah durch die Liebe und Annahme der Menschen aus der All-Saints-Gemeinde in seinem Glauben bestärkt wurde, erlebte Paul Adams etwas Ähnliches. Er sah bei den Karen einen echten und authentischen Glauben, der ihm in dieser Form neu war. Bis er die Karen kennengelernt hatte, antwortete Paul Adams jedes Mal, wenn er auf den christlichen Glauben angesprochen wurde, dass dieses ganze System nicht funktionieren kann, da niemand diesen hohen Maßstäben des Christentums entsprechen könne. Aber das änderte sich jetzt, als er die Karen, Pastor Bu Christ und die vielen anderen kennenlernte.

Sie alle hätten vielleicht in ihrer Heimat ein besseres Leben führen können, wenn sie sich nur von ihrem Glauben abgewandt und mit dem System angefreundet hätten, aber stattdessen riskierten sie lieber ihr Leben und setzten sich der Verfolgung aus. Und dann versteckten sie sich noch nicht einmal vor ihren Verfolgern, sondern waren unaufhörlich unterwegs, um ihren Glauben mit anderen zu teilen. Wie war es möglich, dass sie, nachdem sie unendlich viel Leid und Ungerechtigkeit erfahren hatten, bekämpft und vertrieben worden waren und viele Freunde und Angehörige verloren hatten, immer noch ohne Groll von der Regierung ihres Landes redeten und sogar für sie beteten.

Nachdem Paul sehr viele freundliche Karen und auch Amerikaner aus der All-Saints-Gemeinde kennengelernt hatte, war es für ihn eigentlich kein großer Schritt mehr, seine Frau Merry zum Gottesdienst zu begleiten. Viele Karen hatten inzwischen Arbeit mit einem regelmäßigen Einkommen und konnten so aus dem Wohnkomplex ausziehen. Und wann immer eine Karenfamilie ihr eigenes Haus bezog, trafen sich die Christen dort und segneten das Haus und die Familie. Paul wurde regelmäßig dazu eingeladen, denn man schätzte ihn unter den Karen sehr. Diese Art von Einweihungspartys fand ziemlich oft statt und Paul kam jedes Mal dazu. Außerdem nahm er sonntagnachmittags oft an den Hausgottesdiensten der Karen teil, die in kleinen Gruppen und von Pastor Bu Christ geleitet stattfanden. Paul verstand zwar kein Wort, war aber immer gerne dabei.

Von außen betrachtet sah es so aus, als ob Paul Adams nun ebenfalls ein Gläubiger war. Sicher dachten das auch viele der Mitglieder der All-Saints-Gemeinde. Aber Paul wusste in seinem Herzen, dass es nicht so war. Und obwohl er sich selbst nie als Atheisten bezeichnet hatte – die Existenz Gottes leugnete er nicht –, war er immer noch Agnostiker und überzeugt davon, dass es auf die Frage nach Gott keine wahre oder falsche Antwort gibt. Das lag vor allem an seinem Problem mit der Heuchelei, die er in der Vergangenheit bei anderen Christen und vor allem auch bei sich selbst beobachtet hatte. Sein eigenes Leben war weit von dem entfernt, was er als Kind in seinem Elternhaus über das christliche Leben gelernt hatte. Wie konnte er da behaupten, Christ zu sein?

Schließlich kam es zu einem eher zufälligen Gespräch mit Pastor Michael. Paul war in Michaels Büro, um mit ihm ein paar Dinge bezüglich der Karen zu besprechen.

Da fragte Michael ihn auf geradeheraus: „Du sagst, du bist kein Gläubiger. Aber du glaubst doch an Jesus, oder nicht?“

„Doch, schon“, nickte Paul.

Michael holte ein Blatt aus der Schublade, auf dem das ökumenische Glaubensbekenntnis von Nizäa stand. Es war ein fester Bestandteil eines jeden Gottesdienstes und Paul sprach es Sonntag für Sonntag mit den anderen Gläubigen mit.

„Ich will dir das mal kurz vorlesen und dann sagst du mir, ob es da *irgendetwas* gibt, das du *nicht* glaubst“, schlug Michael vor.

Satz für Satz zitierte er das Bekenntnis, das die Christenheit seit über 1500 Jahren einte und das Woche für Woche weltweit in zahllosen Sprachen gesprochen wird.

„Wir glauben an den einen Gott, den Vater, den Allmächtigen, der alles geschaffen hat, Himmel und Erde, die sichtbare und die unsichtbare Welt."

Daran glaubte Paul.

„Wir glauben an den einen Herrn Jesus Christus, Gottes eingeborenen Sohn, aus dem Vater geboren vor aller Zeit [...] Er wurde für uns gekreuzigt unter Pontius Pilatus, hat gelitten und ist begraben worden, ist am dritten Tage auferstanden nach der Schrift und aufgefahren in den Himmel."

Vielleicht hatte es einmal eine Zeit in Pauls Leben gegeben, als er an den historischen Tatsachen des Neuen Testaments gezweifelt hatte, aber inzwischen konnte er mit gutem Gewissen sagen, dass er so an Jesus glaubte, wie es in der Bibel stand. Satz für Satz las Michael das Bekenntnis weiter vor.

„Wir glauben an den Heiligen Geist, der Herr ist und lebendig macht [...] und die eine, heilige, christliche und apostolische Kirche [...] Wir erwarten die Auferstehung der Toten und das Leben der kommenden Welt."

Überrascht stellte Paul fest, dass er tatsächlich jeden einzelnen Punkt dieses Glaubensbekenntnisses bejahen konnte. Michael reagierte mit liebevoller Zurückhaltung: „Also bist du wohl doch nicht durch und durch Agnostiker."

Nein, ein Agnostiker war er anscheinend wirklich nicht mehr, stellte Paul fest. Und allmählich veränderte sich sein Denken. Das passierte jedoch nicht über Nacht, und Paul war froh, dass weder Michael noch Merry ihn unter Druck setzten. Paul vermutete natürlich, dass sie für ihn beteten, aber sie drängten ihn zu keinem Gespräch, zu dem er noch nicht bereit war. Doch je mehr Zeit Paul mit den Christen der All-Saints-Gemeinde und den Karen verbrachte, desto mehr konnte er die Aussagen der Bibel glauben. Er bemerkte die Veränderung, die sich langsam in ihm vollzog, und er sträubte sich nicht dagegen. In ihm wuchs der Wunsch, zu diesem Gott zu gehören, an den die Karen glaubten. Dieses Volk lag ihm so sehr am Herzen. Außerdem fühlte er sich immer wohler in der All-Saints-Gemeinde und nannte sie schon bald sein Zuhause. Ihm wurde klar, dass er auch ein Nachfolger Jesu sein wollte.

Seine Entscheidung für Jesus erklärte Paul gerade kürzlich erst: „Mir wurde durch die Karen endlich deutlich, dass man an Gott glauben kann, auch wenn man unvollkommen ist. Dass man einfach so kommen kann, wie man ist. Das war für mich der entscheidende Punkt. Ich dachte immer, alle Christen wären Heuchler, die selbst nicht glaubten, was in den Kirchen gelehrt wurde. Aber als ich diese Karen kennenlernte und sah, wie sie ihren Glauben ganz natürlich umsetzten und lebten, und das, obwohl sie nicht vollkommen waren, da hatte ich auch wieder Lust, mich mit dem Glauben zu beschäftigen. Dabei hatte ich schon vor Jahren beschlossen, nie wieder einen Fuß in eine Kirche zu setzen."

Merry stimmte ihrem Mann zu: „Ich habe von den Karen auch vieles gelernt. Nun weiß ich, was es heißt, für Gott und für die Familie zu leben, anderen zu vergeben, und vor allem auch, für die zu beten, die einem Unrecht getan haben. Diese Leute haben so viel Glauben, so viel Leidenschaft, das reißt einen einfach mit."

Paul fing also an, die Bibel und einige christliche Bücher zu lesen. Gleichzeitig engagierte er sich so intensiv für die Karen, dass er schließlich aufhörte, bei der Finanzbehörde zu arbeiten, in Rente ging und sich ganz der Gemeinde zur Verfügung stellte. Paul wollte mit Kindern eigentlich nie etwas zu tun haben, aber nun änderte sich das. Die jungen Karen liebten Paul und Merry über alles und sie wurden eine Art Oma und Opa für viele der Kinder und Jugendlichen.

In der Kultur der Karen ist die Großfamilie genauso wichtig wie die Eltern und Geschwister. Als eine junge Karenfrau später heiratete, wurde Paul an einer bestimmten Stelle der Feier zusammen mit dem Vater und anderen männlichen Verwandten der Braut auf die Bühne gebeten. Irritiert fragte Paul, welcher der Männer denn nun eigentlich der Vater des Mädchens sei.

„Du! Sie ist deine Tochter“, antwortete der Vater der Braut und Pastor Bu Christ ergänzte: „Alle Karenkinder sind deine Kinder.“

Das entsprach genau dem, was Paul und Merry selbst auch empfanden.

26

Der landwirtschaftliche Betrieb auf der *Kyrios*-Farm wuchs schneller, als es irgendjemand für möglich gehalten hätte. Aber wenn Michael nun auf diese ersten Tage und Wochen zurückblickte, fielen ihm eine ganze Menge Fehler auf, die er am Anfang gemacht hatte. Ein Problem war die korrekte Platzierung von Saatgut bei der Aussaat. Manche Pflanzensamen waren damals einfach zu dicht gestreut worden, womit man Saatgut verschwendet hatte, sodass die Ernte am Ende minderwertig war und sich schlecht verkaufen ließ. Andere Samen wiederum waren zu dünn gesät worden, und somit wurde Ackerfläche verschwendet, die am Anfang auch noch unnötig bewässert wurde. Es brauchte zudem einiges an Übung, bis Michael in der Lage war, mit dem Traktor samt Wassertankanhänger so zwischen den Furchen hindurchzufahren, dass er nicht alle Pflänzchen niederwalzte.

Aber trotz aller Fehler und Unerfahrenheit, die sie am Anfang machten, segnete Gott ihre Anstrengungen dennoch. Im August begann die Erntezeit, und nicht nur die Karen, die zur Gemeinde gehörten, konnten sich daran sattessen. Es reichte auch für die anderen Karen im Ort, für den Tafelladen in Smyrna und für die Heilsarmee, die Obdachlose in der Umgebung versorgte. Ein asiatischer Geschäftsmann, dem eine ganze Kette von Sushi-Restaurants und Lebensmittelgeschäften gehörte, kaufte ihnen die komplette Gurkenernte ab. Andere Produkte wurden von Helfern auf einem Markt in der Stadt Murfreesboro verkauft.

Aber diese seltsame, unbekannte Pflanze, über die manche Amerikaner nur den Kopf geschüttelt hatten, brachte der Gemeinde den höchsten

Gewinn ein. Aus den kleinen Rosellepflänzchen waren große, buschige Pflanzen geworden, die bei den Asiaten überaus beliebt waren und nur von wenigen Landwirten in den USA angeboten wurden. Einige Supermarktbesitzer waren sogar bereit, sechs Dollar für ein Kilo der Blüten zu bezahlen. Schnell wurde ihnen die Ernte förmlich aus den Händen gerissen und sie hätten noch sehr viel mehr davon verkaufen können, wenn sie vorher mehr angebaut hätten.

Trotzdem hatte Michael am Anfang zu optimistisch kalkuliert, als er dachte, dass sie mit dem Erlös der Produkte den Kredit der Kirche abzahlen konnten. Aber immerhin hatten sie den Betrieb ohne Geld von der Diözese oder der Kirche aufgebaut. Gott hatte sie mit Geschenken und Spenden punktgenau versorgt, sodass immer alles vorhanden war, was gebraucht wurde. Hunderte von Menschen hatten sich sattgegessen und sie hatten einige Tausend Dollar eingenommen. Aber den größten Gewinn dieses Projekts sah Michael in dem Zusammenwachsen seiner beiden Gemeindehälften. Während die Amerikaner und Karen Seite an Seite auf dem Feld arbeiteten, waren jenseits von Sprache und Kultur tiefe Beziehungen entstanden. Hätten sie einfach nur das gleiche Kirchengebäude geteilt, wären sie sich wahrscheinlich auch in vielen Jahren nicht so nahegekommen.

Michaels Gedanken waren voll bunter Eindrücke und Erinnerungen an einen einzigartigen Sommer. Junge, kräftige, amerikanische und asiatische Erntehelfer beugten sich über reife Gurken und Kürbisse. Merry manövrierte ihren elektrischen Rollstuhl geschickt um unzählige Hindernisse herum und führte Buch über die Ernteerträge. Aimee plante mit den älteren Karenfrauen das Büffet mit den Erfrischungen für die Feldarbeiter, während sie immer einen bunten Ring aus Kühlelementen um den Hals trug, um die Beschwerden, mit denen sich die Multiple Sklerose in der Sommerhitze bemerkbar machte, zu reduzieren. Michael erinnerte sich auch noch an Landra Orr und Kathy Short, die sich gemeinsam über ein Baby mit Hautausschlag und ein fiebriges Kleinkind beugten. Und Paul Adams und Michael Williams, die gemeinsam mit Ye Win und Pastor Bu Christ zusammenstanden und berieten, welches Thema Paul als Nächstes mit seinen Schülern besprechen sollte. Atticus und Hadley, die mit den Karenkindern über die Wiese vor der Gemeinde rannten und irgendeine internationale Version von Verstecken spielten.

Eine Erinnerung folgte der nächsten. Was für schöne Feste hatten sie in den zurückliegenden Monaten zusammen gefeiert. Oft hatten alle zusammen draußen gegessen, es wurde gegrillt und jeder brachte etwas zu Essen mit. Man lernte die Speisen der anderen Kultur besser kennen – die einen machten ihre ersten Erfahrungen mit scharfer Fischsuppe, Kürbiscurry und fleischgefüllten Teigtaschen, die anderen probierten zum ersten Mal Hamburger und Hotdogs. Und es schmeckte ihnen sogar! Ja, es war ein herrlicher Sommer gewesen. Keine Frage, die *Kyrios*-Farm war eindeutig Gottes Farm.

Auch in anderen Bereichen standen bei der All-Saints-Gemeinde nun manche Veränderungen an. Als die Erntezeit vorüber war und der Winter sich ankündigte, kamen alle ein wenig zur Ruhe und so war endlich Zeit, vieles neu zu strukturieren. Landra Orr entwarf ein neues Konzept für den Kindergottesdienst der Karen. Dafür übersetzten einige der jugendlichen Karen die biblischen Geschichten in ihre Sprache. Außerdem hatte eine episkopale Kirche aus Winchester, was circa eine Stunde südlich von Smyrna liegt, der Gemeinde einen alten Kleinbus geschenkt. Nun musste Ye Win sonntags nicht mehr um fünf Uhr aufstehen, um bis zum Gottesdienstbeginn alle Karen in die Gemeinde gebracht zu haben.

Aimee, die in Murfreesboro schon länger einen Jugendchor leitete, wollte nun auch mit den Karenkindern ein Musikprojekt beginnen, denn es war ihr Herzensanliegen, Kinder zum Musizieren anzuregen. Außerdem war ihr nicht entgangen, was für schöne Stimmen einige der Karenkinder hatten. Die Kinder ließen sich gerne auf das Experiment ein und lernten schnell. Aber Aimee beobachtete bei dieser Gelegenheit auch immer wieder verwirrte Blicke der Kinder, die bis dahin nur das Leben im Flüchtlingslager gekannt hatten. Wie fremd musste diese neue Welt für sie sein? Sie verstanden die Sprache nicht, und vieles, was sie sahen, war für sie immer noch unverständlich.

Michael hatte von Gott die Aufgabe erhalten, einen landwirtschaftlichen Betrieb aufzubauen. Und Aimee war sich sicher, dass Gott ihr diese Kinder anvertraut hatte. Sie sah ihre persönliche Aufgabe darin, den jungen Karen eine eigene Stimme zu verleihen, mit der sie sich mitteilen und ausdrücken konnten. Allerdings verstand Aimee die Sprache der Karen genauso wenig, wie die Karenkinder Englisch verstanden. Aber sie hörte immer genau hin und erkannte dann, dass die Karen manchmal Lieder sangen, deren Melodien Aimee ebenfalls kannte. Damit hatte sie einen guten Einstieg gefunden.

Eines Sonntags rief sie also nach dem Gottesdienst die Karenkinder zusammen und sie nahm sich Atticus ebenfalls zur Seite. Dann bat sie die Kinder, ihr den Text von einem Lied auf Karen beizubringen, das es auch in Englisch gab. Anschließend brachte sie den Kindern für dasselbe Lied den englischen Text bei. Obwohl die Kinder so gut wie kein Englisch konnten, war ihre Fähigkeit, Silben und Laute nachzuahmen, erstaunlich. Und ihre Stimmen waren dabei einzigartig schön, lieblich und klar. Aus diesem ersten Versuch entstand schließlich der All-Saints-Kinderchor, der zweisprachig singen konnte und das sogar jeden Sonntag beim Einsammeln der Kollekte.

Das Zusammenleben der zwei unterschiedlichen Kulturen sorgte auch immer wieder für komische Momente. Einmal dachte Aimee, dass es doch schön wäre, ihre beiden Chöre zusammenzubringen. Also lud sie die Kinder aus dem All-Saints-Kinderchor und die Mitglieder des Jugendchores aus der Nachbargemeinde zu einem gemeinsamen Filmabend in ihre Wohnung ein. Sprachlich war es den Kindern zwar nicht möglich, Freundschaften zu schließen, aber alle waren trotzdem nett zueinander. Dann bemerkte Aimee, dass sich am Buffet ein paar Karen unsicher zusammendrängten und verlegen auf den Tisch starrten. Aimee hatte Pizza für die Kinder gebacken und große Schüsseln voller Flips aufgebaut. Auch der 15-jährige Ba Soh Wah stand bei der Gruppe. Sie flüsterten auf Karen miteinander, was Aimee nicht verstehen konnte, aber die Körpersprache war deutlich genug. Sie schubsten und schoben sich gegenseitig zum Tisch und zeigten auf das Buffet. Wer würde sich als Erster wagen, von diesen orangenen, fluffigen Dingern zu probieren?

Endlich machte einer der Jungen mutig einen Schritt nach vorne und steckte sich eine Kostprobe in den Mund. Seine Augen weiteten sich vor Überraschung, dann erhellte ein Lächeln sein Gesicht. Das genügte den anderen und im nächsten Moment waren alle am Buffet. Am Ende des Abends war der Tisch leergeräumt und das Wohnzimmer samt aller Gäste war mit Krümeln übersät.

„Damals haben wir zum ersten Mal Flips gegessen“, erinnerte sich Ba Soh Wah später. „Wir hätten nie gedacht, dass das so gut schmecken würde.“

Augenzwinkernd und mit einem übertriebenen Südstaaten-Akzent erklärte er: „Miss Aimee ist schuld, dass die jungen Karen alle Fastfood-abhängig geworden sind.“

27

Das Jahr 2008 neigte sich langsam seinem Ende entgegen, und nicht alle freuten sich gleichermaßen über die Veränderungen, die in der All-Saints-Gemeinde stattgefunden hatten. Bevor die Karen nach Smyrna gekommen waren, war es üblich gewesen, während der Kollekte das Glaubensbekenntnis zu singen. Aber dieser Teil der Liturgie war von der episkopalen Kirchenleitung nicht zwingend vorgeschrieben. Also war Michael zu dem Schluss gekommen, zu diesem Zeitpunkt den Kinderchor singen zu lassen. Eine Person war damit jedoch überhaupt nicht einverstanden.

Als Michael versuchte, dieser Person seine Gründe darzulegen, hörte sie ihm zwar höflich zu, kam danach aber nicht mehr zum Gottesdienst. Als Michael sie daraufhin anrief, erklärte sie schlichtweg: „Ich komme nicht mehr."

„Weil wir nicht mehr das Glaubensbekenntnis während der Kollekte singen?", erkundigte sich Michael.

„Nicht nur. Ich habe einfach für mich selbst entschieden, dass ich in eine Gemeinde gehen möchte, in der die Leute so aussehen wie ich." Sie war leider nicht die Einzige, die sich nicht ganz mit der neuen Situation abfinden konnte.

Wenn die Karen aber in einer Hinsicht besser aufgestellt waren als die Amerikaner, dann war das im Opfergeben. Jeder einzelne Karen, selbst die allerkleinsten Kinder, hatte immer eine Spende für die Kollekte dabei. Manchmal waren es nur Ein-Dollar-Scheine oder auch nur mal ein paar Cent, aber keiner der Karen hätte den Opferteller einfach an sich vorbeigehen lassen, ohne irgendetwas hineinzulegen, obwohl sie selbst nur so wenig besaßen. Wenn ein Sonderopfer eingesammelt wurde, waren die Karen immer die Ersten, die etwas beitrugen. So bat eines Sonntags Merry Adams zum Beispiel um Gebet für eine Freundin, bei der Krebs festgestellt worden war und die deshalb nicht mehr arbeiten konnte. Womit Merry niemals gerechnet hätte, war die Sammlung, welche spontan von den Karen daraufhin organisiert wurde. So erhielt sie kurzerhand 250 Dollar von den Karen für ihre Freundin.

Doch nicht jeder sah diese hingegebene Opferbereitschaft der Karen, weshalb eines Sonntags plötzlich die Messingschalen, in denen das Opfer eingesammelt wurde, durch einfache Weidenkörbchen ersetzt worden waren. Michael wunderte sich über diese Maßnahme und fand heraus, dass die Frau, die das veranlasst hatte, genau die Dame war, die einmal herablassend Aimees neue Frisur kritisiert hatte. Michael erkundigte sich natürlich sofort bei ihr, was aus den Messingschalen geworden war, und sie erklärte, sie hätte die Weidenkörbchen aus Sicherheitsgründen besorgt, denn die anderen Schalen seien zu wertvoll. Schließlich müsste man ja fürchten, dass die Karen diese wertvollen Messingschalen mitgehen lassen würden.

Natürlich akzeptierte Michael dieses Verhalten nicht. Aber die Frau begegnete den Karen auch weiterhin mit Geringschätzung. Sie kannte die tragische Geschichte der Karen, genau wie alle anderen Leute in der Gemeinde auch, und wusste genau, wer sie waren und wo sie herkamen. Trotzdem sprach sie die Karen immer wieder auf Spanisch an, das sie selbst aber kaum beherrschte. Wenn die Karen ihr dann mühsam erklärten, dass Spanisch nicht ihre Muttersprache sei, schaute sie die Asiaten nur gequält an.

Nachdem die Stadt das Gemeindegrundstück nun nicht mehr als Softballgelände nutzen konnte, wuchs an den Stellen, wo in diesem Jahr noch nicht gepflügt worden war, das Gras immer höher. In einer Kirchengemeinderatssitzung wurde deswegen überlegt, ob man eine Firma mit dem Mähen der Grünflächen beauftragen sollte, oder ob es eine Privatperson aus der Gemeinde gäbe, die Zeit und die benötigten Geräte hatte, um diese Wiese regelmäßig zu mähen.

Da meldete sich wieder einmal genau diese Frau mit dem Vorschlag, die Karen könnten das doch machen, immerhin bekämen sie Kleider- und Lebensmittelspenden von der Gemeinde. Scheinbar hatte sie bis dahin noch nicht bemerkt, dass die Karen vollzeitig in den umliegenden Fabriken arbeiteten und ihre freie Zeit auf den Feldern der Gemeinde verbrachten.

Doch es kam noch zu einer weiteren unangenehmen Situation mit dieser Dame. Ein Käufer hatte sich bei der Gemeinde gemeldet, der 500 Kilo der seltenen Rosellepflanze für insgesamt 3.000 Dollar haben wollte. Das wäre der größte Betrag gewesen, den die Gemeinde mit ihrem Gemüseanbau bis dahin erwirtschaftet hätte. Leider wohnte der Käufer eine Tagesreise von Smyrna entfernt im Bundesstaat Colorado. Die Karen ernteten natürlich sofort die Blüten, verpackten sie in Plastiktüten und beluden den Gemeindebus mit der Ware. Wie schon so häufig übernahm Ye Win den Fahrdienst und verbrachte einen ganzen Tag am Steuer. Leider war es keine gute Idee von ihnen gewesen, die frischen Blüten in Plastiktüten zu verpacken, denn in den Tüten bildete sich während der eintägigen Reise bereits Kondenswasser und die Blüten begannen zu welken. Als Ye Win dann endlich am Zielort ankam, konnte er nur noch ein Drittel der Pflanzen verkaufen.

Am Ende der Reise übergab Ye Win dann die 1.000 US-Dollar, die er für die Blüten bekommen hatte, an die Frau, die für die Finanzen zuständig war, woraufhin diese aufgebracht wetterte: „Wir hätten bei diesem Verkauf ganze 3.000 Dollar verdienen können! Es bestätigt sich einfach noch einmal, was ich die ganze Zeit schon sage: Diese Leute sind einfach unfähig! Die ganze Farm ist einfach nur ein Witz, ein dummer, peinlicher Fehler!“

Da wurde es Michael endgültig zu viel. Man kannte ihn zwar als einen ruhigen, besonnenen Mann, aber hin und wieder konnte er doch auch explodieren, wenn man ihm zu viel zumutete. Wenn es in seinen

Augen ungerecht oder unfair zuging und gegen Gottes Willen gehandelt wurde, dann konnte er auch heftig reagieren. So wie in diesem Fall.

„Jetzt halt aber mal die Luft an!“, fiel er der Frau ins Wort, die nicht aufhörte, Ye Win zu beschimpfen und über das verlorene Geld zu jammern. „Habe ich richtig gehört – dir geht es hier darum, was wir für *diese Leute* tun, wie du sie bezeichnest? Wenn *diese Leute* nicht gekommen wären, hätten wir die Kirche schon längst verkauft. Nur ihretwegen hast du deine Kirche überhaupt noch. Sie haben bis zur Erschöpfung in der Hitze auf den Feldern gearbeitet. Ye Win ist Hunderte von Kilometern gefahren, um diese Ware auszuliefern – in seiner Freizeit. Auch wenn jetzt etwas nicht so funktioniert hat, wie wir dachten, haben wir immerhin 1.000 Dollar mehr als letzte Woche. Du solltest Gott auf Knien dafür danken, dass er uns *diese Leute* geschickt hat, die alles getan haben, damit wir unsere Kirche nicht verkaufen zu müssen.“

Michaels harte Worte bewirkten jedoch nichts. Die Frau änderte ihre Meinung über die Karen trotz aller Gespräche nicht. Schließlich erklärte sie Michael gegenüber sogar noch, wie enttäuscht sie von der ganzen Entwicklung sei. Sie hätte nie gedacht, dass aus der All-Saints-Gemeinde einmal *so etwas* werden würde. „Als du und Aimee nach Smyrna gekommen seid, hatte ich wirklich Hoffnung, dass aus unserer Gemeinde endlich wieder etwas werden könnte.“

„Was für eine Hoffnung war das? Was sollte denn aus uns werden?“

„Ich hatte gehofft, dass die Kirchenbänke wieder voll werden würden. Dass die Kindergruppen gut besucht und wir erneut Einsätze in der Fußgängerzone machen würden. Ich habe mir gewünscht, dass wir unser altes Ansehen in der Stadt wiedererlangen.“

Michael starrte sie ungläubig an. Er traute seinen Ohren nicht. Am letzten Sonntag waren über 100 Leute im Gottesdienst gewesen. Alle Bänke waren voll besetzt gewesen! Die Kindergruppen waren jetzt schon überfüllt und sie überlegten, wie sie mehr Platz schaffen konnten.

Nachdenklich fragte er: „Ich verstehe nicht, was du meinst. Wir sind jetzt mehr Leute als vor der Spaltung. Alle Bänke sind voll. Die Kinderräume platzen aus allen Nähten."

„Ich meine ja nicht *diese* Leute", gab sie geringschätzig zurück.

Michael wurde langsam klar, wie sinnlos diese Unterhaltung war. Sie sprachen komplett aneinander vorbei. Für diese Frau zählten die Karen nicht als richtige Gemeindeglieder. Ihre Vorstellung von Gemeinde ging in die Fünfzigerjahre zurück, als eine *richtige* episkopale Kirche in den Südstaaten nur aus Weißen bestand, und, wenn möglich, auch noch aus der Oberschicht.

Ganz ruhig sagte Michael: „Das, was du dir wünschst, wirst du hier nie bekommen."

„Also so ist das. Wenigstens hast du es jetzt endlich einmal offen gesagt", gab sie zurück und kam danach nie mehr in den Gottesdienst.

Viele waren traurig über ihre Entscheidung, die All-Saints-Gemeinde zu verlassen. Und auch andere Mitglieder entschieden sich, nicht länger Teil der Gemeinde zu sein. Aber diejenigen, die blieben, waren fest entschlossen, sich in der All-Saints-Gemeinde einzusetzen. Sie freuten sich darüber, Teil dieser lebendigen, chaotischen, warmherzigen und gastfreundlichen Gemeinschaft zu sein. Denn genau das war diese Gemeinde in den letzten Wochen geworden.

Noch ein weiterer, schmerzlicher Verlust war zu verzeichnen. Da Ye Win in der letzten Zeit Vollzeit gearbeitet und unendlich viel für die Karen getan hatte, blieb ihm wenig Zeit, um zu Hause bei seiner jungen Ehefrau zu sein. Sie hatte ihm damals die Bibel ins Gefängnis gebracht und war mit ihm in die USA ausgewandert. Aber es war Ye Win nicht entgangen, dass seine Frau in diesem fremden Land sehr unglücklich war. Doch als sie dann anfing, in einer Lebensmittelfabrik zu arbeiten, hoffte Ye Win, dass ihr das helfen würde, sich in der kleinen Wohnung nicht mehr so eingesperrt zu fühlen, und zunächst schien sie auch ein bisschen zufriedener zu sein.

Gegen Ende des Jahres 2008 beschloss der Kirchengemeinderat der All-Saints-Gemeinde schließlich in einer gemeinsamen Sitzung mit der

Verwaltung der Diözese und den Karen, dass Ye Win unmöglich weiterhin einen vollen Job haben könnte, während er sich gleichzeitig so intensiv in die Gemeindearbeit einbrachte. Die Gemeinde, die Diözese und die Karen beschlossen deswegen, monatlich Geld zusammenzulegen, um Ye Win als Gemeindemitarbeiter anzustellen. Und so konnte Ye Win zum ersten Mal seit Jahren wieder eine ganze Nacht durchschlafen und hatte auch endlich mehr Zeit für seine Frau und Familie. Umso überraschender war es für ihn, als er eines Tages nach Hause kam und feststellte, dass seine Frau ausgezogen war. Sie hatte ihn nach fünf Jahren Ehe für einen Arbeitskollegen verlassen und war gemeinsam mit ihm weggezogen. Um darüber hinwegzukommen, investierte Ye Win sich umso mehr in die Gemeinschaft der Karen und die Arbeit in der Gemeinde.

Die Wintermonate vergingen und die Gemeinde wuchs immer weiter. Endlich assoziierte man die All-Saints-Gemeinde nicht mehr nur mit Streit und Spaltung. Nun wurde sie als eine Gemeinde wahrgenommen, der Gott einen neuen Auftrag gegeben hatte. Und dafür hatte Gott eine Gruppe Bauern vom anderen Ende der Welt nach Smyrna geschickt. Das blieb auch von den Medien nicht unbemerkt. Journalisten und Kameraleute suchten die kleine All-Saints-Gemeinde in Smyrna auf und besichtigten die mittlerweile abgeernteten Felder. Die Regionalzeitungen aus Tennessee berichteten über das landwirtschaftliche Projekt, Radio- und Fernsehsendungen folgten. Außerdem las ein Theaterregisseur und Filmproduzent einen Artikel über die Ereignisse in der All-Saints-Gemeinde und war von der Geschichte so bewegt, dass er Michael anrief und vorschlug, einen Film darüber zu drehen.

Dann wurde es wieder Frühling. Die Zeit zum Säen begann. Dafür traf sich die ganze Gemeinde und manche Freiwillige aus der Stadt, um den Boden für die Aussaat vorzubereiten. Man hatte aus den Fehlern und den Erfolgen des vorherigen Jahres gelernt. Und deswegen machte dieses Mal die Rosellepflanze den größten Anteil der Saat aus. Aber natürlich pflanzten sie auch wieder Kürbisse, Bohnen, Gurken, Salat und Rettiche. Dazu kamen noch Tomaten, Zucchini, Kohl und andere Pflanzen. Auch Mais sollte angebaut werden, leider ohne großen Erfolg. Dafür trugen die Tomatenpflanzen in jenem Jahr umso mehr Früchte und machten der Rosellepflanze schon fast Konkurrenz.

Außerdem wurde noch ein neues Gebäude auf dem Gemeindegelände errichtet. Wenn man nun hinter der Kirche auf dem Hügel stand und nach unten auf die Felder blickte, konnte man dort auf den ehemaligen Softballwiesen, die nicht alle als Felder genutzt wurden, eine kleine Kapelle entdecken. Bo Ezell, ein langjähriges und aktives Mitglied der All-Saints-Gemeinde, hatte sie dort zum Gedenken an seine verstorbene Frau Penny errichten lassen.

Michael hatte ihm sofort diesen Platz für sein Herzensanliegen angeboten und Bo Ezell hatte daraufhin einen Pavillon mit Steinbänken, die nach Osten ausgerichtet waren, und einem steinernen Altar errichtet. Die kreuzförmig angelegten Wege zwischen den Feldern liefen dort zusammen und spiegelten das Kreuz, das auf dem Dach der Kirche zu sehen war, wieder. Rund um den Pavillon waren bereits Samen für eine Blumenwiese gesät worden. Diese kleine Kapelle wurde von da an für besondere Gottesdienste und Anbetungszeiten in der All-Saints-Gemeinde genutzt, wie zum Beispiel am Ostersonntagmorgen bei Sonnenaufgang.

Während der Erntesaison wurde ein Zelt, das sonst bei besonderen Anlässen für die gemeinsamen Mahlzeiten genutzt wurde, vorne auf dem Parkplatz der Gemeinde in der Nähe der Straße aufgestellt. Dort errichteten freiwillige Helfer dann einen Marktstand, an dem sich besonders Merry Adams engagierte. Sie bewegte sich mit ihrem Rollstuhl zwischen den geernteten Produkten hin und her und verkaufte allen, die dort vorbeikamen, frisches All-Saints-Gemüse. Die Qualität der Produkte war so gut, dass sogar ein Profikoch kam, um mit seiner Kochshow für sie zu werben, und damit Kunden aus dem weiter entfernten Nashville anlockte.

Hatte Merry sich nicht vor Jahren schon gewünscht, zu einer Gemeinde zu gehören und in einem Ort zu leben, wo man die anderen Gemeindemitglieder auch noch montags im Supermarkt treffen und begrüßen würde? Dieser Wunsch hatte sich mehr als erfüllt. Wenn Merry in Smyrna unterwegs war, kamen manchmal sogar fremde Leute auf sie zu und fragten: „Sind Sie nicht die Frau, die das Gemüse von den Feldern dieser Kirche verkauft, die den Flüchtlingen geholfen hat?“

„Nein, ich verkaufe Gemüse von der Kirche, der die *Flüchtlinge* geholfen haben“, verbesserte Merry sie dann lachend.

28

Auch in seinem dritten Jahr in Smyrna gab es für Michael keinen Ort auf der Welt, an dem er lieber gewesen wäre. Hier war er endlich zu Hause. Er arbeitete auf einem Missionsfeld, in das Gott ihn persönlich berufen hatte. Und genau für diese Aufgabe hatte Gott ihn die Jahre vorher vorbereitet. Es schien schon eine Ewigkeit her zu sein, dass sein Freund die Überlegung, nach Smyrna zu gehen, grinsend kommentierte: „Wenn du diesen Karren aus dem Dreck gezogen bekommst, werden dich alle als Held feiern. Klappt es nicht, wird dir aber keiner einen Vorwurf machen – schließlich weiß ja jeder, dass das unmöglich ist."

Sie hatten den Karren aus dem Dreck gezogen, aber nicht, weil Michael in irgendeiner Weise heldenhaft gewesen wäre. Eigentlich hatte er sogar *überhaupt nichts* zu der Lösung beigetragen. Gott selbst hatte in seiner unendlichen Gnade ein Wunder nach dem anderen bewirkt.

Die Felder waren inzwischen nicht mehr nötig, um die Karen mit Essen zu versorgen. Sie hatten Arbeit, besuchten Schulen und waren sogar in eigene Häuser gezogen. Ye Win war nun nicht mehr der Einzige mit einem Führerschein, viele sprachen jetzt besseres Englisch und die älteren Kinder machten bereits ihren Highschool-Abschluss. Der Überlebenskampf war vorbei und die All-Saints-Gemeinde hatte wieder einen ganz normalen Gemeindealltag entwickelt.

Auf einmal stellte sich die Frage, ob Michael dann überhaupt noch der richtige Mann für dieses routinierte Gemeindeleben war, das jetzt begonnen hatte. Gegen Ende August hatte er eine Nachricht auf seinem

Anrufbeantworter, über die er zunächst weder mit Aimee noch mit der Gemeinde sprach. Pastor Andrew Mead, der Leiter einer episkopalen Kirche in der *Fifth Avenue* in Manhattan, hatte angerufen.

Die beiden hatten sich kennengelernt, als Michael gerade mit seinem Studium begonnen hatte. Er erinnerte sich nur noch an eines aus dieser ersten Begegnung: Er hatte Pastor Andrew Mead erzählt, dass New York für ihn und Aimee viel zu kalt gewesen war und sie froh waren, nicht mehr dort leben zu müssen. Und nun hatte ausgerechnet dieser Mann ihn angerufen und gefragt, ob er in seinem Leitungsteam als Pastor einsteigen wollte – in New York!

„Wir hatten eine ganze Liste von Leuten, die uns für diese Position empfohlen wurden", erzählte Pastor Andrew Mead, als Michael ihn schließlich zurückrief. „Und du warst klar auf Platz eins. Aber man hat mich gewarnt, ich solle dich nicht zu Hause anrufen. Wenn deine Frau das Stichwort ‚New York' hören würde, hättest du vielleicht keine Möglichkeit mehr, dir eine eigene Meinung zu bilden."

Die beiden Männer telefonierten gleich drei Stunden lang miteinander, und egal, auf welches Thema sie zu sprechen kamen – Theologie, Literatur, die Bibel –, sie waren immer einer Meinung. Tatsächlich entsprach dieses Stellenangebot genau dem, was Michael sich bereits direkt nach seiner Ausbildung gewünscht hatte. Er wäre damals gerne Bestandteil eines Teams gewesen, in dem er von einem erfahrenen Leiter, den er respektieren konnte und der ihm helfen würde, ein guter Pastor zu werden, hätte lernen können. Auch der Gedanke, in New York zu leben, war für ihn mittlerweile gar nicht mehr so abschreckend. Ihre beiden Kinder, Atticus und Hadley, waren nun älter und hätten in der Metropole deutlich mehr Entfaltungsmöglichkeiten als im ländlichen Umfeld von Tennessee. Außerdem könnte Aimee so ihre Gaben und Erfahrungen im Musik- und Fernsehbusiness wieder entfalten. Michael und Pastor Andrew einigten sich am Ende des Telefonats darauf, weiter über das Thema nachzudenken und vor allem auch darüber zu beten. Dann wollten sie sich in ein paar Wochen wieder sprechen.

Es hatte für Michael nun also Priorität, Gottes weiteren Plan für sein Leben herauszufinden, doch eigentlich waren sie als Familie sehr glücklich in der All-Saints-Gemeinde. Sie hatten dort so viele Wunder erlebt und liebten die Menschen dort von ganzem Herzen, sowohl die Amerikaner als auch die Karen. Sie wurden von ihrer Gemeinde in Smyrna gebraucht. Wie konnte er da überhaupt an einen Wechsel denken?

Michael hatte sich damals im Studium fest vorgenommen, seinen Beruf als Pastor niemals zu leicht zu nehmen. Vielmehr wollte er ihn ernster nehmen als alles andere in seinem Leben. Dafür hatte er seinen eigenen Willen, seinen Ehrgeiz und alle Träume nach und nach den Plänen und Absichten Gottes untergeordnet. War sein Interesse an dem Angebot von Pastor Andrew Mead jetzt ein Zeichen dafür, dass er doch noch nach Erfolg und Karriere strebte? Oder versuchte er damit etwa, der schweren und oft genug auch dreckigen Arbeit auf den Feldern der Gemeinde zu entkommen, die er in den letzten drei Jahren ausgeführt hatte? Würde er mit so einem Schritt nicht seine Herde, die ihm von Gott anvertraut worden war, im Stich lassen?

Als Michael und Pastor Andrew im September wieder miteinander telefonierten, vereinbarten sie einen Besuch der Familie Spurlock in New York. Dann sollten sie alle weiteren Pastoren und Leiter der Gemeinde persönlich kennenlernen. Und bis dahin wollten die beiden weiter beten und Gott bei dieser schweren Entscheidung um seine Führung bitten.

Mittlerweile hatte Michael auch Aimee von diesem Angebot erzählt, und sie hatte ihm versichert, dass sie seine Entscheidung auf jeden Fall mittragen würde, egal in welche Richtung sie gehen würde. Umso mehr wünschte Michael sich also ein klares Reden von Gott, das seine Zweifel begraben würde.

Aber leider geschah das nicht. Michael erfüllte in den nächsten Monaten weiterhin seine Aufgaben in der All-Saints-Gemeinde. Er beobachtete in dieser Zeit, wie Ye Win als neuer Angestellter der Gemeinde zu einem erfahrenen leitenden Mitarbeiter heranwuchs und wie Pastor Bu

Christ immer mehr ein Hirte für die Karen wurde. Michael Williams, das Ehepaar Adams, die Orrs, Kathy Short und viele andere kümmerten sich weiterhin selbstlos um alle, die Hilfe benötigten, und übernahmen zeitgleich immer mehr Verantwortung in der Gemeinde. Das Gemeindeleben hatte sich verändert und so war auch Michaels Rolle entsprechend anders geworden.

Michael fiel eine Bibelstelle dazu ein, die er schon immer gerne gemocht hatte. Dort sagte Johannes der Täufer über Jesus: „Sein Einfluss muss wachsen, meiner muss abnehmen" (Johannes 3,30). Das Wunder der All-Saints-Gemeinde hatte nichts mit Michael und seinen Bemühungen zu tun. Es ging bei alldem immer um Jesus. Jesus war es, der alles in Gang gebracht hatte, und er war es auch, der es weiter entwickelte. Alles hier drehte sich um ihn. Ob und wie es in der All-Saints-Gemeinde weitergehen würde, hing nicht von Michaels Anwesenheit ab, dessen wurde er sich immer bewusster.

Michael spürte also, dass er nicht die Person war, mit der Gott in der All-Saints-Gemeinde die Zukunft gestalten wollte. Gott hatte ihn bewusst für diese problematische Zeit in der Gemeinde eingesetzt. Sein entscheidender Beitrag war vor allem gewesen, dass er seine Ohren im richtigen Moment für Gottes Reden offen hatte. Aber nun war für die Gemeinde eine andere Zeit angebrochen. Die anfängliche Aufregung war abgeklungen, es ging in ruhigeren Bahnen weiter und für diese neue Zeit hatte Gott bereits eine andere Person ausgesucht. So wie Mose kurz vor dem verheißenen Land zur Seite treten musste und Josua die Verantwortung übergab, war jetzt auch für Michael die Zeit gekommen, die Leitung der All-Saints-Gemeinde abzugeben, damit Gott sie in andere Hände legen konnte.

Wie zuvor vereinbart reisten die Spurlocks im Februar dann nach New York und besuchten dort die Saint-Thomas-Gemeinde. Gegen Ende ihres Aufenthaltes erklärte Pastor Andrew Mead: „Im Vertrauen darauf, dass dies der Wille Gottes ist …"

Michael wandte sich Aimee zu: „Was soll ich sagen?"

„Ja", antwortete Aimee und Michael wiederholte: „Ja."

Zurück in Tennessee, sprach Michael zuerst mit seinem Bischof, dann schrieb er einen offiziellen Kündigungsbrief an seine Gemeinde, den er bereits am nächsten Sonntag im Gottesdienst vorlas. Der Schock war für alle groß und es war schwer, richtig damit umzugehen – so wie Michael es schon erwartet hatte. Vor allem die Karen schienen diesen Schritt überhaupt nicht nachvollziehen zu können.

Wie immer übersetzte Ye Win ihre Fragen an Michael: „Hat dich der Bischof dazu gezwungen? Wollen die episkopalen Leiter etwa, dass du uns verlässt?"

Als sie dann hörten, dass es Michaels eigene Entscheidung war, die Gemeinde abzugeben, verstanden sie die Situation noch weniger. Hatten sie etwas falsch gemacht? Wollte er deshalb von ihnen weg? Oder mochten die Spurlocks sie etwa nicht mehr?

Egal, was Michael auch sagte und wie er versuchte, sein Handeln zu erklären, die Karen verstanden die Welt nicht mehr. Trotzdem leiteten Michael und seine Familie die nächsten Schritte ein. Sie boten ihr Haus zum Verkauf an, und der 9. Mai sollte bereits der letzte Sonntag sein, an dem Michael in der All-Saints-Gemeinde predigen würde. Davor würde er aber noch ein letztes Mal mit allen zusammen – Ye Win, Pastor Bu Christ, Christ Paw, Michael Williams, Paul und Merry Adams und vielen anderen – die Felder bestellen und die Saat ausbringen.

Michael spürte einen tiefen Frieden über seine Entscheidung. Das zeigte ihm wieder einmal, dass er auf dem richtigen Weg war. Trotzdem brach ihm der Gedanke an den Abschied von der All-Saints-Gemeinde fast das Herz. Die innigen Umarmungen der Karenkinder machten es ihm ebenso schwer wie die verunsicherten, traurigen Blicke der erwachsenen Karen.

29

Der ganze Frühling war im Jahr 2010 bereits ungewöhnlich nass gewesen, sodass Ende April viele der Flüsse in Tennessee einen ungewöhnlich hohen Wasserstand aufwiesen.

Am Samstag, den 1. Mai 2010, setzten dann heftige Regenfälle ein. In Nashville fielen innerhalb von 48 Stunden insgesamt 34,5 Liter Regen pro Quadratmeter[2]. Mit diesen starken Regenfällen am Wochenende des 1. und 2. Mai 2010 war dieser Monat schon nach zwei Tagen der feuchteste Mai in der ganzen Geschichte von Nashville – und es hörte danach einfach nicht mehr auf zu regnen. Der *Cumberland River*, der durch Nashville fließt, erreichte eine Rekordhöhe von 15,8 Metern. Damit war sein Wasserstand 3,65 Meter über dem normalen Hochwasserpegel und wies den höchsten Wasserstand auf, den der *Cumberland River* seit der Einführung eines Überflutungs-Kontroll-Systems im Jahr 1960 je erreicht hatte. Etliche Flüsse in Tennessee traten über die Ufer, besonders die kleineren Wasserläufe waren davon betroffen.

Die Altstadt von Nashville verwandelte sich in einen drei Meter tiefen, schlammigen, braunen See. Häuser wurden überflutet, und Straßen wurden zu reißenden Flüssen, die Tausende von Fahrzeugen mit sich zogen. Ein Drittel des Bundesstaats Tennessee wurde zum Katastrophengebiet erklärt und man sprach von einer Jahrhundertflut. Auch wenn die Zahl der Todesopfer sich in Grenzen hielt, verloren 10.000 Familien ihr Zuhause und der Gesamtschaden belief sich auf zwei Milliarden Dollar.

---

2 www2.wetterspiegel.de/de/nachrichten/2010-182978.html (letzter Zugriff: 16. 5. 18)

Auch Smyrna war von der Flut betroffen. Die neun Hektar Land, die zur All-Saints-Gemeinde gehörten, verschwanden in den Fluten. Bevor die Felder damals angelegt worden waren, hatte Michael sich erkundigt, ob der kleine Fluss am Rande des Grundstücks auch manchmal über die Ufer treten würde. Und er hatte erfahren, dass das durchaus vorkommen konnte und dass das Wasser aus dem Fluss in manchen Jahren schon fast die Kirche erreicht hatte. Folglich war Michael nicht allzu überrascht, als er am Samstag, den 1. Mai, einen Anruf erhielt mit der Nachricht, dass das Wasser aus dem Fluss immer höher stieg und es sich schon der Kirche näherte.

„Wir sind gerade mit der Aussaat fertig geworden! Was machen wir jetzt nur, wenn alles wegschwimmt?“, fragte der Anrufer aufgeregt.

„Ich weiß es auch nicht“, antwortete Michael ehrlich. „Aber ich komme sofort vorbei und schaue mir alles an.“

Der Regen war immer noch heftig und auf der Straße stand bereits das Wasser zentimeterhoch. Michael konnte nicht viel sehen und musste deswegen sehr langsam fahren. Bei diesen Wetterbedingungen war es gut, dass die Auffahrt zur Gemeinde samt Parkplatz etwas erhöht lag, sodass Michael sicher bis vor die Kirche fahren konnte. Und tatsächlich! Dort, wo vor Kurzem die frisch eingesäten Felder, die Kapelle und das Fußballfeld für die Jugendlichen lagen, wälzte sich jetzt ein brauner Strom dahin. Die Bänke und der Altar waren schon gar nicht mehr zu sehen. Und während Michael auf dem Hügel stand, verschwand langsam auch noch das Dach der Kapelle in den Fluten. Von den Fußballtoren konnte man nur noch die oberen Latten erkennen.

Aber das war erst der Anfang. Es regnete unaufhörlich weiter, die ganze Nacht hindurch und auch noch am folgenden Tag. Als der Regen dann allmählich nachließ, ging Michael durch den Kirchenraum in den hinteren Bereich des Gebäudes. Er war auf das Schlimmste gefasst. Aber als er dann die hintere Tür öffnete, bot sich ihm ein beeindruckendes Bild.

Der Fluss hatte die komplette Landschaft in einen großen See verwandelt. Der Wasserspiegel stand bereits auf der Höhe der Treppenstufe am Eingang der Hintertür des Kirchengebäudes, aber noch nicht hoch genug, um in die Kirche zu schwappen. Auch der Marktstand, der auf einer leichten Anhöhe stand, war noch vollkommen unbeschädigt. Aber von den Bäumen, die unten am Fluss entlang wuchsen, ragten nur noch die Baumkronen aus dem Wasser. Und die Kapelle, die Fußballtore, die Lagerhütte für landwirtschaftliche Geräte, der Wassertank samt Anhänger, die frische Saat – das alles war von der Flut weggespült worden. Wäre das Wasser nur noch ein paar Zentimeter weiter gestiegen, hätte es auch das Innere der Kirche verwüstet.

Es dauerte noch bis Montag, ehe der Regen endgültig aufhörte. Aber auch danach stieg das Wasser immer noch weiter an und klatschte nun gegen den Türrahmen der hinteren Kirchentür. Doch der Parkplatz und die Zufahrt zur Straße blieben Gott sei Dank trocken. Michael beschloss, in der Kirche zu bleiben, bis das Hochwasser den Höchststand erreicht hatte. Würde das Wasser doch noch einen Weg in die Kirche finden und auch sie zerstören? Seine Lage erinnerte ihn an die Berichte der großen Flut, die Tausende von Jahren zurücklag. Sie löschte das ganze Leben auf der Erde aus und nur acht Menschen überlebten. Michael hatte erleben dürfen, wie Gott die All-Saints-Gemeinde vor der Schließung und dem Verkauf gerettet hatte. Würde jetzt, unmittelbar vor seinem Abschied, alles zerstört werden?

Am Montagabend begann dann aber der Wasserstand endlich zu fallen und kein einziger Tropfen Wasser war in die Kirche eingedrungen. Als Michael am nächsten Morgen aus der Kirche ins Freie trat, schaute die Kuppe des Hügels wieder aus dem Wasser hervor und die Bäume, die den Rand des Grundstücks säumten, waren aus dem schlammigen See aufgetaucht. Glitzernd wurde die Morgensonne von der braunen Wasseroberfläche reflektiert.

Auch dieser Anblick erinnerte Michael an den Bericht der Flut aus dem Beginn der Menschheitsgeschichte. Auch damals war der Tag gekommen, an dem das Wasser wieder abgeflossen und der Wasserstand gesunken war. Aber dieses Mal musste Michael mehr an das Versprechen denken, das Noah von Gott erhielt. Damals sagte Gott zu Noah und seiner Familie, er würde nie wieder eine solche Flut schicken, die alle Bewohner der Erde auslöscht. Gott setzte den Regenbogen über das sich zurückziehende Wasser und erklärte, dieses Zeichen solle die Menschen für immer an sein Versprechen erinnern, „[…] solange die Erde besteht: Nie werden aufhören Saat und Ernte, Frost und Hitze, Sommer und Winter, Tag und Nacht“ (1.Mose 8,22).

Saat und Ernte werden nie aufhören! Das war genau, was Michael jetzt hören musste. Die große Flut war damals für Noah und seine Familie nicht das Ende und diese Jahrhundertflut im Süden der USA würde auch für die All-Saints-Gemeinde nicht das Ende bedeuten. Die Saat war natürlich erst einmal weg, aber sie würden neu aussäen. Michael erinnerte sich in diesem Moment wieder daran, wie damals der Mitarbeiter des Instituts für Bodenerhaltung und Naturschutz bei ihnen gewesen war und die Erde untersucht hatte. Er hatte gesagt, sie hätten dort so ziemlich den fruchtbarsten Boden in ganz Tennessee. Und er erklärte, dass das vor allem an den regelmäßigen Überschwemmungen lag, die das Land so fruchtbar machten.

Dieses Land muss man unbedingt landwirtschaftlich nutzen, hatte der Berater damals gesagt. *Es wäre eine Verschwendung, hier nichts anzubauen.* Gott hatte dieses Land als fruchtbares Ackerland geschaffen. Einige Jahre lang war es auch in diesem Sinn von einer Familie genutzt worden. Aber nachdem das Land an die All-Saints-Gemeinde verkauft worden war, hatte es brachgelegen. Dann war die Spaltung der Gemeinde gekommen, es war einige Zeit vergangen, die Wunden heilten und die Gemeinde konnte sich für das öffnen, was Gott eigentlich die ganze Zeit vorgehabt hatte – sowohl mit dem Land als auch mit den Menschen.

Michael stand an der Hintertür der Kirche, blickte auf das Wasser und fragte Gott: „Hast du also so lange gewartet, bis die Gemeinde endlich wieder bereit war, mit allem aufzuhören, womit Gemeinden sich so oft und gerne beschäftigen? Hast du gespannt geschaut, ob wir bereit sein würden, auf dein Wort hin auch ungewöhnliche Schritte zu gehen? Oder hast du der Gemeinde erst dann neues Leben geschenkt, als sie so gut wie tot war, um ganz klar zu zeigen, dass *du* es warst, der dieses Wunder hier vollbrachte, und nicht die Menschen?“

Gott hatte wie immer alles in seiner Hand: Michael, die Karen, die problembelastete All-Saints-Gemeinde und das fruchtbare Ackerland, das hungrige Menschen satt machte.

Das kann auch nur Gott, dachte Michael schmunzelnd. *Für uns sieht es von außen betrachtet oft etwas chaotisch aus, wenn Gott wirkt. Wir würden es vielleicht anders machen – eher gradlinig, systematisch, voraussehbar und geordnet –, aber dabei würden wir alle zugrunde gehen. Gott lässt das Land zuerst für mehrere Jahre brachliegen, überflutet es dann hin und wieder, sodass der angeschwemmte Schlamm und Dreck es zum fruchtbarsten Acker im ganzen Bundesstaat machen. Ich glaube, das Prinzip kann man auch auf Gemeinden übertragen. Gott macht es einfach oft anders, als wir es gerne hätten, aber definitiv mit besseren Ergebnissen, als wir sie jemals erzielen könnten. Er weiß genau, was er tut. Und wenn das Land unter Gottes Hand aufblüht, dann werden das auch die Menschen tun.*

Michael spürte erneut einen tiefen Frieden. Ja, er würde weiterziehen. Er würde die All-Saints-Gemeinde verlassen, aber Gott würde seine Nachfolge regeln und die Gemeinde würde weiter säen und ernten, wörtlich und im übertragenen Sinn. Manchmal würde alles wieder überflutet werden, so wie in den vergangenen Tagen dieses Feld und auch so wie damals die schmerzhafte Spaltung, aber danach würde die Gemeinde wieder weitermachen, säen und ernten. Denn so ist es Gottes Plan.

Und genau so sollte es dann auch kommen.

Das Wasser verschwand langsam und die Menschen aus der Gemeinde machten sich wieder an die Arbeit. Der Pavillon der Kapelle wurde aus einer Baumkrone befreit und wieder auf das Fundament gesetzt. Der Altar und die Bänke wurden ordentlich geschrubbt und wieder in Reih und Glied aufgestellt. Den Wassertank fand man etwas weiter flussabwärts und holte ihn zurück zu den Feldern, die mittlerweile noch einmal bearbeitet wurden. Und im Herbst dieses Jahres fuhr die Gemeinde eine absolute Rekordernte ein.

Die Kirchenbänke der All-Saints-Gemeinde waren restlos überfüllt, als Pastor Michael am Sonntag, den 9. Mai, nach der gewohnten Liturgie und dem Abendmahl seine letzte Predigt hielt. In seiner Predigt fasste er noch einmal alles zusammen, was Gott in den letzten drei Jahren getan hatte.

Die Botschaft war für die Gottesdienstbesucher einfach und vertraut. Schon Mose hatte es dem Volk Israel vor seinem Tod erklärt, kurz bevor sie in das neue Land einzogen: „Nehmt den Herrn, euren Gott, ernst und befolgt stets seine Anweisungen, die ich euch heute sage, ihr und eure Kinder und die Kinder eurer Kinder. Tut es euer Leben lang, dann wird der Herr euch auch ein langes Leben schenken“ (5. Mose 6,2).

Wenn das Volk in Ruhe in dem versprochenen Land wohnt, soll es nicht vergessen, welche Wunder Gott getan hat, sie sollen ihren Kindern davon weitererzählen. Das galt damals für Israel und heute genauso für die All-Saints-Gemeinde. „Ihr, die ihr Gott verehrt, kommt alle her! Ich muss euch erzählen, was er für mich getan hat“ (Psalm 66,16).

Das größte Wunder, das Gott in der All-Saints-Gemeinde getan hat, war das Zusammenwachsen von zwei extrem verschiedenen Menschengruppen. Zuerst hatten sie nur zusammengearbeitet, dann wurden sie Freunde und inzwischen waren sie zu einer großen Familie geworden. Als Michael mit diesen Worten die Predigt schloss, hatte nicht nur er Tränen in den Augen, sondern auch seine Gemeinde.

30

Und dann war plötzlich alles vorbei. Die Familie Spurlock hatte sich von allen verabschiedet, die Sachen waren gepackt und sie waren bereits auf dem Weg nach New York. Als nur wenig später auf den Äckern der All-Saints-Gemeinde wieder das erste Grün spross, war bereits ein neuer Pastor gefunden worden.

Sein Name war Randy Hoover Dempsey und er war ordinierter Pastor der presbyterianischen Kirche. In den letzten 20 Jahre hatte er allerdings in Nashville an staatlichen Schulen und der Universität unterrichtet. Mit seiner Frau Kathy gehörte er zuvor der episkopalen St. Bartholomäus-Kirche in Nashville an und half dort ehrenamtlich mit, leitete Gebetstreffen und machte Krankenhausbesuche. Randy und Kathy hatten drei Kinder und bereits acht Enkel. Randy war 57 Jahre alt, als in ihm der Wunsch, wieder Pastor zu werden, langsam aufkeimte. Das war im Jahr 2004. Zwei Jahre später hatte er dann alle Voraussetzungen erfüllt, um innerhalb der episkopalen Kirche ordiniert zu werden.

Zu der St. Bartholomäus-Kirche in Nashville gehörten viele Flüchtlinge aus dem Südsudan. Die meisten von ihnen waren Christen aus dem Volk der Dinka. Viele der jungen Männer aus diesem Volk waren als Kinder von den Rebellen verschleppt und gezwungen worden, als Soldaten in den blutigen Kriegen mitzukämpfen. Diejenigen, die schließlich von der der St. Bartholomäus-Kirche aufgenommen worden waren, zählten zu den wenigen Glücklichen, die zunächst in ein Flüchtlingslager und dann in die USA hatten fliehen können.

Als Randy gefragt wurde, ob er in seiner Gemeinde der Ansprechpartner für die Sudanesen sein wollte, war er sofort einverstanden. Als Kind hatte er schon immer leidenschaftlich gern Biografien von Missionaren gelesen. Dabei hatte ihn damals besonders die Geschichte von Albert Schweitzer fasziniert.

Die St. Bartholomäus-Kirche betete regelmäßig für verschiedene Dienste und Missionare in Afrika und unterstützte diese auch finanziell. Die Mission in Afrika war also nicht nur für Randy, sondern auch für seine ganze Gemeinde in Nashville ein Herzensanliegen. Und das auch schon bevor die Flüchtlinge aus Afrika in die Gemeinde gekommen waren. Anders als die Karen in der All-Saints-Gemeinde hielten die Sudanesen in den Räumen der Bartholomäus-Kirche aber noch ihre eigenen Gottesdienste ab. Randy stand immer im engen Kontakt mit den Leitern der sudanesischen Gruppe, vermittelte Sprachkurse und Studienplätze und half den Flüchtlingen in den organisatorischen Dingen des alltäglichen Lebens.

Im Jahr 2009 wurde Randy dann gebeten, übergangsweise eine kleine Gemeinde zu betreuen, die zwei Autostunden südlich von Nashville lag. So pendelte er ein Jahr lang zweimal pro Woche hin und her, bis diese Gemeinde einen eigenen Pastor bekam. Das war ungefähr zu dem Zeitpunkt, als der Bischof Randy kontaktierte und ihm von Pastor Michael Spurlock und der All-Saints-Gemeinde erzählte. Da Randy in Nashville bereits mit Flüchtlingen gearbeitet hatte, habe man bei dieser Stelle sofort an ihn gedacht. Könne er sich vorstellen, Pastor der All-Saints-Gemeinde zu werden?

Für Randy war die Entscheidung einfach gewesen. Wenn der Bischof ihn in dieser Gemeinde haben wollte, dann ging er dort hin. Dazu kam, dass er sich wirklich darauf freute, wieder in einer multikulturellen Gemeinde zu arbeiten. Außerdem war die Entfernung nach Smyrna sehr viel kürzer als die Entfernung zu der Gemeinde, die er zuletzt betreut hatte.

Am 1. August 2010 predigte Randy zum ersten Mal in der All-Saints-

Gemeinde, und obwohl die Menschen dort über Michaels Entscheidung immer noch sehr traurig waren, spürten sie an diesem ersten Sonntag sofort, dass Randy gut zu ihnen passen würde.

Gleich im Anschluss an seinen ersten Gottesdienst fragte er: „Verstehen hier eigentlich alle Englisch?"

Da das noch nicht der Fall war, hatte Randy bereits ab dem nächsten Sonntag ein Team von Leuten aufgestellt, dass den Gottesdienst simultan übersetzte. Angeführt wurde dieses Team von Ye Win. Als nächsten Schritt suchte Pastor Randy nur noch Lieder für den Gottesdienst aus, die es in beiden Sprachen gab. Von da an konnten alle Gottesdienstbesucher die Lieder in ihrer eigenen Sprache mitsingen.

Pastor Randy erkannte auch ziemlich schnell, wie weit der Bildungsgrad innerhalb der Karen auseinanderklaffte. Während die Kunoos und die Familie von Bu Christ studiert hatten, gab es genügend andere, die Analphabeten waren. Als Lehrer hatte Randy zuvor viele Jahre in Grundschulen unterrichtet. Die Techniken, die er damals gelernt hatte, baute er jetzt auch in seine Predigten ein. Seine Gedanken veranschaulichte er immer auf vielfältige Weise. Außerdem erzählte er stets lustige Geschichten, die zum Predigtthema passten. Alle hatten ihren Spaß, und, was noch wichtiger war, alle verstanden seine Botschaften, egal welche Sprache, welche Kultur und welche Schulbildung sie hatten.

„Ich war so froh, dass Ye Win meine Predigten nicht nur übersetzt, sondern auch korrigiert hat", erzählte Pastor Randy später lachend. „Wenn es absehbar war, dass ein Witz auf Karen nicht funktionieren würde, ließ er ihn einfach weg. Überhaupt war Ye Win wirklich eine Schlüsselfigur für alles, was damals in meiner Zeit in der All-Saints-Gemeinde passierte. Er ist durch und durch der Hirte dieser Herde geworden. Gott hat ihm da wirklich eine sehr starke pastorale Berufung gegeben. Und nur weil er sich so sehr für die Karen einsetzte, kamen immer mehr Menschen in die Gemeinde und schlossen sich uns an."

Tatsächlich wuchs die Gemeinde in den folgenden Jahren schnell. Schon in Pastor Randys erstem Jahr stieg die Zahl der regelmäßigen

Gottesdienstbesucher auf 180 Menschen an, bei besonderen Gelegenheiten sogar auf 225. Die Kindergottesdienste wurden von 100 Kindern besucht, von denen die meisten Karen waren. Eine Familie hatte ihnen ein schön gearbeitetes Taufbecken aus Stein gespendet. Und in diesem Becken konnte Pastor Randy während der sechs Jahre, die er in der All-Saints-Gemeinde war, mehr als 100 Personen taufen.

Schließlich war die Kirche dann trotz zusätzlicher Stühle in den Gängen und im hinteren Bereich so voll, dass ein zweiter Gottesdienst am Sonntag eingeführt wurde. Das war eigentlich eine gute Idee, funktionierte für die Karen allerdings nicht, denn sie waren lieber in einem total überfüllten Raum, als sich in zwei Gruppen aufzuteilen. Also wurde der zweite Gottesdienst kurzerhand wieder eingestellt.

Das Abendmahl wurde von den Gemeindegliedern immer besonders geschätzt, weshalb es einen immer zentraleren Raum im Gottesdienst einnahm. Zuerst kamen die Kinder an die Reihe, während sie zum Altar gingen, sangen sie das Lied *Jesus loves me* auf Englisch und auf Karen. Die Kinder, die noch nicht getauft waren, gingen gemeinsam mit den getauften Kindern, wobei die einen das Abendmahl erhielten, während die andern gesegnet wurden. Anschließend folgten die Erwachsenen, die sich dabei schon lange nicht mehr nach Nationalität aufteilten, wie es noch zu Anfang üblich gewesen war. Pastor Bu und Pastor Randy teilten das Abendmahl aus, einer auf Englisch, der andere auf Karen.

Unter den Karenkindern war Pastor Randy besonders beliebt, weil er gerne mit ihnen sang und spielte. Auch seine Frau Kathy fühlte sich auf Anhieb in der All-Saints-Gemeinde zu Hause. Sie war eine leidenschaftliche Fotografin und machte so bei jeder Gelegenheit Hunderte von Bildern, die dann an den Wänden im Eingangsbereich der Kirche aufgehängt wurden.

„Pastor Michael war damals der perfekte Pastor für diese Gemeinde", erinnerte sich ein langjähriges Gemeindeglied. „Ohne ihn würde es diese Gemeinde schon lange nicht mehr geben und wir hätten keine Karen in der Gemeinde. Michael tat unter uns genau das, wozu Gott ihn beauftragt hatte. Aber die Gemeinde brauchte danach genauso Randy und Kathy, um sich weiterzuentwickeln. Die beiden waren die richtigen Menschen für die nächste Phase ihrer Entwicklung."

Alles, was Michael in der All-Saints-Gemeinde begonnen hatte, wurde fortgesetzt. Die Ernte wurde im Sommer eingebracht, im Frühling wurde wieder gesät. Es wurde weiterhin Englisch als Fremdsprache unterrichtet, ebenso wie je nach Bedarf auch verschiedene andere Themen. Es gab weiterhin Fahrdienste für die Karen ohne Führerschein und kostenfreie medizinische Behandlung in der Kirche. Man bekam auch immer noch Hilfe beim Ausfüllen von Formularen und im Umgang mit Behörden, Schulen oder bei der Beantragung von staatlicher medizinischer Versorgung.

„Wir haben versucht, alles weiterzuführen, was Pastor Michael angefangen hat", erklärte Pastor Randy. „Und wir haben uns bemüht, Ye Win in all den vielen guten Dingen zu unterstützen, die er als Leiter dieser Karengemeinschaft tat."

Genau wie Michael achtete auch Randy darauf, Pastor Bu Christ als gleichberechtigten Pastor zu behandeln, der einen aktiven Part im Gottesdienst hatte und immer noch der geistliche Leiter der Karen war. Außerdem pflegte Pastor Randy den Kontakt zur Familie Spurlock in New York. In Michaels erstem Jahr dort luden sie Ye Win ein, damit dieser den Jugendlichen seine Geschichte erzählen konnte. Im nächsten Jahr reisten dann die Jugendlichen aus New York zur All-Saints-Gemeinde, halfen dort bei der Ernte der Rosellepflanzen und bauten einen Spielplatz für die Kinder. Dieser weitere Kontakt zu den Spurlocks war heilsam für die Karen, die anfangs immer noch sehr unter dem Weggang der Familie gelitten hatten.

Ye Win erklärte das später so: „Wir haben einfach nicht verstanden, warum ihr gehen wolltet. Es war, als wären wir euch plötzlich egal. Wir dachten, dass ihr uns vielleicht doch langsam loswerden wolltet, weil wir zu anstrengend waren. Aber weil ihr nicht einfach verschwunden seid, sondern den Kontakt zu uns gehalten habt, konnten wir langsam verstehen, dass wir euch immer noch genauso wichtig waren wie vorher. Wir wussten dann, dass wir euch immer noch anrufen dürfen, wenn wir in Not sind, und die Verbindung nicht abbrechen wird."

Michael und seiner Familie war es ebenso immer ein Herzensanliegen geblieben, die Kontakte zu den Menschen in der All-Saints-Gemeinde zu halten. Denn sie trugen diese Menschen weiterhin in ihren Herzen.

„Das ist Gemeinde", erklärte Michael später. „Auch wenn wir räumlich getrennt sind, bleiben wir trotzdem eine Gemeinschaft. Ich bin so dankbar für die Menschen in Smyrna, die mir zu echten Freunden geworden sind, die meine Geschwister sind und die ich spätestens im Himmel wiedersehen werde."

Darüber hinaus entstanden neue Beziehungen zwischen der All-Saints-Gemeinde und den Christen in Myanmar. Zum Beispiel konnte die Anschaffung eines Fahrzeuges für die Diözese im Karengebiet durch Spenden aus Smyrna finanziert werden. Das Fahrzeug ging genau in die Gegend, in der Bu Christ und John Kunoo einst missioniert hatten.

31

Die Nachricht der wachsenden All-Saints-Gemeinde in Smyrna verbreitete sich schnell und es meldeten sich Karenfamilien aus dem ganzen Land, die sich ebenfalls der Gemeinde anschließen wollten. Ye Win fuhr als Angestellter der Gemeinde zu diesen Familien und half ihnen bei ihrem Umzug nach Smyrna und wie immer unterstützte er die neu ankommenden Familien bei der Suche nach Wohnung, Arbeit, Möbeln und Kleidung, aber zum Glück gab es inzwischen noch viele weitere ehrenamtliche Helfer, die ihm dabei halfen. Wie auch in den Jahren zuvor sorgte Gott weiterhin für Ye Win und segnete ihn schließlich mit der hübschen, gläubigen Karenfrau Pa Lay Paw. Die beiden heirateten im Jahr 2011 und bekamen in den folgenden vier Jahren drei Kinder: Joshua Glory, Felicity und Solomon.

~

Doch nicht nur Karen schlossen sich der Gemeinde an. So erfuhr zum Beispiel Bob Druecker über seine Enkeltochter, die zusammen mit zwei Freundinnen die Karenkinder unterrichtete, von All-Saints. Und weil er als Lehrer für asiatische und arabische Kinder, die sich mit der englischen Sprache schwertaten, im Schulbezirk von Smyrna angestellt worden war, interessierte ihn das Projekt natürlich sehr. So kam es, dass er mit seiner Enkelin den ehrenamtlichen Unterricht besuchte und dort sogar einige Kinder wiedertraf, die er von seiner Arbeit als Lehrer bereits kannte.

Es war also naheliegend, dass sich auch Bob als Sprachlehrer für die Karen in der All-Saints-Gemeinde einsetzte. Das passierte im Jahr 2010, kurz nachdem Pastor Randy die Gemeinde übernommen hatte. Bob war zwar in einem christlichen Elternhaus aufgewachsen, aber seitdem er mit 17 Jahren zum Militär gegangen war, hatte er jahrzehntelang mit dem Glauben nichts mehr zu tun gehabt. Doch nun weckten diese Karen, die er in der Gemeinde kennenlernte, plötzlich sehr alte Erinnerungen bei ihm.

Die Kinder, die ihm hier begegneten, hatten Schreckliches erlebt. Eines der Mädchen erzählte, wie die burmesischen Soldaten ihr Dorf niederbrannten. Ihre Mutter hatte die Soldaten auf Knien angefleht, ihr Feld zu verschonen, weil sie sonst nicht genügend Nahrung für ihre Familie hätte. Daraufhin erschossen die Soldaten ihren Vater und ihre Geschwister mit den Worten: „So, jetzt braucht ihr nicht mehr so viel."

Ein anderes Mädchen war als Kleinkind in einem Rucksack über die Grenze geschmuggelt worden. Während der Flucht war ihr der Mund mit Klebeband verschlossen worden, damit sie mit ihrem Weinen nicht die Aufmerksamkeit der feindlichen Soldaten erregte. Fast jedes Kind, das Bob kennenlernte, hatte traumatische Erfahrungen gemacht. Dazu kam der plötzliche Wechsel in ein fernes Land, das für sie fremd und deren Kultur oft unverständlich war. Aber was Bob erstaunte, jedes der Kinder hatte trotzdem einen festen, starken Glauben an Gott. An den Gott, dem Bob bereits vor Jahren den Rücken gekehrt hatte. Dazu kam, dass die Familien der Kinder, die er unterrichtete, sich mit größter Fürsorge und so viel Herzlichkeit um ihn kümmerten.

Diese Menschen sind wirklich etwas Besonders, dachte Bob nur allzu oft.

Eines Sonntags wollte Bob dann mehr über diese Gemeinde erfahren, zu der die Karen gehörten, und von da an ging er jeden Sonntag zum Gottesdienst. Er veränderte sich nicht über Nacht, aber sein Glaube wuchs langsam und ganz tief in seinem Herzen. Nach und nach engagierte er sich immer mehr in der Gemeinde. Er half den Kindern weiterhin bei ihren Hausaufgaben, half den Erwachsenen, die US-Staatsbürgerschaft zu beantragen, fuhr Leute zum Arzt, und wenn es irgendwo in einer Familie Streit gab, ging er als Schlichter dazwischen, wie er es während seiner Zeit beim Militär gelernt hatte. Bob spürte, dass er unter den Karen genau das tat, was Gottes Aufgabe für ihn war.

Eines Tages rief er einen Freund in New York an, der dort Pastor war, und fragte ihn: „Was muss ich eigentlich tun, wenn ich Gott dienen will?"

Der Freund fragte zurück: „Was machst du denn zurzeit?"

Bob erzählte ihm von seiner Arbeit in der All-Saints-Gemeinde und sein Freund versicherte ihm: „Du dienst Gott doch schon längst."

Später erzählte Bob: „Diese Karenkinder haben mir geholfen, wieder zu Gott zurückzufinden. Sie haben mir die Liebe gezeigt, die von Gott kommt. Für mich ist *das* ein Wunder."

~

Eine weitere Amerikanerin, die sich der Gemeinde anschloss, war Lisa Lehr. Sie zog nach Smyrna ganz in die Nähe der All-Saints-Kirche und ging rein aus Neugierde einmal in den Gottesdienst. Lisa kam eigentlich aus einem katholischen Elternhaus, hatte später verschiedene protestantische Kirchen besucht und ging zu der Zeit, in der sie nach Smyrna zog, in keine Kirche mehr.

Während sie das erste Mal die All-Saints-Gemeinde besuchte, gefiel ihr gleich der zweisprachige Gottesdienst und dass die Menschen sie so freundlich aufnahmen. Als dann eine kleine, ältere Karenfrau sie zur Begrüßung herzlich umarmte, fühlte Lisa sich gleich so angenommen, dass sie gerne wiederkam. Schon bald brachte auch Lisa sich in vielen Bereichen der Gemeinde ehrenamtlich ein. Sie half bei der Sommerbibelschule und im Kindergottesdienst.

Da sie zuvor bereits für christliche Verlage gearbeitet hatte, kam sie auf die Idee, für die Sommerbibelschule ein Handbuch zu schreiben, das sich rund um den Ackerbau drehte. Die Kinder bekamen dafür sogar ein eigenes Stück Land zugewiesen, auf dem sie ihre eigenen Pflanzen anbauen konnten. Die biblischen Geschichten, die dazu erzählt wurden, drehten sich alle um das Säen und Ernten. Und auch das gemeinsame Essen und die Bastelangebote wurden darauf abgestimmt. So bastelten die Kinder einmal zum Beispiel aus Pudding, Keksen und Süßigkeiten essbaren „steinigen“, „sandigen“ und „guten“ Boden.

Ein Jahr später schrieb Lisa wieder ein Handbuch und dieses Mal ging es um Feste in der Bibel. Dazu gehörten die Rückkehr des verlorenen Sohnes, der Palmsonntag und andere Feste, von denen in der Bibel erzählt wird. In jede Lektion wurden Elemente aus der amerikanischen und der Karenkultur eingebunden. Für Lisa selbst war es jedoch das Schönste, dass sie endlich in einer Gemeinde angekommen war, die ihr eine Familie und ein Zuhause bot.

Pastor Randy beobachtete in seinen Jahren in der All-Saints-Gemeinde, dass es viele unterschiedliche Gründe für die Karen und die Amerikaner gab, sich seiner Gemeinde anzuschließen. Die Karen kamen eigentlich immer, weil Verwandte und Freunde schon in Smyrna lebten und bereits zur Gemeinde gehörten. Die Amerikaner sehnten sich meistens eher nach einer Gemeinde, in der man das Leben miteinander teilte, fest im Glauben verwurzelt war und Freude daran hatte, einander zu helfen. Und das war genau das, was die All-Saints-Gemeinde bieten konnte.

Die Karen wären die Ersten, die zugeben würden, dass sie weder Helden noch Heilige waren. Sie hatten Schlimmes erlebt und dabei immer fest zu ihrem Glauben gestanden. Aber trotzdem waren sie auch ganz normale Menschen mit Fehlern und Schwächen und keineswegs, wie manche Amerikaner grundsätzlich von Flüchtlingen dachten, gefährlich und kriminell.

Vielen Besuchern der Gemeinde gefiel das gemeinsame Singen im

Gottesdienst, da es aus tiefstem Herzen kam. Außerdem genossen sie die zweisprachige Form des Gottesdienstes und waren begeistert, dass auch die Kinder am Abendmahl teilnahmen. Dazu kam die Kultur der Gastfreundschaft, welche die Karen pflegten und die jedem Besucher einfach nur guttat. Manche Besucher schauten nur aus Neugier vorbei, andere fanden das, was sie suchten, und blieben.

Für Pastor Randy waren alle willkommen, die Touristen, die die Gemeinde nur besichtigten, und auch alle, die bleiben wollten. Aber für die Gemeinde waren natürlich die Menschen besonders wichtig, die von Gott dazu berufen wurden, sich langfristig in der Gemeinde einzubringen und Menschen in Not zu helfen.

32

Mittlerweile gab es auch Karen im Kirchengemeinderat und mindestens die Hälfte der monatlichen Spenden setzten sich aus Beiträgen von den Karen zusammen. Pastor Randy wünschte sich oft, dass jemand anderer die Verantwortung für die *Kyrios*-Farm übernehmen würde, da ihm selbst diese Arbeit nicht besonders lag und die meisten Karen inzwischen berufstätig waren und wenig Zeit hatten. Aber auch dafür hatte Gott schon jemanden im Blick. David und Annetta McGee aus Baton Rouge im Bundesstaat Louisiana zogen nur wenig später nach Smyrna und fingen an, die Gottesdienste der All-Saints-Gemeinde zu besuchen.

David hatte als junger Mann Landwirtschaft studiert und war in Baton Rouge für einen städtischen Park verantwortlich gewesen. Nun war er Rentner und übernahm liebend gerne die Leitung der *Kyrios*-Farm. Er koordinierte die ehrenamtlichen Helfer, die sowohl aus dem amerikanischen als auch aus dem Karenteil der Gemeinde kamen, und war selbstverständlich auch selbst viel auf dem Traktor im Einsatz. Die Erträge stiegen rasant und bald wurde bereits mehr erwirtschaftet, als man überhaupt verkaufen oder auch verschenken konnte.

Im allerersten Sommer, in dem Michael Spurlock begonnen hatte, die Felder anzulegen, hatte er bereits mit Michael Williams überlegt, wie sich das Projekt in Zukunft entwickeln könnte.

„Es wird eine Zeit kommen, in der wir diese Äcker nicht mehr brauchen werden – auf jeden Fall nicht mehr so wie jetzt. Dann ist es wichtig, alles wieder loszulassen und uns für das zu öffnen, was die nächste

Generation mit diesem Land machen sollte. Wir wollen in zehn Jahren ja nicht als die Gemeinde bekannt sein, die Ackerbau betreibt, während keiner mehr weiß, warum wir das eigentlich alles machen."

Genauso kam es dann auch. Die Jahre vergingen, alle hatten genug zu essen und verdienten gut. Manche Familien lebten mittlerweile weiter von der Kirche entfernt und viele Teenager zogen nach der Schule in andere Städte. Die *Kyrios*-Farm war für die Gemeinde nicht mehr so wichtig wie zu Anfang und die Identität der Gemeinde hing davon nicht mehr ab. Also teilte man die Felder in kleine Gartengrundstücke für die Gemeindeglieder auf. Jeder konnte sein Stück Land so nutzen und bewirtschaften, wie er es wollte oder zeitlich einrichten konnte. Und bis heute verschenken die Gartenbesitzer ihre landwirtschaftlichen Erträge an Bedürftige, soweit sie diese nicht selbst verbrauchen konnten.

Doch obwohl es der Gemeinde mittlerweile gut ging, blieben die Finanzen ein Thema. Als einmal das Geld für ein bestimmtes Projekt fehlte, schlug Ye Win vor, eine „Jesus-Dose" einzurichten. Pastor Randy hatte diesen Ausdruck noch nie gehört. Ye Win erklärte: In den Karengemeinden hätte es immer solche „Jesus-Dosen" gegeben, in die jene Familien oder Personen, die sich von Gott besonders gesegnet sahen, eine Spende stecken konnten.

Pastor Randy war von dieser Idee nicht überzeugt. Er fand sie ganz nett, aber glaubte nicht, dass das etwas für die Amerikaner wäre. Doch die Karen fingen immer wieder an, von dieser Dose zu reden, sodass Pastor Randy schließlich einwilligte, und es wurde eine „Jesus-Dose" aufgestellt. Alle drei Monate sollte sie geöffnet werden. Der Inhalt würde dann der Sonntagskollekte hinzugefügt werden. Als die Dose zum ersten Mal nach drei Monaten geöffnet wurde, enthielt sie 4.000 US-Dollar.

Pastor Randy war sprachlos. „Es tut mir unendlich leid, dass es so lange gedauert hat, bevor ich auf dich gehört habe, Ye Win. Wenn du mir das nächste Mal einen Vorschlag machst, werde ich den sofort umsetzen. Wir hätten längst das nötige Geld zusammen, wenn ich schon vor einem Jahr auf dich gehört hätte!"

Pastor Randy war oft von der Großzügigkeit der Karen sehr bewegt. Viel zu viele Amerikaner sahen in den Karen und auch in anderen Flüchtlingen immer nur Menschen, die den Staat Geld kosteten und bei jeder Gelegenheit die Hand aufhielten. Aber obwohl die Karen ihr neues Leben in den USA praktisch ohne eigenen Besitz begonnen hatten, gaben sie schon damals freudig ihre Spenden ab. Sahen sie irgendwo eine Not, dann legten sie gerne dafür zusammen.

Einmal löste sich zum Beispiel das runde Fenster hinten im Kirchenraum, auf dem das Lamm Gottes dargestellt war, aus seinem Rahmen. Die Reparatur war dringend notwendig, hätte aber 15.000 Dollar gekostet. So viel hatte die Gemeinde nicht. Also startete Pa Lay Paw, die Frau von Ye Win, ganz unauffällig eine Sammlung unter den Karen und schon bald darauf übergab sie der Gemeindeleitung 8.000 Dollar für die Fensterreparatur.

Wenn es unter den Karen ein Problem gab, wurde stets gemeinsam darüber beraten, was zu tun wäre. Und Probleme gab es genug. Die Sozialarbeiter und Psychologen, die mit den Karenflüchtlingen zu tun hatten, stellten bei ihnen oftmals Anzeichen eines posttraumatischen Belastungssyndroms fest, und das nicht nur bei den Erwachsenen, sondern vor allem bei den Teenagern und Kindern. Nicht alle Karen, die nach Smyrna kamen, hatten sich der Gemeinde angeschlossen, hatten den inneren Halt durch den christlichen Glauben oder lebten in einer intakten Familie, weshalb manche von ihnen versuchten, ihre inneren Nöte mit Alkohol und Drogen zu unterdrücken.

Das wussten die Drogenhändler und die Straßenbanden natürlich ganz genau und witterten leichte Beute. Sie versuchten, unter den jungen Karen neue Leute zu rekrutieren, und manchmal gelang ihnen das leider auch. Als die meisten Karen noch in dem überfüllten Wohnblock lebten, standen ständig Bandenmitglieder mit Waffen in den Händen vor ihren Wohnungstüren und verlangten Schutzgeld, weshalb die

Karenmänner, die früher zu großen Teilen Guerilla-Kämpfer gewesen waren, um die Sicherheit ihrer Familien fürchteten und anfingen, sich ebenfalls zu bewaffnen.

Ähnlich wie Paul Adams versuchte auch Pastor Randy das Verhältnis zwischen der Polizei und den Karen beständig zu verbessern, weshalb er einmal den Polizeichef von Smyrna in den Gottesdienst einlud. Dieser sprach dann im Anschluss zu den Gottesdienstbesuchern und Ye Win übersetzte.

„Wir sind Ihre Polizei", versuchte er zu erklären. „Wir arbeiten hier für Ihren Schutz. Wenn Sie sich bedroht fühlen, dann wählen Sie bitte die Nummer 911. Sie brauchen Ihren Namen nicht anzugeben, sagen Sie einfach nur, wo Sie wohnen, und wir schicken sofort jemanden zu Ihnen."

Nachdem sich die Polizei über die Lage der Karen informiert hatte, erhöhte sie ihre Präsenz in den Wohngebieten der unteren Einkommensschichten. Dadurch entstand Nähe und Vertrauen zwischen der Polizei und den Karen, man arbeitete zusammen und die Zahl der Konflikte sank.

In den folgenden Jahren nahmen die Delikte unter den Karen weiter ab, während die Menschen sich immer mehr in die amerikanische Gesellschaft integrierten. Sie zogen in eigene Häuser und Pastor Randy hielt zahlreiche Segnungsgottesdienste für ihre Häuser ab. Dazu drängten sich oft gleich 100 Leute oder mehr in die neue Wohnung, was aber kein Problem war, weil nur den Amerikanern Stühle angeboten werden mussten, die Karen saßen auf Matten und Decken auf dem Boden. Bei diesen Gottesdiensten beteten Pastor Randy und Pastor Bu Christ in jedem einzelnen Raum und segneten die Familien, bevor alle zu einem wie üblich scharf gewürzten Festessen gebeten wurde.

Letzteres blieb für Pastor Randy auch das einzige Problem bei seinem Dienst in der All-Saints-Gemeinde. Er mochte das Essen zwar, aber für seinen amerikanischen Magen war einfach alles viel zu scharf. Als die Karen das bemerkten, sagten sie nichts dazu, hielten aber bei der nächsten Haussegnung für ihren Pastor einen Teller voller Pizzastücke bereit, der zwischen den vielen Currys und Chili-Suppen stand. Bis heute ist das eine feste Tradition: Wenn Karen ein Fest feiern, haben sie zwischen ihren eigenen kulinarischen Spezialitäten immer auch Pizza für die Amerikaner dabei.

Paul Adams hingegen genoss das scharfe Essen sehr. Während seiner Jahre in der Armee war er in vielen Ländern unterwegs gewesen und hatte so, im Gegensatz zu Pastor Randy, Geschmack an scharfem Essen gefunden. Deshalb waren auch seine Hähnchenflügel, die Paul süßsauer und sehr scharf zubereitete, bei den Karen sehr beliebt.

Da Paul immer noch gerne unterrichtete und stets auf der Suche nach neuen Themen war, lehrte er seine Schüler auch die Zubereitung von amerikanischen Speisen. Im Gegenzug zeigten ihm die jungen Karen dann, wie sie ihre traditionellen Gerichte zubereiteten, zum Beispiel extrem scharfe Samosas oder süß-salzige Kokosnussreisbällchen.

Und weil die jungen Karen so gerne Neues lernten, kam Paul auf die Idee, mit ihnen das Konzept der freien Marktwirtschaft zu üben. Er nutzte dafür die Tomaten und das andere Gemüse der *Kyrios*-Farm. Von den Jugendlichen ließ Paul sich Familienrezepte und Würzmischungen mitbringen und dann experimentierte Paul in der Küche so lange mit ihnen, bis sie viele verschiedene leckere Rezepte für scharfe Soßen entworfen hatten. Sie nannten ihre Produktion *Old Sailor* (Alter Segler) und wurden damit bald schon als Marke für scharfe Produkte in der ganzen Gegend bekannt.

Paul zeigte den jungen Karen anhand dieses Projekts, wie man die Kosten für Herstellung und Vertrieb überschlägt und seine Waren durch Werbung an den Mann bringt. Auch das Abfüllen der Soßen in die Flaschen und Gläser musste gelernt werden. Doch das ganze Projekt diente nicht zur Aufbesserung ihres eigenen Taschengeldes, sondern die

Gewinne von *Old Sailor* steckten die Jugendlichen in ihre Gemeinde und in verschiedene Missionsprojekte und Wohltätigkeitsdienste. Mit dem ersten größeren Erlös kauften sie zum Beispiel einen Teppich für den Babyraum der All-Saints-Gemeinde.

Nur der große, immer noch nicht abbezahlte Kredit blieb ein ungelöstes Problem für die All-Saints-Gemeinde. Der ursprüngliche Gedanke, durch die landwirtschaftlichen Erträge der *Kyrios*-Farm die Schulden abzutragen, blieb leider eine Illusion. Aber das Wunder, das in Michaels erstem Jahr in Smyrna begann, war hier noch lange nicht zu Ende. Denn egal, wie hoch die Ausgaben waren, egal, wie viel oder wenig gespendet wurde, die 10.000 Dollar, die Michael als Startkapital von der Diözese bekommen hatte, wurden nie aufgebraucht. Was der Gemeinde zusätzlich half, waren die ständig sinkenden Zinsen bei der Bank, sodass die monatlich zu zahlenden Beträge von den anfänglichen 5.500 Dollar allmählich auf 3.000 Dollar und später sogar auf 1.500 US-Dollar sanken.

Zwar war damit die Gemeinde finanziell noch nicht unabhängig, trotzdem war aus der vor Kurzem noch kleinsten und ärmsten Gemeinde in der Diözese von Tennessee die am schnellsten wachsende Gemeinde geworden. Jede Ortsgemeinde gab üblicherweise den zehnten Teil aller Spenden, die die Gemeinde sammelte, an die Diözese. Dadurch hatte die Diözese die Möglichkeiten, einzelne Projekte finanziell zu unterstützen. Im Jahr 2011 beschloss die Diözese dann, den restlichen Kredit der All-Saints-Gemeinde zu übernehmen und sie von da an als Missionsprojekt, das sich finanziell nicht tragen muss, weiterzuführen.

„Jedes Mal, wenn eine Situation entstand, in der wir finanzielle Mittel benötigten, kam das notwendige Geld immer irgendwie zusammen", erinnerte sich Pastor Randy. „Das hatte nichts mit unseren guten Strategien zu tun und es lag auch nicht an unserer vorausschauenden Planung. Aber in solchen Momenten kamen wir als Gemeinde jedes Mal zusammen und beteten. Und Gott erhörte unsere Gebete immer und immer wieder."

33

Die All-Saints-Gemeinde war längst viel mehr als nur eine normale Kirche, denn sie bot der Bevölkerung von Smyrna und Umgebung viele verschiedene Formen der Unterstützung an. Das war auch nötig, dann die Karen hatten nicht nur psychische Traumata aus ihrer Vergangenheit mitgebracht, sie litten auch unter vielen Arten von körperlichen Krankheiten und Beschwerden. Kathy Short arbeitete als Sozialarbeiterin und kannte sich vor allem auf dem Gebiet unterschiedlicher Krankenversicherungsfragen aus. Paul Adams war beim Militär Sanitäter gewesen, weshalb sie gemeinsam ein Gesundheitszentrum auf die Beine stellen konnten, das in der Kirche kostenlose Behandlungen anbot und den Karen bei Bedarf auch Zugang zu staatlich finanzierter Behandlung verschaffen konnte.

Und der Bedarf war da, denn die Karen hatten viele gesundheitlichen Probleme ignoriert und über die Zeit verschleppt. Sie waren es einfach nicht gewohnt, einen Arzt aufzusuchen, es sei denn, es handelte sich um eine lebensgefährliche Situation. Deswegen stand der Zahnarztbesuch bei ihnen ganz unten auf der Liste und entsprechend war auch der Zustand ihrer Zähne.

Eine Frau in der Gemeinde konnte plötzlich auf einem Auge nicht mehr sehen und auch das andere Auge wurde immer schlechter. Aber sie sagte niemanden etwas. Erst als bei der Entgegennahme des Abendmahls auffiel, wie stark ihre Hand plötzlich zitterte, wurde man darauf aufmerksam, dass mit ihr gesundheitlich etwas nicht stimmen konnte. Daraufhin fuhren ehrenamtliche Mitarbeiter der Gemeinde sofort mit der Frau zu einer Einrichtung der Uniklinik, die bedürftige Patienten kostenlos behandelte. Bei der Untersuchung wurde ein Hirntumor entdeckt, der schon die Größe eines Tennisballs hatte und auf eine ihrer Augenhöhlen drückte. Nach der operativen Entfernung des Tumors konnte sie wieder ohne Einschränkung sehen.

Wenig später wurde die Tochter dieser Frau krank. Sie war erst neun Jahr alt und hieß April. Weil April immer gerne zur Schule ging und nichts im Unterricht versäumen wollte, verriet sie lange Zeit nicht, dass sie sich oft schlecht fühlte. Erst als ihre Haut plötzlich ganz gelb wurde, sahen auch die anderen, dass April krank war. Ye Win fuhr sie ins gleiche Krankenhaus, das auch ihre Mutter behandelt hatte. Leider wurde dort festgestellt, dass April eine degenerative Nierenerkrankung hatte, die oftmals nicht erkannt wird, weil sie so selten ist. Aber der Arzt, der gerade in der Notaufnahme Dienst hatte, als Ye Win mit April dorthin kam, war Spezialist für genau diese so seltene Krankheit. Das war das erste Wunder in Aprils Geschichte.

Schnell war klar, dass April dringend eine Nierentransplantation brauchte, denn ihr Zustand wurde immer kritischer. Hätte man die Krankheit nicht erkannt, wäre sie innerhalb weniger Monate gestorben. Für April begann nun ein langer Krankenhausaufenthalt. Als man ihr sagte, dass sie das nächste Schuljahr wegen ihrer Krankheit nicht würde besuchen können, weinte sie, und das war überhaupt das einzige Mal, dass sie während dieser schweren Krankheitsphase weinte. Endlich gab es eine Spenderniere, aber ihr Körper stieß das fremde Organ nach der Transplantation wieder ab, weshalb April voll und ganz auf die Dialyse angewiesen war und so nicht lange würde überleben können. Dazu kam, dass für sie als Flüchtling im amerikanischen Gesundheitswesen eine zweite Transplantation nicht mehr kostenlos möglich war.

Zu diesem Zeitpunkt fand ihr 17-jähriger Bruder heraus, dass er April rein rechtlich seine Niere würde spenden können, sobald er 18 Jahre alt war. Direkt an seinem 18. Geburtstag ging er also zur Untersuchung ins Krankenhaus. Dort wurde festgestellt, dass seine Niere tatsächlich zur Transplantation geeignet war, nun blieb nur noch die Frage der Finanzierung. Und hier setzte das nächste Wunder ein: Das Krankenhaus beschloss, eine Ausnahme zu machen und die Operation kostenlos durchzuführen. Eine christliche Hilfsorganisation übernahm das Honorar für die Ärzte und die Kosten für die notwendigen Medikamente.

Nun wurden viele Helfer benötigt. Die All-Saints-Gemeinde bildete sofort ein Team, das für April zuständig war. Paul Adams leitete ein zweites Team für Aprils Bruder. Viele Fahrdienste waren nötig, vor und nach den Operationen musste alles Mögliche beachtet werden, es gab etliche Formulare auszufüllen, und für die Gespräche mit den Ärzten brauchte man Dolmetscher. Sowohl die Angehörigen als auch die Ärzte mussten schließlich alles verstehen, was gesagt wurde. Weiter gab es Vorschriften für die Patienten, wie viel wann getrunken werden musste, damit die Bedingungen für die Nierentransplantation ideal waren. Auch die Hinweise zum weiteren Leben mit nur einer Niere waren für beide extrem wichtig und mussten sorgfältig übersetzt werden.

Das Mädchen war im April geboren worden, deshalb hatte man ihr den Namen April gegeben und nun fand ihre lebensrettende Operation auch im April statt. Dieses Mal ging Gott sei Dank alles gut und beide Geschwister erholten sich rasch. Als alles vorbei war, musste Paul Adams lachen und fragte Aprils Bruder: „Das war ja ein großartiges Geburtstagsgeschenk, was du deiner Schwester dieses Jahr gemacht hast. Aber was wirst du ihr nächstes Jahr schenken?“

Der Bruder lachte verlegen und blieb demütig. Er hatte aus Liebe zu seiner Schwester etwas für ihn Selbstverständliches getan. April wird zwar von nun an immer auf ihre Gesundheit achten müssen, aber sie ist wieder ein fröhlicher Teenager und unverändert eine sehr gute Schülerin. Ihr Englisch ist so perfekt, dass niemand vermuten würde, April könnte in einem Flüchtlingslager auf der anderen Seite des Globus geboren worden sein.

Nachdem sie dieses Ereignis mitbekommen hatte, kam eine Krankenschwester aus dem Krankenhaus regelmäßig in die All-Saints-Kirche, um dort unter der organisatorischen Leitung von Paul Adams und der Assistenz von Kathy Short ambulante Sprechstunden abzuhalten. Jetzt konnte wirklich jedem geholfen werden, der krank war, nicht nur den Menschen aus der Gemeinde. Dadurch wurden bereits Hunderte von Nicht-Gemeindemitgliedern in der All-Saints-Gemeinde behandelt.

Auch Menschen, die sich mit bürokratischen Themen auskannten, waren in der All-Saints-Gemeinde immer eine willkommene Hilfe für die Karen. Sie waren froh, wenn sie jemand auf die Ämter begleitete und sich mit Nachdruck für sie einsetzte. Einmal rief eine Karenmutter bei Merry Adams an, weil Merry bekannt dafür war, sich mit juristischen Dingen gut auszukennen. Die Mutter erzählte ihr von ihrem Sohn, der nahezu blind war und somit in der Schule keine Chance hatte. Sie hatte schon versucht, ihr Kind in der Blindenschule anzumelden, aber der Schulleiter seiner jetzigen Schule hatte dies abgelehnt, weil der Junge nicht ausreichend Englisch könne.

Zum nächsten Termin in der Schule kam Merry also kurzerhand mit. Schon das allein machte den Rektor sehr wütend, aber Merry wies ihn darauf hin, dass die Mutter das Recht hatte, eine Begleitperson ihrer Wahl zum Gespräch mitzunehmen. Der Rektor legte den beiden Frauen dann verschiedene Blätter vor, die zeigten, wie schlecht der Junge Englisch konnte. Dann erklärte er noch: „Was denken Sie denn, was dort besser wäre als bei uns? Wir haben ihm ja sogar einen Blindenstock besorgt."

„Können Sie einem Blinden beibringen, wie man sich heißen Kaffee eingießt? Üben Sie mit ihm, wie er Geldscheine unterscheiden kann? Bringen Sie ihm die Blindenschrift bei?" Merry sprach unerschrocken, überzeugend und hatte gute Argumente auf ihrer Seite. „Und wann genau wurden diese Englischtests eigentlich gemacht?"

Der Rektor räumte zögernd ein, dass sie schon vor einem Jahr gemacht worden waren, kurz nachdem der Junge überhaupt an diese Schule gekommen war. Das empörte Merry noch mehr: „Also gehen

Sie tatsächlich davon aus, der Junge habe im letzten Jahr nichts dazugelernt? Das kann ich nicht glauben! Ich schlage vor, dass die Englischkenntnisse des Jungen noch einmal geprüft werden, und anschließend treffen wir uns wieder zum Gespräch. Ich versichere Ihnen, sein Englisch ist mehr als ausreichend, um von der Blindenschule angenommen zu werden." Beim nächsten Termin war dann alles plötzlich klar. Der Junge durfte die Blindenschule besuchen und dort blühte er sichtbar auf. Wieder einmal hatte das Engagement der Menschen der All-Saints-Gemeinde einen Sieg eingefahren.

Aber nicht nur das Schulsystem machte den Flüchtlingen das Leben in den USA immer wieder schwer. So hatte zum Beispiel ein Karenteenager fleißig gespart, um sich ein eigenes Auto zu kaufen. Ein Händler verkaufte ihm schließlich ein Auto, erklärte ihm aber, die Papiere dafür seien noch nicht ganz fertig. Drei Monate und viele Nachfragen später hatte der Junge seine Fahrzeugpapiere immer noch nicht. Da wandte er sich hilfesuchend an Paul Adams. Paul zog sich Jackett und Krawatte an und begleitete den jungen Karen zum Autohändler.

„Wir haben Ihnen längst alles per Post geschickt", behauptete die Frau im Büro. „Oder es liegt noch in einer unserer anderen Filialen. Ich werde das mal prüfen. So lange müssen Sie sich bitte gedulden."

Paul Adams stand währenddessen einfach nur neben dem Teenager, ohne auch nur ein Wort zu sagen. Die Frau musterte den breitschultrigen, wichtig aussehenden Mann, murmelte eine mögliche Erklärung nach der anderen und machte sich schleunigst auf die Suche nach den Papieren. Bald darauf hatte sie auch schon alles gefunden.

Am meisten mochte Paul es allerdings, Familien bei der Einbürgerung zu helfen. Er hatte nie vergessen, wie die Augen seiner Karenschüler damals zu leuchten begonnen hatten, als er ihnen das demokratische System, die freiheitliche Grundordnung und die Rechte und Pflichten der US-Bürger erklärt hatte. Ging es um eine weitere Einbürgerung, so arbeiteten die Adams um die Wette. Merry füllte Formulare aus und beschaffte alle notwendigen Unterlagen, Paul fuhr seine ehemaligen

Schüler zu den verschiedenen dafür notwendigen Terminen. Vor allem die älteren Karen brauchten einiges an Unterricht, bis sie den englischen Sprachtest bestehen konnten und das erforderliche Wissen über die amerikanische Geschichte und Regierung besaßen.

Die Einbürgerung selbst fand dann im Bundesgerichtsgebäude in Nashville statt, gleich gegenüber der dortigen episkopalen Kirche. Fast jedes Mal, wenn einer seiner Karenschüler dort einen Termin hatte, war Paul dabei. Meist wurde eine Gruppe von rund 50 Einwanderern aus den unterschiedlichsten Ländern gleichzeitig vorgeladen. Nachdem sie ihren Treueeid abgelegt hatten und zu Staatsbürgern erklärt worden waren, jubelte Paul jedes Mal und hatte Freudentränen in den Augen.

„Diese Menschen waren in ihren Ländern Lehrer, Richter oder Bauern, die ihre Jobs aufgaben und Tausende von Kilometern zurücklegten", verdeutlichte Paul den anderen Gemeindegliedern immer wieder. „Und hier arbeiten sie in Fabriken im Schichtdienst und tun alles, um ihren Kindern ein besseres Leben zu ermöglichen. Ihre Kinder werden die Zukunft Amerikas mitgestalten. Wenn ich das sehe, bin ich einfach nur froh. Sie zeigen mir, dass eine vielversprechende Zukunft vor uns liegt."

Als dann das Jahr 2016 kam, waren Pastor Randy und seine Frau schon längst im Rentenalter, weshalb beide den Wunsch hatten, mehr Zeit mit ihrer immer größer werdenden Enkelschar zu verbringen. Trotzdem fiel ihnen der Abschied von der All-Saints-Gemeinde nicht leicht und der Gemeinde noch weniger. Doch Gott hatte für den Wechsel wieder alles vorbereitet und bereits den nächsten Pastor für die Gemeinde an der Hand. Robert Rhea war ein Arzt, der nach einiger Zeit seine Praxis wieder aufgegeben hatte, um noch mal zu studieren und Pastor zu werden. Er und seine Frau Lisa, eine begabte Musikerin und Harfenistin, kamen schließlich nach Smyrna, um Pastor Randy abzulösen. Unter der Leitung dieses Ehepaares ging damit der Kreislauf von Saat und Ernte, Geburten und Schulabschlüssen, Haussegnungen und Gemeindefesten weiter. Die All-Saints-Gemeinschaft entwickelte sich, feierte, trauerte und lebte zusammen.

34

Anfang Oktober 2016 besuchten die Spurlocks dann zum ersten Mal wieder ihre alte Gemeinde, denn Gott hatte dort wieder etwas Erstaunliches in die Wege geleitet: Ein Film wurde gedreht!

Im Laufe der vergangenen Jahre waren immer wieder Medienvertreter in der All-Saints-Gemeinde aufgetaucht, um von ihr zu berichten. Und als Michael dort noch Pastor gewesen war, hatte sich bereits der Filmproduzent Steve Gomer aus Los Angeles bei ihm gemeldet, nachdem er einen Artikel über die *Kyrios*-Farm gelesen hatte. Schon damals hatte er die Idee, dass man aus dieser ganzen Geschichte einen Film machen könnte.

Steve Gomer war in New York aufgewachsen, hatte dort studiert und auch seine ersten Berufserfahrungen gesammelt, ehe er in Hollywood etliche Filme und Fernsehsendungen drehte. Er war kein Christ, sondern hatte jüdische Wurzeln. Gerade deswegen interessierte es Michael besonders, warum ausgerechnet er die Geschichte einer christlichen Kirche in den Südstaaten verfilmen wollte.

Steve erklärte ihm das so: „Ich mag die Geschichte, weil es darin um Zusammenhalt und Glaube geht. Unsere Welt ist so kompliziert, so zerrissen, die Menschen vereinsamen immer mehr. Wir brauchen diese Vision von einer Gemeinschaft, die uns Halt gibt. Auch der Glaube an Gott kann eine Gesellschaft wieder stabilisieren, und die Geschichte der All-Saints-Gemeinde macht es leichter, überhaupt wieder an einen Gott zu glauben.“

Für Steve Gomer war dann die Entstehung seines Filmes über die

Gemeinde nicht weniger erstaunlich als die ganze Geschichte der All-Saints-Kirche. Das zeigte sich zum Beispiel, als er jemanden suchte, der das Drehbuch schreiben könnte. Denn während er an einer Universität im Süden Kaliforniens eine Rede hielt, ließ er nebenbei fallen, dass er nach einem Drehbuchautor suchte.

„Nun, unser bester Mann ist Steve Armour", erklärte man Steve daraufhin. „Er ist allerdings schon etwas älter als unsere anderen Studierenden hier. Früher war er Jazzmusiker, aber eigentlich wollte er schon immer schreiben. Deswegen ist er mit einem Stipendium zurück an die Uni gegangen."

Das klang interessant. Michael Spurlock hatte sich doch auch als junger Mann mit Musik und Schriftstellerei versucht und hatte dann später im Leben seine berufliche Richtung nochmal völlig verändert. Also trafen sich Steve Gomer, der Filmproduzent, und Steve Armour, der Drehbuchautor, um über das All-Saints-Projekt zu reden. Steve Armour war ein großer, schlaksiger Mann Mitte 30, der sofort begeistert auf das Projekt reagierte.

„Ich kenne die Geschichte der All-Saints-Gemeinde. Ich komme ja aus der Gegend, also aus Alabama, etwas südlich von Smyrna. Deshalb haben Sie mich wahrscheinlich für den Job auch ausgewählt, stimmt's?"

Steve Gomer schaute ihn überrascht an. „Nun, ehrlich gesagt, nein, das wusste ich nicht. Aber wir suchen tatsächlich jemanden, der die Gegend dort kennt."

„Ach so. Dann sind Sie sicher auf mich gekommen, weil ich gläubig bin und weil mein Vater auch Pastor ist, so wie Michael Spurlock?"

„Nein, auch davon wusste ich nichts", staunte Gomer. „Aber Sie erfüllen ja genau die Kriterien, die ich jetzt gleich noch abgefragt hätte! Anscheinend sind Sie tatsächlich unser Mann."

Und damit begann die Arbeit am Drehbuch, die zunächst sehr gut voranging, doch beide Steves hatten erhebliche Mühe, einen guten Schluss für den Film zu finden. So wie sich die Geschichten der Gemeinde in echt weiterentwickelte, mit einer stetig wachsenden Zahl an Gemeindegliedern und der Fortführung des landwirtschaftlichen Projektes, war es zwar schön, aber vollkommen undramatisch und somit kein gutes Filmmaterial. Da sowieso schon Teile des Films von der Wirklichkeit abweichen mussten, überlegten die beiden, ob man das Ende nicht doch ganz anders gestalten könne. Vielleicht könnte man eine Überschwemmung einbauen, die die Ernte gefährden und das Gottvertrauen der Gemeinde auf die Probe stellen würde? Oder Pastor Michael würde am Ende Smyrna verlassen, was ebenfalls eine große Herausforderung darstellen würde?

Sie riefen Michael an, um zu fragen, was er darüber dachte. Wäre wohl so viel Fiktion möglich, um mehr Dramatik zu schaffen? Würden sie so weit überhaupt gehen dürfen? Doch bevor Steve Gomer seine Frage formulieren konnte, sagte Michael: „Ich wollte dich auch gerade anrufen, um dir zu sagen, dass meine Familie und ich die All-Saints-Gemeinde verlassen und nach New York ziehen werden. Schon der kommende Sonntag ist unser letzter Sonntag hier und deshalb wollte ich dich gerne noch mal einladen. Außerdem hatten wir letzte Woche hier eine unglaubliche Überschwemmung. Ich muss dir unbedingt noch erzählen, wie Gott unsere Kirche mal wieder bewahrt hat, mitten in dieser Jahrhundert-Flut."

Steve Gomer war wieder einmal sprachlos. Was für unglaubliche Begegnungen und Ereignisse er doch im Zusammenhang mit diesem Filmprojekt erlebte! Ob das wirklich Gott war, der ihm half, diesen Film zu machen? Die beiden Steves buchten also sofort Flugtickets nach Smyrna, um an Michaels letztem Gottesdienst in der All-Saints-Gemeinde teilzunehmen, von der Flut zu hören und Michaels Abschied mitzuerleben.

Damit war dann das Drehbuch also geschrieben, aber es fehlte immer noch das Geld für die Verfilmung. Die Finanzierung christlicher Filme war grundsätzlich nicht leicht, deswegen wurde in den folgenden Jahren das Projekt immer wieder verschoben. Aber Steve Gomer weigerte sich, es endgültig zu begraben. Inzwischen war er ein guter Freund der Familie Spurlock geworden und hatte auch die All-Saints-Gemeinde immer mal wieder besucht.

Eines Tages waren Steve und seine Frau Janet bei Ye Win und dessen Familie zum Essen eingeladen. Plötzlich hatten Steve und seine Frau den gleichen Gedanken. Dieses Essen, diese Wohnung – so ähnlich musste es gewesen sein, als ihre Urgroßeltern damals aus Russland in die Vereinigten Staaten ausgewandert waren. Auch sie waren Flüchtlinge gewesen, die aus religiösen und politischen Gründen in Gefahr gewesen waren, und auch sie mussten eine neue Sprache und sogar ein fremdes Alphabet lernen. Aber ihre Urgroßeltern waren ebenfalls Teil einer Gemeinschaft gewesen, die durch den Glauben verbunden war, und so hatten sie in den USA nicht nur Fuß fassen, sondern ein erfülltes Leben in Freiheit und Sicherheit führen können. Genau wie die Karen!

Schließlich kam Steve Gomer an den Punkt, an dem er seinen Job aufgab, nach Tennessee zog und sich voll und ganz dem Filmprojekt widmete. Und genau dann bekam er das erste Geld für den Film – von seinem eigenen Rabbi. Der christliche Bereich der *Sony Film Company* sagte ebenfalls seine Unterstützung zu, solange die Produktion nicht von ihnen finanziert werden müsste. Zeitgleich gingen Spenden von verschiedenen Gemeinden und christlichen Werken ein, die einen Film, der die Situation von Flüchtlingen aus christlicher Sicht beleuchtet, unterstützten.

Im Oktober 2016 war es dann schließlich so weit. Produzent, Autor und ein komplettes Team an bekannten Schauspielern, Kameraleuten und allen anderen Personen, die am Set eines Drehortes gebraucht werden, fanden sich auf dem Gelände der All-Saints-Gemeinde ein. Natürlich waren auch alle Gemeindeglieder vor Ort, um in dem Film mitzuwirken.

„Diese Filmproduktion wurde für mich zu einer lebensverändernden Erfahrung“, erzählte Steve Gomer später. „Als ich damit anfing, war ich nicht wirklich gläubig. Ja, ich dachte schon, dass es einen Gott gibt, mehr aber auch nicht. Dann lernte ich Michael kennen. Er sprach so offen über Gott und schien so vertraut mit ihm. Er gab mir damals den Tipp, jeden Tag zu beten. Ich habe das dann tatsächlich gemacht, und das hat viel Stabilität in mein Leben gebracht."

Nachdenklich fuhr Steve Gomer fort: „Ich sah immer mehr, dass hier in der All-Saints-Gemeinde Gott am Werk war. Es ist nicht einfach nur die Geschichte von ein paar armen Flüchtlingen, denen freundliche Amerikaner geholfen haben. Gott hat diese Menschen hier ganz bewusst zusammengebracht, damit sie Segen in diese Welt bringen können. Es ist für mich ein Vorrecht, Anteil an dieser Geschichte haben zu dürfen und Michael, Aimee und die vielen anderen Leute kennenzulernen. Mein Leben, mein Glaube, ich als Mensch – alles hat sich dadurch verändert."

35

Der Familie Spurlock ging es in New York gut. Michael fühlte sich in seiner neuen Rolle als assistierender Pastor schnell sehr wohl. Er war sich sicher, dass sein Platz in der Saint-Thomas-Kirche war. Zu dieser Gemeinde gehörten sowohl wohlhabende als auch bedürftige Menschen. Außerdem kamen auch immer wieder Touristen in den Gottesdienst, die den beliebten Knabenchor hören wollten. Für Michael war jeder dieser Besucher wertvoll, denn jeder von ihnen brauchte Jesus in seinem Leben. Gleichzeitig waren ihm die Mitglieder aus der All-Saints-Gemeinde unverändert kostbar. Sie hatten einen festen Platz in seinem Herzen eingenommen.

Als Michael und seine Familie also an diesem Wochenende im Oktober 2016 zu Besuch nach Smyrna fuhren, hatten sie das Gefühl, nach Hause zu kommen. Doch je näher sie dem Gelände kamen, desto deutlicher wurde, dass an diesem Tag einiges anders war. Auf dem ehemaligen Fußballfeld stand alles voller Lkw, Anhänger, Zelte und Kräne. Auf dem Parkplatz war bereits ein großes Zelt aufgebaut worden, in dem Außenstehende über das Filmprojekt informiert wurden. Das Feld auf der linken Seite, wenn man vom Hügel aus hinuntersah, war komplett gemäht worden, um dort „Nach-der-Ernte-Aufnahmen" machen zu können. Oben auf dem Hügel stand der Marktstand an seinem gewohnten Platz, aber vollgepackt mit künstlichen Tomaten und großen Mengen der kostbaren burmesischen Malvenblüten für die Schlussszenen.

Auch wenn an diesem Tag alles anders aussah als sonst, die liebevolle Begrüßung, die lächelnden Gesichter und die herzlichen Umarmungen der All-Saints-Mitglieder waren wie immer. Nachdenklich ging Aimee um die Kirche herum, betrachtete die Felder, das Flüsschen und die kleine Kapelle. Der Wind war frisch an diesem Tag und die Luft war feucht – ein tiefer Frieden lag über allem. Aimee hatte an diesem Ort schon immer diesen unbeschreiblichen Frieden gespürt. Hier fühlte sie sich Gott besonders nah und konnte sich gewiss sein, genau da zu sein, wo Gott sie haben wollte.

Ich habe mich hier nie einsam oder verloren gefühlt, dachte sie plötzlich und Tränen der Dankbarkeit liefen über ihre Wangen. *Gott hatte immer das Ruder in der Hand. Jedes Mal, wenn mein Glaube ins Wanken kam, hat Gott mir eine Ermutigung über den Weg geschickt. Haben wir etwas als Familie oder in der Gemeinde gebraucht, hat Gott es uns gegeben. Unsere Zeit hier war voller Wunder und immer wieder passierten neue, wunderbare Dinge.*

„Erinnerst du dich noch an unser allererstes Gespräch?“, hatte Ye Win Aimee vorhin noch gefragt. „Bevor wir an diesem Sonntagmorgen zu euch kamen, haben wir als Karen Gott gebeten, dass er uns zur richtigen Person in der Gemeinde leiten soll, zu jemandem, der freundlich zu uns sein würde. Das warst du.“

Natürlich erinnerte Aimee sich. Angenommen sie hätte sich anders verhalten – gegenüber den Karen, oder auch gegenüber Michael, der damals immer wieder überraschende Entscheidungen traf –, dann wäre zu diesem Zeitpunkt sicher einiges anders! Sie hätte all die Wunder, die Gott vor ihren Augen unter den Menschen hier in Smyrna getan hat, verpasst.

Danke Gott für deine Gnade, die unsere menschlichen Möglichkeiten übersteigt und die stärker ist als Hass und Rassismus. Deine Liebe überwindet Mauern und Grenzen, sie setzt sich über alles hinweg, auch über Hautfarben. Denn du hältst immer nur Ausschau nach Menschen, die du mit deiner Liebe und Gnade beschenken kannst.

Plötzlich drang die Unruhe auf dem Gelände zurück in Aimees Bewusstsein. Überall befanden sich Leute vom Film, Journalisten und sehr viele Neugierige – alle drängten sich auf das Kirchengrundstück, in die kleine Kirche und auf den Feldern.

Noch einmal ließ Aimee ihren Blick über das weite, schöne Land schweifen und genoss die letzte Ruhe. Dann ging sie wieder zurück zum hektischen Treiben der Filmcrew.

~

Für Michaels und Aimees Sohn Atticus war der Besuch in Smyrna die Rückkehr in seine Kindheit. Diese multikulturelle Kirche war für ihn als Kind das Normalste der Welt gewesen. Es war bis dahin die einzige Form von Gemeinde, die er kannte. Hier hatte er mit den Karenkindern gespielt und mit seinem Vater auf dem Feld gearbeitet. Ganz besonders hatte er das Traktorfahren mit seinem Vater genossen, denn manchmal hatte er sogar selbst ans Steuer gedurft. War er dann vom Feld abgekommen oder ins Gebüsch gefahren, hatte sein Vater nur gelacht und ihm beim Lenken geholfen.

Atticus konnte sich noch genau an den Abend erinnern, an dem sie lange auf seinen Vater gewartet hatten, bis dieser plötzlich vor Freude strahlend, weil Gott zu ihm gesprochen hatte, in die Wohnung gestürmt war. Erst viel später hatte Atticus die ganze Geschichte der Karen und auch die Tragweite der Entscheidungen seiner Eltern verstanden – und die Größe der Wunder Gottes.

„Ich habe erlebt, wie es ist, wenn Gott eingreift. Das werde ich nie vergessen! Es wird für mich immer ein Maßstab sein für das, was ich von Gott und vom Leben erwarte."

36

Trotz aller Aufregung rund um den Filmdreh – der Höhepunkt des Wochenendes war der Gottesdienst am Sonntagmorgen. Der Raum war brechend voll. Kinder saßen bei ihren Eltern auf dem Schoß oder rannten zwischen ihren Geschwistern, Tanten und Großeltern hin und her. Lisa Rhea spielte jahrhundertealte Hymnen auf ihrer Harfe. Michael und seine Familie zwängten sich in eine Kirchenbank mitten im Raum. Sie waren überwältigt von dem vertrauten Anblick der lieben Gesichter um sie herum. Pastor Bu Christ und Michael Williams leiteten die Prozession durch den Mittelgang zum Altar, vorbei an Paul und Merry Adams, Mark und Landra Orr, John und Daisy Kunoo, Christ Paw und seiner Familie, Bo Ezell und Kathy Short, Bob Druecker und den vielen anderen.

Manches war neu für die Spurlocks und dazu zählte nicht nur das schön gearbeitete Taufbecken, das jetzt hinter dem Altar stand. In den Reihen saßen auch Besucher, die Michael nicht kannte. Sie hatten sich in den letzten Jahren der Gemeinde angeschlossen und brachten sich nicht weniger engagiert ein als die anderen, die schon von Anfang an dagewesen waren.

Am deutlichsten waren die Veränderungen aber bei den jungen Leuten zu sehen. Die schüchternen, ängstlichen Kinder, die sich zu ihrer Zeit in dem neuen Land noch ganz fremd gefühlt und die Sprache nicht verstanden hatten, waren jetzt Teenager, Studenten, Berufstätige und junge Ehepaare geworden. Bevor der Gottesdienst begann, flüsterten sie auf Englisch miteinander. Sie trugen teilweise noch gestickte Karenkleidung, aber stilvoll kombiniert mit moderner amerikanischer Mode.

Der älteste Sohn von Pastor Bu Christ war mittlerweile 22 Jahre alt, hatte das technische College abgeschlossen und sich auf Fahrzeugmechanik spezialisiert. Er war verlobt mit einer jungen Frau, die früher den Karenkindern bei den Hausaufgaben geholfen hatte und jetzt auch das College besuchte. Sein jüngerer Bruder hatte gerade beim amerikanischen Militär angefangen. Andere junge Karen arbeiteten in Büros, als Sozialarbeiter oder Mechaniker. Viele waren verheiratet und manche der jüngsten Karenkinder waren bereits in den USA geboren worden. Einer dieser jungen Karen studierte Film- und Medienwissenschaften und konnte tatsächlich als Praktikant beim All-Saints-Film dabei sein.

Michaels Blick wanderte von einem zum anderen. Er erinnerte sich an seine letzte Woche als Pastor in dieser Gemeinde. Damals hatte die Flut alles zerstört. Als das Wasser dann aber wieder verschwunden war, war ein überaus fruchtbarer Boden zurückgeblieben und die Ernte in jenem Herbst war überwältigend gewesen. Aber diese jungen Leute, die jetzt auf den Bänken der All-Saints-Gemeinde saßen, waren die eigentliche Ernte dieser Gemeinde. Es waren junge Männer und Frauen, die herangereift und erwachsen geworden waren, die für Gott und für ihre Gemeinschaft lebten. Sie waren die Zukunft ihres neuen Landes, das allen Grund hatte, stolz auf sie zu sein.

Auch die erwachsenen Karen hatten sich wunderbar eingelebt. Ye Wins jüngere Schwester und ihr Mann arbeiteten im Auftrag der amerikanischen Regierung und für Wohltätigkeitsorganisationen unter Flüchtlingen. Christ Paw war fest von der All-Saints-Gemeinde als Hausmeister und Verantwortlicher für die *Kyrios*-Farm eingestellt worden. Und auch wenn viele der älteren Karen nicht gut Englisch sprachen, hatten doch fast alle eigene Autos und Häuser.

Dann fiel Michaels Blick auf Ye Win. Gestern hatten sie sich bereits lange miteinander unterhalten und Michael war froh über das, was Ye Win ihm erzählt hatte. Fast 20 Jahre waren vergangen, seit Ye Win damals mit Schussverletzungen im Lazarett des Flüchtlingslagers in Thailand gelegen und zu Gott gebetet hatte. Damals hatte er Gott versprochen, ihm sein restliches Leben zur Verfügung zu stellen und sich für sein Volk, die Karen, einzusetzen. Deswegen hatte Ye Win zunächst für Demokratie in Rangun demonstriert, dann auf der politischen Bühne in Bangkok gekämpft und letztlich den Karen geholfen, sich in den USA zurechtzufinden. Damit war er zum wichtigsten Ansprechpartner der Karen geworden. Zu ihm ging man, wann man in Not war.

„Du tust genau das, wozu Gott dich berufen hat", versicherten ihm seine Eltern immer wieder. „Jedes Mal, wenn du einen Notleidenden siehst und ihm hilfst, dienst du damit Gott."

Dass Ye Win eines Tages in seinem Dienst für Gott noch einen Schritt weiter gehen würde, hätte er nie zu träumen gewagt. Doch inzwischen ging er den gleichen Weg, den auch Michael gegangen war. Ye Win war immer noch in der Gemeinde angestellt, aber er besuchte nebenher das theologische Seminar. Bald würde der ehemalige Guerillakämpfer ein Pastor werden, ein Prediger des Evangeliums.

Während Ye Win Schritt für Schritt mit Gott weiterging, wuchs auch seine Vision für sein Leben. Inzwischen half er überall in den USA den Karen in geistlichen und praktischen Angelegenheiten, aber er hatte auch angefangen, davon zu träumen, eines Tages nach Myanmar zurückzukehren.

„Ich bete immer, dass Gott mir zeigt, was ich tun soll. Im Moment versuche ich, ihn in den USA unter den Karen bekannt zu machen. So kann ich Jesus dienen und sein Jünger sein", hatte Ye Win seinem ehemaligen Pastor voller Freude erzählt. „Aber in Myanmar gibt es so viele Menschen, die Jesus noch nicht kennen. Und für die Wenigen, die gläubig sind, gibt es kaum Menschen in der Nähe, die ihnen die Bibel erklären und sie geistlich weiterführen könnten. Ich bin jetzt amerikanischer Staatsbürger, also kann ich in Myanmar jederzeit ein- und wieder ausreisen. Mein Traum ist es, in den Dörfern, im Dschungel und auf den Bergen meines Heimatlandes unterwegs zu sein und von Gott zu erzählen. Ich möchte meine alten Freunde suchen, mit denen ich studiert und auch gekämpft habe. Ich möchte allen erzählen, was ich mit Jesus erlebt habe und wie er mein Leben verändert hat."

Michael war in diesem Moment einfach nur unendlich dankbar, dass er diesen Mann ein Stück auf seinem Lebensweg hatte begleiten dürfen.

Aimee hatte gestern außerdem noch die Gelegenheit genutzt und ihre ehemaligen Chorkinder um sich geschart. So konnten an diesem Sonntagmorgen alte und neue Chorsänger zusammen mit Aimee das Lied *Amazing Grace* auf Englisch und auf Karen singen.

Bis dahin hatten Michael und Aimee es geschafft, ihre Tränen zurückzuhalten. Aber dann wurden sie nach vorne gebeten, um offiziell von der Gemeinde begrüßt zu werden. Ye Win übersetzte dabei alles, was Pastor Bu Christ sagte: „Wir kamen alle aus Flüchtlingslagern vom anderen Ende der Welt, aber Pastor Michael hatte immer viel Geduld mit uns. Wir sind ihm und seiner Frau Aimee sehr dankbar. Sie haben uns und unseren Kindern sehr viel gegeben."

Sechs Jahre waren vergangen, seitdem Michael zuletzt in der All-Saints-Kirche gepredigt hatte. Seitdem war viel geschehen, sowohl bei den Spurlocks als auch in Smyrna, umso schöner war es also, dass Michael und seine Familie sich an diesem Tag wieder als Teil dieser wunderbaren Gemeinschaft erleben durften. Wie gerne war Michael der Pastor dieser ganz besonderen Menschen gewesen!

Nun war Michael an der Reihe, etwas zu sagen. Er sprach langsam, damit Ye Win immer genug Zeit zum Übersetzen hatte. „Ich liebe euch alle und ich werde euch nie vergessen. Ihr habt immer noch einen ganz besonderen Platz in meinem Herzen. Neulich hat mich jemand gefragt, was andere Menschen von unserer Geschichte lernen können. Ich denke, unsere Geschichte zeigt eines ganz besonders: Gott lebt und wirkt – in seiner Gemeinde und überall auf der Welt. Was wir zusammen erlebt haben, übertrifft alles, was Menschen sich hätten ausdenken können!"

37

Glaube. Gemeinschaft. Mission. Diese drei Worte fassen die Wunder der All-Saints-Gemeinde zusammen. Fester *Glaube* in schwierigen Zeiten. Die Rückkehr von Menschen, die vom Weg abgekommen sind. Eine *Gemeinschaft* von Christen aus verschiedenen Sprachen und Nationalitäten, die zu einer großen Familie werden – so wie es auch im Himmel sein wird. Und dazu noch der große *Missionsgedanke*, Hand, Fuß, Herz und Mund Jesu in dieser Welt zu sein, die die Erlösung so dringend braucht.

„Immer wieder werde ich gefragt, was die Gemeinden in Nordamerika und weltweit von der All-Saints-Gemeinde lernen können", erzählte Pastor Randy, als er auf seine sechs Jahre in Smyrna zurückblickte. „Ursprünglich bestand die Gemeinde aus wohlhabenden Weißen, die sich fragten, was ihr Auftrag in dieser Welt sein könnte. Das hat sich grundlegend geändert! Jetzt sind die Leute dieser Gemeinde weder ausschließlich weiß noch reich. Viele leben am Existenzminimum und haben psychische, körperliche und finanzielle Nöte, aber sie bilden eine Gemeinde, die zusammenhält. Und sie kennen ihren Auftrag: denjenigen Menschen zu helfen, die in ihrer Nähe leben. Denn eine Gemeinde ist nicht nur für Christen da, die sich mit der Bibel beschäftigen. Gemeinde ist auch eine Familie. Und genau dieser Aspekt von Gemeinde wird bei ihnen intensiv gelebt. Dabei ist eines ganz klar: Die Karen haben uns Amerikaner in ihre Familie aufgenommen. Wir wurden Teil ihrer Gemeinschaft, nicht anders herum. Auch wenn sie es waren, die ursprünglich zu uns nach Smyrna kamen."

Begeistert sprach Pastor Randy weiter: „Jede Gemeinde hat Menschen in der Umgebung, die in Not sind. Und wie man auf diese Not reagiert, zeigt, was es heißt, Christ zu sein. Es gibt überall Gemeinden, die sich fragen, welchen Auftrag Gott für sie hat, und es gibt in jeder Stadt Immigranten und Flüchtlinge. Was wäre, wenn diese Leute, anstatt Gott nach ihrem Auftrag zu fragen, einfach erst einmal genau zu den Menschen in Not gehen und sie in ihr Leben und in ihre Gemeinschaft einladen. So wie Jesus auch uns eingeladen und aufgenommen hat, als wir Gott gegenüber fremd waren“ (Epheser 2,12-19).

Der aktuelle Pastor der All-Saints-Gemeinde, Robert Rhea, stimmte seinem Vorgänger begeistert zu: „Ja, Gott hat uns Menschen in diese Gemeinde gestellt, die Verlust, Erlösung, Gastfreundschaft, Unterschiede und Einheit kennen. Und über allem steht bei ihnen die Liebe! Gott erinnerte sein Volk Israel immer wieder daran, dass sie selbst lange Zeit als Fremde in Ägypten gelebt haben. Deshalb sollen sie mit den Fremden in ihrem Land gut umgehen. Das gilt auch für uns heute. Gott will, dass wir die Menschen, die in unserem Land fremd sind, beschützen, ehren und uns um sie kümmern.

Pastor Michael, seine Frau und die Mitglieder der All-Saints-Gemeinde waren bereit, so zu leben, wie es Gott gefällt. Deshalb haben sie die Fremden, die plötzlich bei ihnen auftauchten, herzlich aufgenommen. Wir wünschen uns einfach, dass viele andere Gemeinden und christliche Gruppen den Mut haben, genauso auf die Fremden, die Flüchtlinge und Einwanderer zuzugehen und sie mit Jesu Liebe willkommen zu heißen.“

Obwohl Michael schon viel über seine Zeit in der All-Saints-Gemeinde nachgedacht hat, wunderte er sich immer noch über das, was er in diesen drei Jahren erlebt hatte.

Jesus hatte oft mit Beispielen aus der Landwirtschaft versucht, geistliche Wahrheiten zu erklären. Aber die meisten Menschen der heutigen westlichen Welt können damit wenig anfangen, denn in ihrem Leben kommt Landwirtschaft nicht mehr vor. Doch ausgerechnet hier auf dem

Gelände der All-Saints-Gemeinde hatte Gott den Menschen nun die Lehren, die man aus dem Säen, Wachsen und Ernten lernen kann, noch mal ganz deutlich gemacht. Michael musste oft an einen Ausspruch von Johannes von Antiochia denken, der im 4. Jahrhundert gelebt hatte: „Ein Mensch kann zählen, wie viele Samenkörner im Apfel sind, aber er weiß nicht, wie viele Äpfel aus dem Samen wachsen werden, falls er in die Erde fällt und stirbt."

Als Jesus am Kreuz hing, dachten alle, es wäre vorbei. Aber genau das war Jesu stärkster Moment. Am Kreuz streckte er der ganzen Welt seine Hände entgegen und zog die Schuld der Menschheit auf sich, sodass wir Menschen Erlösung erfahren können. Auch in der All-Saints-Gemeinde dachten alle, es wäre vorbei und die Kirche müsse verkauft werden. Aber dann schickte Gott ihnen eine Gruppe von Fremden. Die Gemeinde streckte den Fremden die Hände entgegen, bot ihnen die Liebe Jesu an – und damit konnte auch die Gemeinde wieder zum Leben erweckt werden.

Wie war es möglich, dass durch diese drei Karen, die eines Tages einfach so in der Gemeinde aufgetaucht waren, eine so große Veränderung für so viele Menschen möglich wurde? Wieso war es ausgerechnet Michael, der in dieser Geschichte eine so zentrale Rolle spielte? Während Michael immer noch darüber nachdachte, erinnerte er sich an seine Zeit als Teenager. Schon damals hatte er sich auf einer Suche befunden, die er selbst nicht richtig verstand. Dann als Collegestudent hatte er davon geträumt, Schriftsteller zu werden. Er konnte gut schreiben, aber er wusste nicht so richtig, worüber er schreiben sollte.

Also hatte er lieber versucht, bedeutsame Bilder zu malen. Auch hier fehlte es ihm nicht an Talent, aber kein Motiv schien ihm wichtig genug zu sein.

Als er dann Jesus kennenlernte, hatte er endlich etwas gefunden, für das sich jede Mühe lohnte. Ihm widmete er von diesem Zeitpunkt an seine ganze Aufmerksamkeit, seine kreativen Gaben, seine Kraft und sein ganzes Leben. Von da an war sein einziges Ziel, immer in Beziehung mit Jesus zu leben, ihn jeden Tag besser kennenzulernen, von ihm zu lernen und anderen von ihm zu erzählen.

Und während Michael Jesus nachfolgte, ließ dieser ihn eine Geschichte erleben, die es wert war, aufgeschrieben zu werden. Michael war Teil dieser Geschichte geworden, ein Augenzeuge der Gnade Gottes und seiner Auferstehungskraft. Es war an der Zeit, ein Buch zu schreiben.

Glaube.

Gemeinschaft.

Mission.

All Saints.

MIX
Papier aus verantwortungsvollen Quellen
FSC® C014496
www.fsc.org

Die amerikanische Originalausgabe ist im Verlag
Bethany House a division of Baker Publishing Group, Bloomington, MN 55438,
unter dem Titel „All Saints" erschienen.

1. Auflage 2019
Bestell-Nr. 817540
ISBN 978-3-95734-540-0

Umschlaggestaltung: Immanuel Grapentin
unter Verwendung von Shutterstock
Lektorat: Lisa Janßen
Satz: Vornehm Mediengestaltung, München
Druck und Verarbeitung: GGP Media GmbH, Pößneck
Printed in Germany

www.gerth.de